本书是2011年度教育部人文社会科学研究青年基金项目"'后马克思时代'的阶级冲突与社会治理——拉尔夫·达伦多夫的政治思想研究"（项目批准号：11YJC710079）的成果，并获得绍兴文理学院出版基金资助。

转型社会的冲突与治理

拉尔夫·达伦多夫的政治思想研究

赵华兴 /著

浙江大学出版社
ZHEJIANG UNIVERSITY PRESS

图书在版编目(CIP)数据

转型社会的冲突与治理：拉尔夫·达伦多夫的政治
思想研究 / 赵华兴著. —杭州：浙江大学出版社，
2016.9

ISBN 978-7-308-16247-0

Ⅰ.①转… Ⅱ.①赵… Ⅲ.①拉尔夫·达伦多夫
(1929－2009)－政治思想－研究　Ⅳ.①D095.66

中国版本图书馆 CIP 数据核字(2016)第 228344 号

转型社会的冲突与治理：拉尔夫·达伦多夫的政治思想研究
赵华兴　著

组稿编辑	胡　畔
责任编辑	丁沛岚
责任校对	沈巧华　闻晓虹
封面设计	春天书装
出版发行	浙江大学出版社
	（杭州市天目山路 148 号　邮政编码 310007）
	（网址：http://www.zjupress.com）
排　　版	杭州中大图文设计有限公司
印　　刷	杭州日报报业集团盛元印务有限公司
开　　本	710mm×1000mm　1/16
印　　张	14.75
字　　数	273 千
版 印 次	2016 年 9 月第 1 版　2016 年 9 月第 1 次印刷
书　　号	ISBN 978-7-308-16247-0
定　　价	38.00 元

序

　　拉尔夫·达伦多夫(Ralf Dahrendorf, 1929—2009)是当代德国著名学者、西方马克思主义学派的重要代表,其政治思想,尤其是社会冲突理论在欧洲学界影响重大,国内学术界对此的研究成果还不是很多。赵华兴的《转型社会的冲突与治理:达伦多夫政治思想研究》一书着重对达伦多夫的"后资本主义社会"的阶级冲突与社会转型的政治思想进行了比较深入的探索性研究,在一定意义上推进了国内对西方当代思想学说的研究。书中集中剖析了达伦多夫关于"后资本主义社会"的多种社会失范与冲突理论,对中国社会矛盾与冲突问题的理性认识与治理,有着理论启示与现实借鉴价值。达伦多夫从哲学、历史、政治、经济与社会等多维视角对"后资本主义社会"的各种现实问题,诸如经济增长与社会公平、公民权利的抗争与扩展、社会排斥与社会失范等社会矛盾进行了全面而深入的综合性研究。书中比较深入地分析与批判了达伦多夫对西方社会转型所遭遇的"现代性"问题的学说理论,并坚定中国道路、推进现代国家治理的决心与信心。

　　书中对达伦多夫后资本主义社会冲突的包容、调适并规制的学说思想研究,对于社会主义和谐社会建设也有一定的现实意义。对于达伦多夫的后资本主义社会冲突理论与马克思的资本主义社会阶级冲突理论的比较研究,有相当大的理论难度,但是对于深化马克思主义理论研究及其学科建设具有一定的理论价值。

　　达伦多夫冲突理论,深受马克思阶级冲突理论的影响,其基本框架与主要范畴均带着马克思有关思想的烙印,即从社会结构、阶级状况背景来分析社会冲突现象,这一研究路径与同时代的其他西方马克思主义学派的学者大相径庭。

　　本书分析了达伦多夫冲突理论与马克思阶级冲突理论的相同之处,而且从时代的原因与理论体系自身的不同出发,揭示出达伦多夫的冲突理论与马克思的社会冲突理论之间的深刻分歧。书中指出，尽管达伦多夫对后资本主义社会进行了较激烈的批判，但是过于沉迷于自由主义思想的内部视域。本书解剖了达伦多夫与马克思根本分歧的关键所在，揭示了达伦多夫政治思想的理论局限性。本书对达伦多夫的社会冲突政治理论与马克思主义社会冲突理论的比较研究，是一项开拓性的工作，值得肯定。对达伦多夫政治思想的批判与研究，既是马克思主义理论学科发展的需要，也为思想政治教育学科的建设提供了鲜活的原材料。

总之，本书坚持了马克思主义的基本立场，对达伦多夫的政治思想进行了深入的剖析与评判，有助于人们对当代资本主义社会冲突的科学认识，并为治理现代社会冲突提供借鉴。这一研究拓展了马克思主义理论学科的研究范围，具有一定的理论和实践价值。

同济大学　周敏凯教授

2016 年 7 月 18 日

目　录

绪　论

一、选题的意义

拉尔夫·达伦多夫(Ralf Dahrendorf,1929—2009),欧洲社会学界社会冲突理论的重要代表,德裔英国社会学家,西方著名的自由主义思想家与政治活动家。达伦多夫生于德国汉堡,其父是德国社会民主党政治家古斯塔夫·达伦多夫,他的童年和青年时代正值纳粹统治时期,父子二人均遭受到纳粹政权的迫害。达伦多夫的父亲因坚持己见而受到特别法庭的严厉判处,在勃兰登堡的纳粹监狱中度过了7年漫长的岁月。年轻的拉尔夫从父亲那里继承了为自由和平等而献身的政治抱负。他很早便参加了反法西斯学生组织的一个地下协会,事发后被关入集中营,并在那里度过了两年的光阴(1944—1945)。战争结束被释放后,他来到汉堡上大学,期间又重新投入社会民主主义的活动当中去。

1947年,达伦多夫在汉堡大学学习哲学和古典语言学。1952年,他凭论文《卡尔·马克思思想中公平的概念》获得博士学位。1954年进伦敦经济学院学习,师从著名哲学家卡尔·波普(Karl Popper)。同年,他中止了在马克斯·霍克海默(Max Horkheimer)领导的、著名的法兰克福社会学研究院(Frankfurter Institut für Sozialforschung)的学习。

随后,达伦多夫以教授的身份重返汉堡大学。1958年出版了影响深远的著作《社会人》。1966年,在图宾根大学稍作停留后,达伦多夫来到了新成立的康斯坦茨大学。1969年,时任德国外交部部长的瓦尔特·谢尔(Walter Scheel)将其招入外交部工作。1970年,达伦多夫被调往布鲁塞尔的欧盟委员会。1974年,达伦多夫从布鲁塞尔卸任,前往英国担任伦敦经济学院的院长。1982年,达伦多夫被英国王室授予了爵士头衔。1987年,达伦多夫脱离了德国自由民主党,在《明镜周刊》发表文章批评自由民主党"立场不明确",并且认为其在争权夺势的斗争中削弱了力量,失去了独立掌控未来的能力。1993年,达伦多夫被授予勋爵头衔。2009 年，达伦多夫去世，德国自由民主党主席维斯特维勒 (Guido Westerwelle) 评价其为"自由的世界公民和欧洲伟大的学者"。

达伦多夫一生著述丰富，仅出版的专著就达 30 多本，在学术思想界影响较大。

大体说来，达伦多夫对现代社会冲突与政治变迁的研究，可以分为前后两个时期。前期以 20 世纪 50 年代后期出版的《走出乌托邦》《工业社会的阶级与阶级冲突》及 60 年代的《冲突与自由》《德国的社会与民主》为主，基于当时结构功能主义社会理论一统天下的态势，他提出了冲突社会观并致力于基于冲突视角的社会实证分析，通过对马克思阶级冲突理论的解读和批判，结合马克思逝世之后资本主义社会状况的新变化，提出了"工业社会"理论，即"后资本主义社会"理论。在此基础上，达伦多夫创建了较具特色的社会冲突理论，并对"后资本主义社会"阶级冲突的新态势做出了初步的分析探讨。总体而言，达伦多夫在这一时期的研究主要侧重于对"后马克思时代"的西方社会阶级状况的跟踪研究及其社会冲突基本理论的建构。达伦多夫的社会冲突基本理论对其后来的政治社会研究影响颇为重要，一是确立了基于"社会冲突"的观察视角，也为后世的对近代西方社会大转型的历史解读提供了基本的理论工具，二是这一时期所谓"后马克思时代"的西方资本主义社会结构变迁与阶级冲突演进研究，也为其关于现代社会冲突与治理的总体思考做出了基础准备，进而由经验性考察上升到理性层面的综合探究。

20 世纪 70 年代，由于更多地介入具体的社会政治活动，达伦多夫接续其前期关于"社会冲突"的研究主题，展开了对当代西方发达资本主义国家经济社会转型与政治治理建构的全面审视，他从哲学与历史、政治与经济、政治与社会等多维视角进行了深入综合的探讨，主要成果有《生存机会》《新自由》，以及堪称其"社会科学之综合"的《现代社会冲突——自由政治随想》。这一时期，面对现实社会的问题与矛盾，政治改革与经济发展、经济增长与社会公平、公民权利与社会抗争、社会排斥与社会失范、公民精神与社会重建等均成了其理论研究的主题。同时，为了更深入地把握现代西方社会的矛盾与冲突，达伦多夫着力于从哲学层面对社会历史的演变规律展开思考，借助哲学视域的深刻洞察，进一步展开对近代西方社会大转型这一重大历史变革的理解，既立足于宏大历史又细致入微地剖析了现代社会的特质，极为有力地揭示了现代社会中社会结构与阶级冲突相互建构的内在逻辑。在这一系列重要研究的基础上，达伦多夫就各种社会矛盾展开了分析，并且提炼出了一系列重要的观点，同时还对西方社会乃至人类社会的未来做出了深远的展望。

基于前面的介绍，我们看到，作为一名伟大的社会思想家，拉尔夫·达伦多夫的思想高度与理论贡献是极为重要的。透过他的研究，我们可以充分领略到达伦多夫立足于"社会冲突"这一"基点"对近代以来西方社会大转型极为繁复的历史脉络的深刻洞见，其富于独创性的一系列重要理论为我们深入理解当代西方社会提供了宝贵的参考。当然，其理论研究的总体路径处于现代西方社会理论体系之中，其思想建构的立场也没有超出自由主义的范围。但研究达伦多夫的社会冲突思想有助于我们深入地认识当代西方资本主义发展的新态势，也有助于我们更为准确地把握当代西方社会思潮的新变化。

同时，其理论创建的思想渊源、分析框架，以及主要论题等方面均与马克思的思想理论有着较多关联，甚至可以说始终是以马克思的思想作为其主要的"对话者"，这其中既有某种程度的吸收，但更多的是对马克思的批评，而且这些"对话"又是在"后马克思时代"的西方资本主义社会实践这一重大背景下展开的。应该说，类似于达伦多夫的这种"对话"在所谓的"后马克思时代"的西方社会是较为普遍的，但像他这样借助马克思阶级冲突理论的分析工具和框架来批判马克思的自由主义学者却委实不多，而且达伦多夫还对作为马克思主义 20世纪重要实践的苏东社会主义巨变等现象进行了深入的探讨。概言之，达伦多夫实际上同时对"后马克思时代"的西方资本主义的新发展，以及相对应的当代国际共产主义运动均有着重要的评析和展望。在自由主义思想与马克思主义思想、资本主义制度实践与社会主义制度实践等多重"对视"和"对话"中，达伦多夫对于人类社会的未来发展做出了新思考。鉴于此，深入评析达伦多夫的政治思想有助于我们加深对马克思经典阶级理论和社会理论的认识和理解，进而推进马克思主义的新发展。这是本课题研究的根本意义所在。

此外，当代中国正处于深刻而复杂的社会大转型时期，创造一个"现代性"的社会已经成为历史必然，因此如何更好地实现由传统社会过渡到现代社会，是当下诸多中国学者的共同焦虑，堪称"一群人的百年乡愁"：当代中国如何推进自己的现代化、如何塑造自己的"现代性"？显然，中国是一个后发的现代化国家，同时又是一个坚持走社会主义发展道路的国家。我们不能忽略两种重要的思想资源和经验参照：其一，从大历史的角度来看，西方的现代社会思潮、现代化经验及其现代性状况值得我们这个后发的现代化国家认真对待；其二，由于历史的原因，作为西方社会现代化的普遍经验及对现代性状况做出深刻反思和重要批判的马克思主义，其思想与实践对当代中国社会产生了最为直接而深远的影响，并且由于二者之间的关系错综复杂，对当代中国社会产生了更为错综复杂的影响。因此，就外部影响而言，当代中国社会的现代化某种程度上正是在一般自由主义与马克思主义的合力作用下进行的。

在此，达伦多夫的社会冲突思想为我们提供了一个较为有利的参考视角，因为它既有着西方自由主义现代化的一般经验，又有着对马克思主义的某种程度的重要解读，实际上也体现了对马克思主义与自由主义的某种调适。这一理论特征与思想立场与当代中国社会的实践有着较为密切的关联。基于此，达伦多夫的社会冲突思想对马克思主义的中国化有着重要的启示，尤其对我国处理复杂的社会矛盾、构建和谐社会有着重要的借鉴意义。

二、研究动态

达伦多夫是享誉世界的著名学者，其政治思想影响较大。国内外学界对其相关理论已有一定的研究，尤其对其早期《工业社会的阶级与阶级冲突》《走出乌托邦》《冲突与自由》等作品的研究比较集中，并且已经形成了相当成熟的结论，但对其中后期思想研究则涉猎不多，还有很大的研究空白。在此就学界的研究现状展开综合分析。

国外学者的研究对于达伦多夫的早期冲突社会理论及资本主义社会的阶级冲突观做出了比较透彻的分析。

1. 理论的影响

就其辩证冲突理论的影响而言，学界公认该理论构成了对帕森斯理论的重大挑战。美国社会学家西摩·马丁·李普塞特（Seymour Martin Lipset）认为《工业社会中的阶级和阶级冲突》（*Class and Class Conflict in Industrial Society*）一书是"改变现代社会学领域方向最重要的尝试之一……是对社会理论的一个重大贡献"。《政治科学季刊》（*Political Science Quarterly*）称它是"马克思以来关于阶级这个论题的丰富多彩、错综复杂的探索中的最富独创性的尝试之一"。①

2. 理论产生的背景与研究旨趣

就其理论的形成背景与研究旨趣而言，一般认为，该理论是对结构功能主义的反思和对立。但事实上，冲突理论与结构功能主义冲突理论均属于维护型社会学，后者试图强调现代社会所具有的自我调适功能可维系社会的稳定运行，而前者更倾向于借助持续的社会改革，以便巩固和保卫社会制度，维护资本主义的社会制度。著名的帕森斯学者、新功能主义理论的代表 J. C. 亚历山大（Jeffrey C. Alexander）的分析较具代表性。他认为："无论如何，他们（指冲突理论家们）都置身于战后相对乐观的美国经历之外，他们没有像帕森斯那样也看到战后实现理性和自由的可能性。""这些理论家不是像帕森斯在 1950 年所

---

① ［德］达伦道夫. 现代社会的冲突：译者的话[M]. 林荣远，译. 北京：中国社会科学出版社，2000：3.
注：达伦道夫即达伦多夫，因译者不同现存有不同说法，在引述文献时，遵从原著风格，保留译法，下同。

提出的观点那样,将 20 世纪 30 年代和 40 年代的动荡不安视为应该做出解释的异常现象,而是将这一时期看作西方社会生活的典范,实际上是整个西方生活的总代表。这些理论家强调战后生活和战前时期的连续性,由此推论得出了冲突论这样一种社会理论。"①

亚历山大还专门将达伦多夫冲突理论与约翰·雷克斯(John Rex)、科塞(Lewis Coser)等人的冲突理论的研究范围做了比较,并认为:"纯粹意义上的冲突理论的典范是约翰·雷克斯所写的《社会学理论的关键问题》一书……甚至帕森斯的批评家们也在某部分继承了他的理论。科塞的冲突理论或多或少是从功能主义的观点出发的。达伦多夫的著作则提出了不同的问题。他所提出的冲突理论源于马克斯·韦伯,在其著作中,他用了相当篇幅进行了注释并做了解释性的论证,分别整理并详细说明了两位经典作家关于'冲突'观点的相关性。然而,在其其他著作的更大篇幅里,他论证了战后社会的特殊形势使得只有非马克思主义的冲突理论才能站得住脚。也就是说,达伦多夫致力于研究的'冲突理论'的空间本来就是相对狭小的。"在此意义上,亚历山大甚至认为达伦多夫没有完全超出帕森斯的研究领域,而只是"讨论了他著作中某个方面的内容并强调了那些帕森斯已充分讨论过的问题"。②

显然,亚历山大认为达伦多夫的冲突理论是战后社会特殊形势的产物,只是基于特定形势的理论建构,与帕森斯所构建的一般社会理论不同。但是,他并不否认这一理论的重要价值。他认为:"冲突理论不只是在抽象的层次上向帕森斯理论提出了挑战,而且它的观点还渗入经验研究的各个方面……从长远的观点看,冲突理论不仅是第一个向帕森斯提出重要挑战的,而且也是最具影响力的理论。"③

对于亚历山大的评述,我们要做辩证的分析。一方面,达伦多夫当时面对的是 20 世纪五六十年代美欧各国的社会运动,尤其是学生运动风起云涌、锐不可当的社会现实,为此他在 60 年代积极主张大学改革、社会改革表明了其从分析"冲突"出发,主张通过有效的调节,目标还是回归到"理想"(尽管他反对乌托邦社会设计的完美秩序)社会秩序的追求,这一点上他与帕森斯没有实质区别。也许这是大多数社会理论家所共同追求的,可见,亚历山大的分析还是较为合理的。但是,由于达伦多夫能直面社会现实问题,切中要害,说服力强;而帕森斯的结构功能主义虽然是一个"大而全"的理论体系,内容丰富、体系庞大,但其理论建构中的漏洞也的确不少。达伦多夫的视界也许没有帕森斯那般高屋建瓴,理论体系也不如帕森斯那般宏大,但他的冲突理论却形成了一个理解当代

①②③　[美]杰弗里·亚历山大.社会学二十讲:二战以来的理论发展[M].贾春增,译.北京:华夏出版社,2000:93-96.

西方社会的独特视角,可以说,达伦多夫的研究并不是亚历山大所说的"研究空间相对狭小"的问题,对于帕森斯的理论来说,恰恰是必要的补充。美国社会学家乔治·瑞泽尔(George Ritzer)也认为:"冲突理论的基本问题是,它从未能成功地与结构功能理论的根源充分分离。它更像反面的结构功能论,而不像真正的社会批判理论。总之,一如结构功能论,冲突理论提供了对社会的一种描述,然而,它的描述在很多地方与结构功能论都是不同的。"①他还指出达伦多夫与帕森斯之间既有着一致追求又有着自身的独特品质。因此,虽不能将达伦多夫的冲突理论与帕森斯的功能理论相提并论,两者之间也不是完全对立的。但达伦多夫的确对帕森斯的理论提出了十分重要的挑战,做出了十分重要的补充。

3. 对理论的评价

就冲突理论的理论渊源、理论框架、分析工具和研究方法而言,不少学者都做出了分析。资深的理论社会学家乔纳森·特纳(Jonathan H. Turner)分析:"我认为它至今仍代表着将马克思(某种程度上包括韦伯)的见解纳入自己理论命题的逻辑体系中去的最好的尝试之一。对于这种辩证冲突的理论与它们所认识的现实过程是否比功能论方面的认识更具同质性这一点我还心存疑虑,但我的确认为它体现了对倾向于过分强调社会整合的帕森斯功能主义学说所做出的某种重要的纠正。"②

特纳较为肯定达伦多夫冲突理论作为分析工具的价值:"达伦多夫提出了主要概念的形式定义及关于主要概念在具体经验环境中的操作线索。这在他关于工业社会阶级冲突的分析是非常明显的。"③"对于被概括为变量的现象来说,达伦多夫的命题似乎在对马克思所提出的命题做详细解释。""值得赞扬的是,达伦多夫以非常合理的格式安排他的命题,这是一项艰巨的任务,社会学理论家不能胜任这一工作的情形是非常普遍的。"④

但同时他也指出了达伦多夫冲突理论的弊端,批判了达伦多夫的含糊其辞,并引用了皮特·瓦因加特的批评:"达伦多夫由于背离马克思'利益冲突的基础'存在于统治阶级文化和制度上层建筑之下的观念,从而失去了对冲突进行政治的因果分析;因此,也失去了对社会组织模式如何变迁的解释。"⑤

① [美]乔治·瑞泽尔.当代社会学理论及其古典根源[M].北京:北京大学出版社,2005:80.

② [美]乔纳森·特纳.现代西方社会学理论[M].范伟达,等译.天津:天津人民出版社,1988:208.

③ [美]乔纳森·特纳.社会理论的结构[M].邱泽奇,张茂元,译.杭州:浙江人民出版社,1987:190.

④ [美]乔纳森·特纳.社会理论的结构[M].邱泽奇,张茂元,译.杭州:浙江人民出版社,1987:186-188.

⑤ [美]皮特·瓦因加特.超越帕森斯? 对 R 达伦多夫冲突理论的批判[J].社会量,1969(48):155-156.

他也认为:"虽然马克思的框架存在不少的分析性和经验性问题,但因果关系是清楚的,因为冲突的根源——经济利益对立——被清楚地从维持暂时秩序的制度和文化中识别出来。然而,达伦多夫没能清楚地加以区分,因而落入他先前指责功能理论曾陷入的分析陷阱:引起冲突的变迁必须神秘地从社会系统的合法关系中产生。……达伦多夫在分析冲突产生的根源时也是捉襟见肘的,一方面突出'权威分配的不平等',另一方面又把冲突的原因降低为个人或一个群体的意愿、意志和情感——一种还原论原则。"①

特纳肯定了该理论的重要创新,也指出了其关键性的缺陷。

(1)冲突的根源分析不够彻底。

一些西方学者通常认为达伦多夫的阶级冲突观与马克思的阶级冲突观是一脉相承的,其实这里存在着较大的误解。事实上,两者对于社会冲突形成根源的理解有很大不同,达伦多夫承袭了马克斯·韦伯主张"权威"或者"权力"的分配不平等,而马克思主张生产资料占有关系的不平等才是最为深刻的根源。尤其随着现代西方社会的自由主义的经济结构、阶级结构、政治运作与文化逻辑的演变,"权威分配的不平等"导致冲突发生的解释力似乎有超过"财产私有制"的不平等趋势,有些学者进而认为两者之间的差别已经趋同了。对此,笔者认为,战后西方资本主义社会虽然发生了重要变化,但劳资两大阶级不平等的实质依然表现为生产资料占有的不平等。达伦多夫的社会冲突理论与马克思的阶级冲突理论的差异还是明显的,其理论内涵与现实指向仍然有着重要的差别。

在此,特纳的分析研判还是较为准确的,这一指正也是十分重要的。因为对社会冲突根源分析的不同,是达伦多夫社会理论分析的一个重要"分水岭",直接关乎对当代西方资本主义社会阶级冲突的性质界定及社会变革主张的提出。事实上,达伦多夫后期的政治社会思想与马克思确实相去甚远。

(2)方法论。

特纳认为达伦多夫理论存在概念不够清晰,过多的描述使得理论难以进行定量的经验性研究,缺乏可操作性等不足。"权利、合法性、权威、利益、统治,甚至冲突的概念定义得过于宽泛,以至于这些概念的实例可以在任何经验情境中找到。因此,达伦多夫可以轻而易举地证实他的假设,即社会生活充满了冲突。……但是怎样去测量这些模糊而定义空泛的概念呢?……经验研究者就得不到任何关于怎样验证这些概念的操作指南。如果这些定义最小限度地补充进若干分布于(0,1)尺度各点的例子,那么该框架的概念和命题会更加经得起经

---

①　[美]乔纳森·特纳.社会学理论的结构[M].邱泽奇,张茂元,译.杭州:浙江人民出版社,1987:182-184.

验的检验。……进一步努力使定义精确化，会使概念对理论建构产生更大的作用，对研究者的指导也会更得力。"①

对于这一评论，笔者认为特纳似乎有些苛刻，达伦多夫当初的研究并不着意于冲突理论在微观层面的经验运用，其主旨在于揭示帕森斯理论的不足，因而通过对现实中社会冲突现象的描述来反驳帕森斯的功能秩序论。在此，"描述性"的论述是比较合理的。

在详细剖析了达伦多夫冲突理论的基础上，特纳还做出了总结性的评价："达伦多夫已运用对强制、辩证法、统治、被统治和冲突的修饰，掩盖了一种社会现实观。……甚至在社会变迁的分析中，他以一种使人联想起帕森斯的方式，认为冲突是为了满足变迁功能的需要。因此，我们至少可以怀疑，我们是不是像达伦多夫断言的那样已经离开了乌托邦的道路。"②他的这一评价比较客观，达伦多夫对社会冲突现象似有过分的强调，夸大了其影响及功能，容易给人冲突越激烈就越有利于社会进步的印象。与帕森斯的功能理论相对应，他似乎陷入了另一个极端。社会冲突与秩序整合，原本就是一体两面、互为依托的。

以上针对达伦多夫辩证冲突社会理论的评析均较为客观，达伦多夫后来也有所反思，并且修正了部分观点。

4. 关于达伦多夫的"工业社会理论"的研究

1950 年年底，达伦多夫综合分析了西方国家阶级结构与利益关系的新变动，基于工业企业的民主化和社会的民主化趋势，提出了"工业社会理论"与"阶级冲突制度化"等重要论断。"工业社会理论"构成了达伦多夫当代资本主义社会理论的理论基础。在此前提下，他进一步提出了一系列有关当代西方社会经济、政治和社会变革纲领。

安东尼·吉登斯（Anthony Giddens）在其《批判的社会学导论》（*Sociology: a Brief but Critical Introduction*）一书中对此进行了评析，在他看来，马克思是"资本主义社会理论"的代表，而达伦多夫则是"工业社会理论"的代表，两者在理解当代资本主义社会的性质上是对立的。他对两者进行了较具深度的比较，首先他肯定马克思对资本主义社会的论析对当代西方社会学具有持续的影响，它们是对工业社会理论的某些假设进行批判的主要基础。在他看来，达伦多夫与马克思在看待西方社会的变迁问题上有共同之处，但更多的是分歧："他们都认为，资本主义是一种注定要为另一种社会所取代的社会类型，但是他们解释

---

① ［美］乔纳森·特纳.社会学理论的结构[M].邱泽奇,张茂元,译.杭州:浙江人民出版社,1987:182-184.

② ［美］乔纳森·特纳.社会学理论的结构[M].邱泽奇,张茂元,译.杭州:浙江人民出版社,1987:190-194.

这种取代过程的方式却大相径庭。根据达伦多夫的观点,'资本主义'仅仅是工业社会的早期形式,后者(工业社会)才是无可避免地将要主导我们时代的社会。资本主义消失后,必然经历一个相对和缓的过程,这一过程将主要为工业化发展所构成的经济变迁所主导。……从与马克思进行比较的角度而言,达伦多夫把马克思意义上的阶级冲突——与私有财产联系在一起——置放于 19 世纪这一相对短暂的时期。""(达伦多夫的)工业社会理论站在马克思观点的对立面,明确反对彻底变革'先进社会'的可能性。"①换言之,达伦多夫基本否认了马克思的社会主义、共产主义取代资本主义的可能性或者说必要性,因为在他看来,度过了社会冲突最为紧张的 19 世纪,步入 20 世纪的"工业社会"后矛盾是可以自我调节的,功能上也可获得内在调适。

在此,吉登斯充分关注到了达伦多夫社会冲突理论与马克思阶级斗争理论的根本分歧所在。而吉登斯本人的看法则是:"在逻辑上,工业社会理论和资本主义理论都未必说得通;在经验上,两者也未必可行。我们面对的是一个具有无限可能的世界,我们有关这个世界的知识形成了这些可能性。"②因而"我们在某种程度上必须摆脱这两种对立的解释路径"。③

"阶级冲突制度化"的论断是达伦多夫工业社会理论的一个重要支撑。对于这一论断,吉登斯认为有一定的合理性:"这一术语使我们注意到工人阶级被整合进资本主义体系的过程,而不是对它进行革命性变革。"但是,在论及达伦多夫借鉴 T. H. 马歇尔(T. H. Marshall)的"公民身份"理论来阐述其"阶级冲突制度化"的观点时,他认为马歇尔的说法虽然在相当程度上是有效的,但我们不能毫无保留地加以接受,而须加上重要的限制条件。对于马歇尔所说的"福利国家",也即达伦多夫所谓的"后资本主义"的工业社会秩序,吉登斯则提出了重要的质疑:"自马克思以来,西方社会的确发生了一系列影响深远的变化——这些变化很大程度上正是阶级冲突的结果——但是,这一社会仍然是'资本主义'社会,之所以说仍然是资本主义社会,主要基于如下标准:①在私有资本的支配之下,生产利润仍然是经济系统的主要动力;②私有财产,尤其是私有资本的分布仍然是高度不均衡的;③阶级冲突在经济和政权层面仍然具有重要的意义。因此,可以说,资本主义仍然是阶级社会。"④

显然,在当代资本主义社会的发展演变的问题上,吉登斯尽管对两者均不完全认同,但就当代资本主义社会的性质而言,他还是比较倾向于马克思,对达伦多夫则多了些质疑。

---

① [英]安东尼·吉登斯.批判的社会学导论.郭忠华,译.上海:上海世纪出版集团,2007:24.
② [英]安东尼·吉登斯.批判的社会学导论.郭忠华,译.上海:上海世纪出版集团,2007:32.
③④ [英]安东尼·吉登斯.批判的社会学导论.郭忠华,译.上海:上海世纪出版集团,2007:42.

笔者认为,达伦多夫的这两个重要论断在一定程度上反映了当代西方社会的基本现实,经济结构的变动引发社会结构的调整,工人争取权利的斗争也使得统治阶级在政治社会领域做出了重大的变革,西方社会总体上相对稳定。但是,达伦多夫仅仅基于这一变动就认为"马克思主义过时了""资本主义"终结了,西方国家进入了所谓的"后资本主义"时代了,则是极其错误的。尽管他还对现状存有不满,但却根本反对马克思的社会主义主张,而是寄希望于资本主义制度范围内矛盾冲突问题的自我调节,顽固坚守其自由民主的政治道路。显然,这是行不通的。

在我国学术界,对达伦多夫社会理论的研究也取得了一定的成果。台湾学者詹火生编译的《达伦多夫——新冲突理论的开拓者》一书,对达伦多夫辩证冲突理论做了细致的梳理和详尽的阐述。台湾著名的社会学家叶启政先生在为该书所做的序言中评述了达伦多夫冲突社会理论的立意与价值:"我们之所以选达伦多夫来介绍……至少是基于下列三个理由。第一,在当代冲突论者中,他是最具代表性的人物。第二,他的论点乃秉承马克思主义的传统而引申的,其理论明显地与此一近代思想相衔接。尤其,其理论乃针对马克思之阶级论有所批判,对现代工业社会的诠释有不可磨灭的贡献。第三,他直接对结构功能主义学派的论点有所批判,因此,引介他的论点,可以让读者对结构功能论与冲突论之间的异同与争论有所认识。"[1]

大陆学者对达伦多夫的社会冲突理论也有所涉猎。在理论评介方面,宋林飞撰写的《西方社会学理论》(1997)对达伦多夫的社会冲突理论的评介具有代表性。他从后资本主义社会以及社会冲突的模式、根源、形成、程度、结果六个方面展开,比较细致地接受了达伦多夫的思想,其研究具有一定的代表性。他认为:"达伦多夫对于一般社会冲突的精细分析与经验性命题颇有新意。对于我们认识当代资本主义社会状况及其统治策略,研究社会主义国家内部矛盾及其处理,有一定的参考价值。"同时,他还认为"达伦多夫自称冲突理论家,受到马克思阶级斗争理论的影响;但他对马克思的阶级斗争理论部分批评、部分接受并加以修正,也采取了修正主义的态度","达伦多夫说的阶级与阶级冲突,实质是指非阶级的群体与群体冲突"。因而,"达伦多夫强调工业社会的冲突,目的并不是鼓励被统治阶级反抗统治阶级,而在于为统治阶级寻找调节冲突的途径与方法,巩固现存的结构"[2]。

郑杭生也认为,达伦多夫重点研究冲突的调节机制和条件,仍是为了缓和

① 叶启政.社会学系列序言[M]//詹火生.达伦多夫——新冲突理论的开拓者.台北:允晨文化实业股份有限公司,1982:28-29.

② 宋林飞.西方社会学理论[M].南京:南京大学出版社,1997:359.

冲突、防止冲突,仍然没有超出西方维护型社会学的范畴。①

这些研究都较好地介绍了达伦多夫冲突理论的基本内容,且就其理论意义和实践价值做出了中肯的评价。此外,还有一些研究者对达伦多夫的冲突理论进行了深入研究,包括叶克林、蒋影明的《现代社会冲突论:从米尔斯到达伦多夫和科瑟尔》(1998),刘先义的《超越功能论》(1997),舒晓兵、风笑天的《结构与秩序的解构——斯宾塞、帕森斯、达伦多夫的社会变迁思想评析》(2000),王彦斌《科塞与达伦多夫的冲突论社会学思想比较研究》(1996)等。

叶克林和蒋影明比较了达伦多夫和米尔斯的理论,认为两者有显著的共同特色与理论差异。深受卡尔·马克思和马克斯·韦伯的双重影响,以利益和运用"权力决定论"研究冲突,是其共同点。所不同的是,米尔斯着眼于通过特定阶层透视社会稳定表象下的结构性冲突,以实现对资本主义工业社会的批判性揭露;而达伦多夫则注重通过社会组织解释社会冲突的机制,以谋求对资本主义工业社会的诊断性对策。②

舒晓兵和风笑天从结构和秩序的角度入手,对进化论、功能论和冲突论的三位代表人物斯宾塞、帕森斯和达伦多夫的社会变迁思想做了比较和评析,认为:"达伦多夫的社会变迁论比较准确地反映了资本主义社会的现实,解释了资本主义是一个充满了矛盾和冲突的社会,并对其进行了批判和抨击,同时还把社会划分为两大阶级,认为阶级斗争缘于社会结构本身,是阶级斗争导致了社会变迁。这是其合理和进步的地方。"但是,他们也指出了达伦多夫理论的不足,诸如将资本主义内部不同部分、不同利益团体的冲突和对抗当作历史发展的根本原动力在根本上不符合历史发展规律;片面夸大了冲突的作用,忽视了社会均衡与稳定的重要性;片面强调冲突的"自然性""永恒性"和"不可排除性",难以真正有力地解释和分析现实中的各种社会现象。③

这些研究对达伦多夫理论的理论框架、基本观点与现实意义也做出了较具深度的剖析和评价。但他们大都基于具体观点上的介绍,缺乏将达伦多夫冲突理论与其他相关社会理论诸如功能理论、交换理论的对比比较,以及对相关理论的整合思考,也未将该理论与中国社会的实践结合起来,尚不能从社会理论的层面对现实问题做出有力的释读。

相较于达伦多夫早期的社会冲突基本理论,对于其中后期较为系统完整的

---

① 郑杭生.社会学概论新修[M].北京:中国人民大学出版社,1998:572.

② 叶克林,蒋影明.现代社会冲突论:从米尔斯到达伦多夫和科瑟尔[J].江苏社会科学,1998(2):174-180.

③ 舒晓兵,风笑天.结构与秩序的解构——斯宾塞、帕森斯、达伦多夫的社会变迁思想评析[J].浙江学刊,2000(1):85.

政治思想，国内学界的研究较为缺失，甚至近乎空白。目前仅见于徐大同主编的《现代西方政治思想》一书的相关篇章中，对达伦多夫《现代社会的冲突》一书做出了解读，简要阐述评析了其中的一些思想和观点。

三、研究框架及思路方法

目前国内外学界的研究状况是，对达伦多夫早期的社会冲突思想，国外学者的研究已较为深入，当然这些研究大多是基于自由主义理论视野下的内部探析，缺少基于马克思唯物史观视域下的深度评析，其视野、方法与立场均存在缺陷和不足。同时，国内社会学界对其早期社会冲突思想即"社会冲突基本理论"有较多的介评，但对达伦多夫中后期的政治思想关注不够，因而对其早期一般社会冲突理论的探讨也需要进一步地深化。基此，本课题的研究将着力围绕以下几个层面展开。

对于其中后期的政治思想，国外学者虽有所研究，但国内学界的研究几近空白。为此，本课题的研究定位为：概要性地述评其早期社会冲突思想，提炼总结其政治社会理论研究的基本进路与核心观点，重点研究其中后期相对系统完整的政治思想。具体的研究框架安排如下。

首先，简要述评达伦多夫社会冲突基本理论，着重比较这一理论与马克思等相关学者的异同，结合其有关"后马克思时代"的西方资本主义研究，进一步把握评价其早期社会冲突理论的思想实质、意义与局限。

然后，结合其相关政治论著，全面剖析其有关现代社会的冲突与治理的政治思想和理论观点，这部分将以三个重要议题的形式做集中深入的探讨。

（1）"社会冲突与历史发展"。

着眼于其基于社会冲突视角的社会历史思考，通过评析其有关"冲突促进自由"的重要命题，深入剖析其"现代社会冲突"的基本主题"生存机会"及其主要的理论范畴，进而着重评析其有关暴力革命的历史之思与社会改良的未来展望，努力把握其历史发展理论的根本实质。

（2）"社会转型与政治建构"。

结合达伦多夫有关近代以来西方社会"公民身份"运动即公民权利扩展与社会大转型的历史变革的思考，把握这一社会大转型进程中阶级冲突的演变及其引起的两大社会后果：现代社会的成长和现代民主政治的成长，集中论析其有关"现代社会"的生成、品格及历史意义的思考，并且对其关于现代民主政治在与阶级冲突的互动中的生成与演变的思考做出分析。同时，梳理评析达伦多夫对现代民主政治发展道路相关探讨。

（3）"国家治理与秩序整合"。

循着其历史发展理论与社会转型理论的基本思路和重要提示，进一步剖析达伦多夫对第二次世界大战以来西方社会治理实践的跟踪研究，即从"黄金时代"的经济繁荣与社会正义良性互动到 20 世纪 80 年代以来的滞胀危机与社会失范的挑战及至 90 年代有关社会重建问题的展望即社会治理范式的重建，着力探析这一时期西方资本主义发展演变的内在逻辑。

最后，综合全篇，对达伦多夫的政治社会思想进行总体性的反思评价，并结合当代中国的社会转型与治理建构做出必要的探索与思考。

在研究进路与理论工具的选取上，本课题将循着达伦多夫社会冲突与政治治理理论的形成背景和发展脉络，紧密结合其关于现代西方资本主义冲突现象的重要理论思考，坚持以马克思主义唯物史观为指导全面审视达伦多夫的政治思想。本课题的研究方法主要有：文献阅读法、综合比较法、辩证唯物主义和历史唯物主义的方法等。

第一章　达伦多夫早期社会冲突思想述评

基于达伦多夫学术研究的经历及其学术思想演变的脉络,结合本课题研究的需要,在此对其早期社会冲突思想做一概要性述评,着重剖析其社会冲突基本理论的背景、内涵与精神实质,并针对其关于"后马克思时代"西方社会冲突变迁趋势等重要论断做出评判,把握其早期社会冲突理论的基本主张与思想内涵,以便更为全面准确地把握其重要的政治与社会思想。

第一节　社会冲突基本理论的创建

通读达伦多夫早期的《走出乌托邦》(1958)、《工业社会的阶级与阶级冲突》(1959)等著作,笔者发现其早期社会冲突基本理论的创建主要有两重理论背景。其一是 20 世纪五六十年代西方发达国家相对稳定的现代化推进,与之对应的是美国著名社会学家帕森斯创建的结构功能主义理论广为盛行和影响空前,这激发了达伦多夫挑战"大师"的雄心。相对于帕森斯功能主义理论所蕴含的对自由主义秩序的稳定性的乐观,达伦多夫对时代状况做出了不同的理解,其辩证冲突的社会观展现了社会运行中冲突与秩序的两面性,冲突的发生是常态,而非帕森斯所构想的社会系统的恒定调节。其二是马克思的阶级冲突与社会变迁理论,这是达伦多夫冲突理论较为重要的思想渊源。对于马克思的阶级冲突理论,达伦多夫因其社会理论的基本取向与马克思相近,因而有着一定意义的认同,尤其对马克思阶级冲突理论的分析架构多有借鉴吸收,但囿于其自由主义的顽固政治立场,以及对现有资本主义秩序的坚决维护,进而全面否定了马克思的科学社会主义理论,认为马克思阶级理论只是对于 19 世纪的资本主义社会有解释力,现今已经"过时了"。为此,他力图创建一个不同于马克思阶级冲突理论的"辩证冲突的社会理论",并以此来评判所谓的"后马克思时代"的西方国家经济社会发展的新态势,由此进一步展开其社会想象。

一、对帕森斯功能主义理论的批评——辩证冲突社会观的提出

在现代西方社会理论界,帕森斯的结构功能主义理论有着十分重要的地位。二战之后的美国社会经历了一个相对稳定和繁荣的历史时期,这一阶段主要是指 20 世纪 40 年代中后期至 50 年代,是所谓的美国的"黄金时代"。由于在二战中所处的特殊位置,以及随之出现的经济繁荣和取得的科学成就,使得美国赢得了国际霸主地位。美国统治阶级把国内和国际关系中的这种变化归结为美国社会理想与秩序的成功和胜利,美国人也狂热地吹捧和信仰着美国的一切,反映在理论界和思想领域,就是歌功颂德的社会思潮一时占据了主导地位。为此,美国社会始终存在的剥削、压迫、社会不平等、社会矛盾和冲突被美国的成就和显赫的国际地位暂时掩盖了。在人们的心目中,一个年轻的国家取得了超乎世界各国的地位与成就,只能证明这个国家社会结构的合理、价值取向的正确。理论家们忽视了大量存在的社会矛盾和冲突,帕森斯的结构功能主义理论就是这一情形的典型代表。帕森斯欣然于美国社会的稳定与繁荣,强调社会成员共同持有的价值取向对于维系社会整合、稳定社会秩序的作用,而将冲突视作健康社会的"病态",努力寻求消除冲突的机制。帕森斯的理论以其宏大的理论体系雄踞美国社会学界乃至欧美学界的霸主地位,其影响非常深远,但也因其过于强势的地位而遭遇了社会冲突理论、交换理论、符号理论等来自不同方向的挑战。

面对结构功能主义一统天下的局面,达伦多夫早在 20 世纪 50 年代就扛起了反对的大旗,他不赞同帕森斯关于冲突只具有破坏作用的片面观点,在 1958年发表的《走出乌托邦》[收录于《社会学说论文集》(1968)]一文中,对帕森斯结构功能主义等主张社会的静态稳定的社会理论展开了严厉的批评,并提出了社会有着"冲突与秩序"两面性即辩证的社会观。而在《工业社会中的阶级与阶级冲突》(1959)一书中则以其对诸多理论细致的梳理和严密的分析完成了社会冲突理论模型的构建。就此而言,达伦多夫的冲突理论很大程度上是以帕森斯的理论为靶子而创立的。

在《走出乌托邦》一文中,达伦多夫引述了许多乌托邦故事,诸如弗朗西斯·培根的《新大西岛》、乔治·奥威尔的《一九八四》等论著,认为这些故事所描述的乌托邦社会都有以下几个共同特征:①不承认社会变迁。②认为社会对于流行的价值与制度存在普遍的"共识"。共识可能以强迫的方式达成,也可能顺其自然而产生。③强调社会和谐与稳定,认为不存在结构导致的冲突。对于任何价值与制度要么绝对赞同,要么绝对不赞同。而破坏社会整体的分子都是外来的"异端分子",它们并不是乌托邦社会结构的产物。④认为社会活动过程

根据整个社会的安排以一再重复的方式进行，这些活动不会影响或破坏已有的社会形态，而是更强化与支持社会既有的形态。⑤乌托邦社会都停留在一个"全然静止"的状态。社会不仅在时间上是静止的，在空间上也是孤立的，即把社会描述成与外在世界隔绝的状态。①

其中，达伦多夫着重批判了帕森斯为代表的结构功能主义理论。他认为帕森斯"社会体系"的研究方法对社会学研究不但没有用处，甚至会有不良的影响。因为，"均衡""内在稳定"的"社会体系"，是由社会学家构想出来的，而不是从日常人们所熟悉的现实中发展出来的。它的概念无法归类，它的假设无法验证，它的模式无法遵循。另外，社会的实际状况也是有痛苦和不愉快的事实，有冲突的存在。这些事实与冲突，是现代社会学的各种结构功能主义理论所不愿承认的。"社会体系"这个名词隐含着一层意义，即它的"封闭性"。"社会体系"基本上是自给自足的系统，与外界是隔绝的。②

基于此，达伦多夫批评帕森斯等社会学者的研究缺乏"问题意识"，他们观察社会的方式，加速了社会学者脱离现实社会，而不是关心现实社会的过程。社会学必须恢复问题意识，而不能对现实社会所存在的问题漠不关心。③据此，达伦多夫认为，社会有两面性，即冲突与均衡，两者不可偏废。基于既定的理论形势及现实社会的需要，达伦多夫强调社会学者要更多关注社会的冲突面，突出社会的强制性与冲突性。整合模式只能解释社会的静态，社会动态则需要冲突模式来解释。他认为，社会学的"未来不仅要集中考虑具体的实际问题，而且要考虑事关统治、冲突和变迁发展的问题"④。出于与结构功能主义者强调社会的稳定、共识与均衡相对抗，达伦多夫站到了帕森斯的对立面，提出了自己的冲突社会观。

达伦多夫认为："对我来说，我们同时需要这两种模式来解释社会问题。的确，就哲学意义上来说，社会有两种面相，一个是稳定、和谐和共识，另一个是变迁、冲突和强制。"⑤为此，达伦多夫特地将这两种相对应的社会模式的基本观点予以对照：一是以帕森斯为代表的社会均衡模式，二是冲突理论的社会压制模式，达伦多夫将这两种模式的基本假设或观点均归纳为四个方面。以帕森斯为

① Dahrendorf. Essays in the Theory of Society[M]. San Francisco：Stanford University Press，1968：108-110.

②③ Dahrendorf. Essays in the Theory of Society[M]. San Francisco：Stanford University Press，1968：117.

④ Dahrendorf. Class and class conflict in industrial society [M]. San Francisco：Stanford University Press，1959：59-162.

⑤ Dahrendorf. Essays in the Theory of Society[M]. San Francisco：Stanford University Press，1968：128.

首的结构功能主义学者有四个假设：每个社会都是一个各种成分的相对持久、相对稳定的结构；每个社会都是一个各种成分的协调整合的结构；社会中的每一成分都有一个功能，即它们对于维持社会作为一个完整体系做着贡献；每一个正在运行的社会结构都以其成员间的价值观的一致为基础。与此相对应，达伦多夫也提出了四个基本的观点："每个社会在每个方面都时刻处在变迁过程之中，社会变迁是普遍的；每个社会在每个方面都时刻经历着社会冲突，社会冲突是普遍的；社会中的每个成分都对社会的瓦解与变迁发生积极作用；每个社会都是以一部分社会成员对另一部分社会成员的压制为基础。"①

事实上，达伦多夫对帕森斯的理论批评很大程度上源于对经典社会学家相关思想的重要借鉴。达伦多夫认为，从马克思、孔德到齐美尔，社会冲突特别是社会革命，一直是社会研究的中心课题之一。帕森斯借用一系列相互联系的范畴，说明社会体系的整合问题，而不注意分析社会冲突，这与他所处的特定社会背景有关。这是因为帕森斯面临的问题是要解释"什么把社会维持在一起"，而不是"什么驱使着社会前进"。的确如此，达伦多夫的冲突理论正是借鉴吸收了马克思的一些理论观点才得以形成的。早在攻读博士学位期间，他就专心研读过马克思的著作，并且撰写了博士论文《卡尔·马克思思想中的公平观念》，而在后来创建现代社会冲突理论的过程中，则以马克思的阶级斗争学说为范本，同时又以马克思的革命学说为主要对话者，甚至尝试续写了马克思《资本论》第三卷尚未完成的最后一章《阶级》部分。粗略说来，他对马克思的思想继承主要表现为两个方面：其一，对于马克思关注社会冲突现象的理论研究取向多有赞誉，认为马克思是"社会冲突研究"的先驱，并借鉴了马克思关注社会冲突现象的研究视角；其二，认为马克思的阶级冲突理论提供了一个基于社会结构的研究方法，而不是仅仅从个体行为出发的研究。为此，他对马克思的阶级分析方法和主要范畴多有吸收。比如，马克思的两大对立的"阶级"划分、阶级冲突的根源、阶级冲突的变迁等基本框架均为达伦多夫所借鉴。正是基于这一理论立场，达伦多夫也被称为"新马克思主义者"。可以说，马克思的阶级冲突理论对达伦多夫社会冲突理论的影响是较为重要的，这一点在下面的阐述中将得以印证。

二、社会冲突基本理论建构的重要背景

如前所述，达伦多夫一定程度上认同并吸收了马克思阶级理论的相关思

---

① Dahrendorf. Class and class conflict in industrial society [M]. San Francisco：Stanford University Press，1959：161.

想。但是，他对马克思的思想又存在着较多的不满，并在所谓的"清理"马克思阶级理论的基础上创建了冲突理论。

在《工业社会中的阶级与阶级冲突》一书中，达伦多夫在对"后马克思时代"的西方社会状况的理解中展开了对马克思理论的批评，他基于时代变迁这一前提认为马克思的理论"过时了"，因而需要做出理论修正，这与许多"后马克思时代"的西方学者的努力似乎如出一辙。在此，我们先就其对马克思的批评做简要归纳。

一是质疑马克思关于"财产所有权"在社会冲突分析中的关键地位。他承认"所有权"是马克思所生活的 19 世纪的西方社会阶级冲突的根本原因，但时过境迁，在马克思之后的时代里，"所有权"不过是导致阶级冲突的一个原因（其他的还包括权力、地位等因素），"权威分配的不平等"才是社会冲突的最根本原因，因而他主张以"权威的分配"来作为剖析社会冲突现象的主要工具。

二是认为马克思所倡导的"彻底革命"不再可能发生。资本主义已经进入了所谓的"后资本主义"阶段，阶级冲突可以为现有的制度所吸纳，即所谓的"阶级冲突的制度化"，在现有制度体系下阶级冲突将得以包容和调适。既然革命暴力的斗争方式不可取，那么西方国家自然就步入了其所谓的"后马克思时代"。

三是批评马克思无产阶级革命与社会理想的乌托邦性质。批判马克思的研究不能区分"社会学"与"社会哲学"的阶级问题，主张只有基于社会学的经验研究才能准确地把握现实社会。

考量达伦多夫对马克思阶级理论的批评，不难发现其最直接的依据或许在于马克思逝世之后的西方社会阶级状况已经较马克思所生活的时代发生了一些重要的变化，而这些变化又与马克思的一些理论观点或者预见有些歧异，这就促使了达伦多夫要力图"超越"马克思的无产阶级革命与社会主义的学说。但其中更为重要的原因或许还在于和诸多西方自由主义学者一样，对马克思理论本身的不尽完整的理解、肢解，甚至于根本否定的偏颇，并试图提出各式各样所谓的新阶级理论，以标新立异，对阵左翼思想家的激进社会批判，试图维系有资本主义制度的正当性。

在此，达伦多夫又是如何批评与修正马克思的政治学说的呢？鉴于其创建理论的基本背景，可以认定他是在审读马克思的相关著作、把握马克思的阶级理论之后，结合马克思逝世之后西方国家经济社会结构与阶级冲突状况的变动，进而创建了新的社会冲突理论。为此，首先就需要评介其对于马克思阶级理论的解读及其对所谓的"后马克思时代"的理解。

（一）对马克思阶级冲突理论的审读

从《工业社会的阶级与阶级冲突》一书的行文来看，达伦多夫首先审视了马克思所处时代的社会状况及其理论。他认为,马克思的资本主义理论与其生活的时代是密切吻合的。在那个时期,西方资本主义国家的社会结构具有以下特点。

(1)权威、财产和一般社会地位重叠。在财产分配占统治地位的人在权威和一般社会地位方面也占统治地位,并且财产分配方面的统治地位是其他方面统治地位的基础。重叠的不平等与压制造成了社会结构的极大紧张,容易引发冲突。①

(2)工业企业的冲突和政治领域的冲突重叠。这是因为工业组织中的对立群体与政治组织中的对立群体完全重叠。工业企业中的统治群体(资本家阶级)同时也是政治领域中的统治群体,工业企业中的被统治群体(劳动阶级)同时也是政治领域中的被统治群体,因而工业企业中的冲突与政治领域的冲突也就叠合在一起。②

(3)不同阶级之间缺乏流动性,内部同质性极高,中间阶层在两大对立阶级严峻对峙状态下,社会影响被边缘化。因而,两极分化的社会结构日益固化,矛盾极为尖锐。③

(4)缺乏对冲突的有效调节。在这种历史条件下,由于不同社会地位群体和各种冲突的重叠,导致社会冲突的强度极高,而缺乏社会流动与有效的冲突调节机制,又使结构变迁难以以和缓渐进的方式发生。因此,一旦条件允许从准群体中产生利益群体,从而使社会冲突由潜在变成现实,冲突的结果就很可能是:劳动阶级以暴力革命的形式,推翻资本家阶级的统治,代之以新的阶级统治。④

在此,达伦多夫相对较为认同于马克思对早期资本主义社会冲突的理论分析,认为"他(马克思)的阶级理论为我们提供了一个进一步争论的背景,他的资本主义阶级社会理论也为我们后面的分析提供了重要的参照"⑤。而事实上他在后来建构其自身的社会冲突理论模型时,也的确吸收了马克思阶级冲突理论的某些重要范畴及致思路径。但是,他同时又指责马克思的理论"过时了","如果我们坚持拒斥马克思的社会理论及从中推演出的假设,那么我就有足够的理由。因为科学发展总是在拒斥已经接受过的观点和理论中获得的,而不是对它们的僵化固守"⑥。根据其言下之意,马克思的"资本主义"理论虽然较具合理性,但同时因为时代的变迁而有着较为严重的局限性。仅就这一点,不难看到,

①②③　Dahrendorf. Class and class conflict in industrial society[M]. San Francisco:Stanford University Press,1959:33-34.

④⑤⑥　Dahrendorf. Class and class conflict in industrial society[M]. San Francisco:Stanford University Press,1959:35.

达伦多夫的政治思想与马克思有着根本的分歧。

他首先检讨了马克思"资本主义社会"这一范畴的"合理性",认为"'资本主义'从根源上说,相当程度上是个经济学的术语。资本主义社会作为一个概念是一个从经济推演到社会关系……这样的定义就连经济学家也不一定完全赞同","在描述自18世纪末至19世纪初的工业革命所引起的经济社会后果时,马克思突出强调了生产方式的私人所有制,劳工的自由买卖,剩余价值的生产,机器大工业的生产方式及阶级的存在"。他接着引述 Heimann's 的话"资本主义只是一个历史性的概念",并进而总结:"因而资本主义社会衍生出来的范畴同样标志着一个社会结构的历史模式,而这种模式又是变动的,它必将为新的模式所替代。"①

基于此,达伦多夫认为要对马克思的资本主义概念的普遍适用性予以严格的限制:"对于资本主义经济或社会概念的使用,对其做专业而精确的定义是十分必要的。……资本主义的初始定义的绝大多数概念都容易陷入两个截然不同的分化,一方面很多概念与独立于它的特定社会、法律和经济内容之外的工业生产活动密切关联,诸如工业生产的参与者被区分为统治群体和服从群体,经济理性主义,甚至于市场经济的某些形式,等等。另一方面,资本主义的很多概念只是一种仅仅反映了19世纪西欧工业化社会工业生产过程的特定形式。比如,财产所有权与控制、劳工的贫困、利润冲动,等等。"②

为了克服其所谓的"马克思理论的不足",达伦多夫提出以"工业社会(industrial society)"来取代马克思的"资本主义(capitalism)"的理论模式,认为需要提炼一些统一的范畴,建构一个更具综合性和可供经验分析的理论框架。"资本主义"只是描述了工业社会的早期形态,而"工业社会"反映的则是一个更为普遍的社会形态,"工业社会"范畴的内涵足以涵盖马克思的"资本主义"范畴。这样,他也便将马克思之后的西方社会称为"后资本主义社会"了。③

显然,达伦多夫试图做两方面的努力:一是以所谓的"工业社会理论"对新的时代状况的总结概括,把握现实社会发展的特点与趋势;二是对马克思的阶级冲突理论即达伦多夫所谓的"资本主义社会理论"做出修正并构建新的冲突理论。这两个方面是内在关联着的,形成了达伦多夫基于"社会"与"政治"对话的理解图式,也成为达伦多夫对"后马克思时代"西方社会理解探析的思想主线。在此,达伦多夫的社会研究视角与方法颇具特色,他不同于单一的就社会状况而论资本主义的发展演变趋势,也不同于静止地、抽象地讨论阶级冲突的一般特点,而是同时将"社会"与"政治"置于共同的场域,并力图把握它们之间

---

①②③　Dahrendorf. Class and class conflict in industrial society[M]. San Francisco:Stanford University Press,1959:37-40.

的相互建构、相互塑造与相互规导的多维互动。他的这一社会分析路径在其后期思想研究中也得到了充分的贯彻,最后统一于其对西方资本主义的"大历史"的理解之中,尤其是对其以"阶级冲突"为切入的、关于现代社会的生成与民主政治制度的确立的同一历史时空的"联动性"的把握至关重要。

达伦多夫社会冲突基本理论的创建源于"工业社会"背景下的经济社会结构的变动,同时作为"具体社会"里的政治现象的重要反映、"社会系统"意义上的最为重要的组成部分诱致着社会结构变迁,因此,"工业社会理论"与其社会冲突研判理论是互为依托、相互包含的。在此,可以看到达伦多夫似乎并没有超出帕森斯的结构功能主义理论的视域。正如一些学者的评判,相对于帕森斯,达伦多夫不是超越,而是补充。不过,达伦多夫对于帕森斯不仅仅是一种"补充",更多的是深化,这里的"深化"不是对帕森斯的理论框架的改动。事实上,后期研究中达伦多夫已经将经济、政治、文化、社会四大要素融为一体了,相当程度上继承了帕森斯的理论框架,以至于后来达伦多夫自己也承认其冲突理论不是要取代帕森斯的功能理论,这也正如李猛所评论的那样,冲突理论充其量是处于"反帕森斯主义时代"而非"后帕森斯主义时代",[①]它是对帕森斯结构功能理论的"社会分析"与"政治构想"的深化。

(二)对"后马克思时代"西方资本主义社会的政治解读

在其"工业社会理论"(或"后资本主义社会理论")的建构中,达伦多夫较为细致地梳理了马克思逝世之后的西方资本主义社会结构的重要变迁。根据他的分析,所谓的"后马克思时代"的社会变迁主要表现为以下几个方面。

1. 资本主导地位下降

达伦多夫认为马克思在工业生产领域中找寻有关资本主义社会变迁的根源的做法是正确的,但是这些社会变迁的动向已经被证明与马克思所期望的恰恰相反。因为,关于资本,现在已经出现新的变化:"按照一种较为激进的说法,股份公司的出现大大终止了早期资本主义的传统模式。随着所有权和控制权的分离,一个新的经理阶层出现了,他们远不同于早期资本主义社会里的总管们……再要说所有者和控制者或者是股东与经理人是相当同质的群体已经让人怀疑了。"事实上,股份公司的出现已经使得两个地位、角色和外表相当不同的群体取代了原来的一个群体。与财产所有权的合法地位相对比,经理们的权威地位在很多方面类似于政治体制内的领袖了。尽管经理阶层没有完全终止。资本的分解,以及资本主义的分解,意味着同质性的资产阶级并没有出现,而是

---

① 李猛. 从帕森斯时代到后帕森斯时代的西方社会学[J]. 清华大学学报(哲学社会科学版),1996(2):29-34.

出现了一个多元化的群体,他们彼此不同,相互竞争,但和睦相处。虽然工业社会里的冲突远没有结束,但资本的分解导致冲突模式出现了新变化。①

2.劳动地位下降

工业社会的工人阶级远非一个由同样缺乏技能和处于赤贫状态的人们所组成的统治群体,而是由技术水平不同的劳动群体构成的,他们之间存在明显的利益冲突。虽然还不能肯定工人失去了能够将他们团结起来的纽带,但冲突的模式改变了。②

3."新中间阶级"出现

阶级结构的变化即"新中间阶级"的出现,以及社会流动的扩大、日趋多元的阶级格局、自由流动带来的个人进入上层阶级的机会的增长缓冲了原本两极对立的阶级冲突。收入分配、社会流动、经济结构的变化,新产业、管理革命,新阶级、新阶层的出现,"白领"取代"蓝领","新中间阶级"形成了原本两极对立格局中的一道屏障,就社会的整体结构来看,的确起到了很大的缓冲作用。③

4.社会平等逐步扩展

随着劳工工资的提高及社会福利措施的逐步推出,虽然严重两极分化的收入结构并没有根本动摇,但低收入家庭的生活境况得到了一定的改善,社会弱势群体得到了一定的关照,基本生存问题得到了一定的改善,社会矛盾因此得以某种程度的克服。④

在上述达伦多夫所勾勒的"工业社会"的图景中,我们看到了社会不平等的状况得到了一定的改善,阶级对抗关系有所缓和,社会流动的加强也使得下层阶级有了上升的通道,而新兴利益群体的出现也发挥了一定的"隔离带"作用,同时工业技术的改进也大大降低了劳动力的"痛苦指数",改善了全社会的"人文环境"。客观地说,达伦多夫的这些分析有着一定的合理性,也在一定程度上捕捉到了不同于马克思所预见的资本主义发展的新趋势,为其对资本主义社会冲突新趋势的评判提供了重要的依据,也成为其创立不同于马克思的社会冲突理论的基本社会背景。正如吉登斯所评述的:"对于达伦多夫来说,这些社会变迁是深远的,它们以一种进化的方式而不是马克思所设想的革命的方式消除了

---

① Dahrendorf. Class and class conflict in industrial society [M]. San Francisco: Stanford University Press, 1959:42-44.

② Dahrendorf. Class and class conflict in industrial society [M]. San Francisco: Stanford University Press, 1959:48-49.

③ Dahrendorf. Class and class conflict in industrial society [M]. San Francisco: Stanford University Press, 1959:51-53.

④ Dahrendorf. Class and class conflict in industrial society [M]. San Francisco: Stanford University Press, 1959:61-62.

资本主义的阶级特征。"①当然,达伦多夫的这一系列判断是否可靠,或者说就其对阶级冲突的影响即阶级分析而言是否与马克思时代的社会状况有着本质的区别,是否就导致马克思的阶级理论过时了并必须以新理论取而代之,我们待后一并分析。

正是在这诸多新变化的"合力"作用下,达伦多夫认为"后马克思时代"的社会冲突已经不再是马克思年代的那种强烈的对抗性及暴力斗争。基于此,他提出了资本主义社会"阶级冲突制度化"的论断。

这一论断的提出,除了上述四个方面的社会结构重大变迁因素之外,他的判定还源自西方社会里"政治变革与阶级冲突"的两大趋势。

一是政治领域本身的支持即政治民主化的推进,吸纳了矛盾,消解了紧张的阶级对立性;

二是社会系统的结构性分化,社会不同领域之间的日益分离,使得经济、政治、社会各个领域的冲突相对分散,原本"铁板一块"的社会体系下集中于政治领域的矛盾对立,因社会各个领域的相互"分离"而得以分解,其冲突强度也因此消退。

如何评定达伦多夫的这一分析研判,在此先略做两点必要的说明。

一是依据达伦多夫对社会冲突根源的理解。"后马克思时代"的冲突已经不再是马克思意义上的资本主义"私人所有制"条件下因利益失衡而发生的冲突,而是他所谓市场竞争机制下的"权威分配的不平等"所引发的统治阶级与被统治阶级的对立。

二是他提出社会团体之间的冲突并非齐一的、单线的,而是交叉的、多维度的、非线性的,不同领域的冲突并不必如马克思所说的那样形成一个统一的力量。有关这两个方面的讨论将在下一节专门阐述,在此仅着重考察达伦多夫"阶级冲突制度化"的论断,这一论断与其所谓的"工业社会理论"有着重要关联。在他看来,20世纪西方资本主义国家的政治领域出现了两个重要的新趋势:

(1)政治民主化,即工业企业的民主化和社会领域的民主化。

在达伦多夫看来,19世纪的工业领域充斥着不平等的压制,工人阶级处于绝对的弱势地位。但是随着形势的变化,在强烈社会冲突的压力下,一些社会中的统治阶级可能进行社会结构的改革,逐渐建立起一种能有效调节冲突的民主性的社会结构,即"工业民主结构"。他所谓的"工业民主结构"主要表现为:承认冲突为工业社会的必要部分,承认各种利益团体组织的合法性;在企业等组织中建立议会式的协商机构;建立各种仲裁与调停机构;劳工代表参与企业

① ［英］安东尼·吉登斯.批判的社会学导论[M].郭忠华,译.上海:上海世纪出版集团,2007:34.

管理；劳工代表参与经营管理趋于制度化。① 随着工业民主化的推进，劳工的利益表达有了相对畅通的渠道，有了协商对话的平台，劳工的权益就得到了一定的保护，这也在一定意义上缓解了企业内部的劳资矛盾。而随着企业内部矛盾的缓和，整个社会的阶级对抗自然也就不那么激烈了。

此外，在资本主义的国家—社会层面，社会民主也得到充分的推进。随着民主制度与法治秩序的成长，民主政治的建立搭建了一个相对理性的对话平台，各个利益集团的博弈变得越来越"文明"，公共政策的理性辩论、劳工权益的合法维护，可供经济领域里资本制造的紧张对峙，由于政治领域的介入而变得可以讨论、辩论，在政策的辩论中社会的公平正义也得到了。② 同时法律制度提供了一定意义上的公平正义，又对弱势群体的正当利益有所保护。

（2）社会各领域之间的结构性分离。

此外，达伦多夫还发现了工业领域的一个重要的新变化，即工业的制度性隔离也对工业社会的冲突产生了巨大的影响，大大改变了社会冲突的结构。随着社会结构的变革，经济领域与政治、社会领域趋于分离，一定程度上改变了经济资本与政治权力高度重合的局面，这样就避免了高度重叠的压力结构，经济领域产生的劳资双方的阶级冲突一定程度上因为政治制度和社会体系的建立而被转移出来，由政治领域的民主所提供的利益表达与法律制度所提供的权益保障所接纳并消解。③

至此，达伦多夫的"阶级冲突制度化"论断与其"工业社会理论"就形成了深层的汇通。与此同时，也就否定了马克思的无产阶级革命理论与资本主义必然灭亡的论断，进而达到了其所谓的"超越"马克思的阶级冲突理论，为其进一步创建自身的社会冲突理论做好了铺垫。

事实上，达伦多夫的"工业社会理论"与"阶级冲突制度化"论断相互关联、互为依托，既是早期社会冲突思想的核心所在，又是其后期政治社会思想建构的重要基石，同时也是领悟把握其思想理论的一条主线索。因此，就极有必要对这一理论做出更为深入的探讨。而要做到这一点，首要的是对其所谓的"工业社会理论"做出检讨，也即所谓的"后马克思时代"的西方经济社会结构到底有没有超出马克思对西方资本主义的整体把握？换言之，其理论洞察本身有多大程度上的可靠性？其次是社会结构的新变化是否就足以扭转乾坤，是否就一

---

① Dahrendorf. Class and class conflict in industrial society [M]. San Francisco：Stanford University Press，1959：258-263.

② Dahrendorf. Class and class conflict in industrial society [M]. San Francisco：Stanford University Press，1959：307-309.

③ Dahrendorf. Class and class conflict in industrial society [M]. San Francisco：Stanford University Press，1959：267-270.

定能使"阶级冲突制度化"？或者说,这种"制度化"的社会冲突管控又是否就意味着资本主义社会矛盾不再激化,激进革命将得以避免？最后,这种"冲突的制度化"或者说"制度化的冲突"是对现状的描述,还是对未来的预测？是否意味着资本主义、自由主义政治就是所谓的"历史的终结"？进言之,马克思的阶级冲突与社会批判理论就一定"过时"了？

此外,在阶级冲突与社会变迁的议题上,还可做另一种解读,也即达伦多夫所关切到的资本主义社会的政治经济新变化,到底是验证了马克思阶级冲突理论,还是否定了马克思的某些预见？这是一个极为复杂的问题,在此不妨再对达伦多夫的"工业社会"理论与马克思的资本主义理论做一比照。"工业社会"是 19 世纪初期由法国空想社会主义思想家圣西门在其作品中提出的,他同时还提出了一些后来被其他研究者所采用的普遍性理论准则。后来又经涂尔干的推进,在 20 世纪五六十年代,各式各样的"工业社会"理论层出不穷,蔚为壮观,像法国思想家雷蒙・阿隆(Raymond Aron)、英国社会学家 T. H. 马歇尔等均有所及。通常,所谓的"工业社会"理论大都有着某种程度的"反马克思情结",也即其对于西方资本主义社会的体认和研判往往与马克思的"资本主义"批判理论相对立,把马克思视为激进左翼的"乌托邦"、仅只是意识形态(阿隆甚至称之为"知识分子的鸦片"),而自视客观平实,阿隆、达伦多夫等堪称其中的代表。[①] 事实上,指斥马克思的共产主义社会为所谓的"乌托邦",几乎是自由主义政治学者的不二选择。

对于达伦多夫的"工业社会理论",当代英国著名的马克思主义政治家拉尔夫・密里本德做出了有力的回应,在其《资本主义社会的国家》一书中,他以一种系统的方式向达伦多夫描绘的"工业社会"的图景提出了挑战。在密里本德看来,尽管存在着大型企业不断成长和国家不断介入经济领域的现象,资本的私人所有权仍然是当代西方社会的首要特征。大型企业日益提高的重要性,非但没有导致资本主义接替,反而巩固了资本的权力,尽管其形式有别于 19 世纪的企业家资本主义(entrpreneurial capitalism)。密里本德否认所有权与支配权的分离将会导致达伦多夫所说的那种激进后果。首先,这种分离不会产生通常说的进步意义,少数股票持有者依然能够控制一个大企业,只要它的其他股份是高度分散的。更为重要的是,资本所有者和经理在维持资本主义的生产框架方面有着相同的经济利益,他们都来自相同的特权背景,从而形成了一个相对统一的支配阶级。至于社会流动性的作用,密里本德认为无论从程度还是从对整个社会的影响来看都要比达伦多夫所说的要有限得多。他认为,大部分流动

---

① ［英］安东尼・吉登斯.批判的社会学导论［M］.郭忠华,译.上海:上海世纪出版集团,2007:23.

都是"小幅度的"，也就是说，是阶级体系中毗邻地位之间的流动，工人阶级很少上升到精英群体。① 因而并不能说达伦多夫等所描述和论定的西方已经处于所谓的"后马克思时代"了。

同时，前已述及，根据达伦多夫对马克思的解读，他认为马克思的社会理论研究可以分离出"社会学"与"社会哲学"两个层次："社会学"属于经验性的，而"社会哲学"则属于思辨的、难以捉摸的。② 作为社会学家，达伦多夫更倾向于经验性的"社会学"的研究并且他对马克思的理解也主要侧重于这一维度。基于此，我们认为，达伦多夫主要否定的是其所谓的"社会学"的马克思，即阶级斗争的根源不再是私人所有制、阶级斗争的方式不再必定是暴烈的、阶级斗争的结果不再必定是一个绝对的优势压倒另一方，而是有妥协的、可以调适的，因而无产阶级革命并不就是必然发生的。在此，达伦多夫对马克思的这种理解虽有一定的合理性，但却存在着严重的误解。

在马克思那里，无产阶级的斗争运动与社会理想是与其政治经济学批判、实践哲学与历史辩证法反思及人类学展望联系在一起的，并没有单一的"社会学"的"阶级冲突"观点，尽管在其学说中可以抽离出某种意义上的"阶级冲突"的社会学思想，但这一理解必须首先将其置于历史总体性视域下才算合理。况且，达伦多夫针对他所"拟制"的马克思"社会哲学"，提出了所谓的"全权社会（极权社会）（totalitarian societies）"与"自由社会（free societies）"③的区分，以此释读马克思的"社会哲学"并将其划定为所谓的"全权社会"（在他后期政治思考中，甚至将苏联社会主义的集权偏误与希特勒的法西斯极权主义等同视之，并将马克思的学说及马克思主义的实践即苏联、中国等社会主义国家的革命道路统统斥为不切实际的"乌托邦"，唯有其"自由社会""开放社会"才是正道）。他的这一"极权"与"自由"的范式划分，已经预示着其基本的学术取向与政治立场。正如达伦多夫所谈到的，马克思的阶级分析学说既是"社会（科）学"，又是"历史哲学"。

但需要强调的是，他的这一学说与其唯物史观是内在统一的，或者说就是其中的一部分，因此当我们讨论阶级或者阶层问题时，就需要自觉地注意到马克思理论的"历史哲学"之维，因为其中包含着悲天悯人的社会关怀和不可阻遏的理论勇气，而不只是一般"社会学"的经验性辩护。尽管达伦多夫并不满意

---

① ［英］安东尼·吉登斯. 批判的社会学导论［M］. 郭忠华，译. 上海：上海世纪出版集团，2007：27-31.

② Dahrendorf. Class and class conflict in industrial society［M］. San Francisco：Stanford University Press，1959：30.

③ Dahrendorf. Class and class conflict in industrial society［M］. San Francisco：Stanford University Press，1959：308-310.

"后马克思时代"的西方社会,并且主张要以持续的改革来维持社会稳定与制度秩序,但他终究还是否定了马克思的理论努力和学术志向,而这显然是不可取的。

第二节　社会冲突理论的基本内容

在"批判性"地吸收马克思阶级冲突理论的基础上,达伦多夫更多地受到马克斯·韦伯、齐美尔等社会思想家的影响,结合当代西方社会的内部矛盾与冲突,创立了社会冲突理论,为其后来的政治社会分析提供了基本的理论框架。达伦多夫的社会冲突理论主要包括四个方面的内容,在此略做概要介评。[①]

一、社会冲突的形成

达伦多夫的社会冲突分析是从组织社会学的角度切入的。他认为,所有的社会组织如公司、学校、教会等都由统治群体和被统治群体两个部分构成,并且是以强制手段结合成为统一体的,因而两个群体之间必然以对立和冲突的形式而存在,统治群体力求维持现有秩序,被统治群体则力求打破秩序、改变现状并重建新的组织结构。达伦多夫还进一步认为,这一表现于一般性社会组织的统治关系即运行机理同样也适用于人类社会这一巨型组织。由于特定社会结构群体之间的相互对立,社会冲突也就成为人类社会运动过程中的普遍态势。

他还进一步分析指出,从统治群体与被统治群体之间潜在的对立发展到两个群体间现实的社会冲突,需要一定的客观条件和主观条件。没有这些条件,两个群体之间潜在的利益对立也难以发展成为现实的社会冲突。这些条件的产生或形成,正是社会冲突形成机制的重要部分。[②]

达伦多夫认为,从"准群体(quasi group)"发展成为"利益群体"(mannifest group),是统治者与被统治者双方产生社会冲突的现实基础。所谓"准群体"与"利益群体"的概念,与"潜在利益"与"外显利益"的概念是相联系的。人们没有自觉意识到的,由其所处的社会地位所决定的客观利益,达伦多夫称之为"潜在利益";相反,能够被人们所意识到的阶级利益,特别是如果这些利益被自觉地

---

① 本节内容的述评参考了厉以宗对达伦多夫 Class and Class Conflict in Industrial Society(1957年德文版,1959年英文版,中译名称"工业社会的阶级与阶级冲突")一书的相关编译,参见谢立中. 西方社会学名著提要[M]. 南昌:江西人民出版社,1998:207-216.

② Dahrendorf. Class and class conflict in industrial society [M]. San Francisco:Stanford University Press,1959:180.

当作目的来追求时，这些利益就是"外显利益"。显然，当人们还没有自觉意识到自己的客观利益时，这些利益还处在"潜在"的状态中，具有相同潜在利益的人们，尽管具有许多相同的社会特征和相同的客观利益，也不可能自觉地组织起来，形成一个实际的团体，有领导、有计划、有目标地去为自己共同的利益而奋斗。因此，这一具有共同利益的一群人，就远不能称为真正的"群体"，而只能称为"准群体"。①

对于任何一个具体的强制结合体来说，都有也只有两个主要的准群体：占统治地位的人构成的准群体和占被统治地位的人构成的准群体。但是，如果准群体中的人们产生出共同利益意识并组织起来追求这些共同利益，从准群体中就发展出了现实的"群体"。这种由具有共同的利益意识的人们自觉组织起来的"群体"，达伦多夫称之为"利益群体"。②

"准群体"是"利益群体"的来源，没有"准群体"就不可能有"利益群体"。但是准群体的成员并不一定都是利益群体的成员，只有那些自觉意识到自己的共同利益并加入某一利益群体组织的人，才属于利益群体中的成员。因此，利益群体的范围总是比准群体的范围要小一些。例如，并不是工人阶级的所有成员都是工会的成员。此外，同一个准群体的成员也并不一定只形成一个利益群体，而可能形成好几个分立的利益群体。因此，可能会有几个利益群体为在同一准群体中吸收成员展开竞争。③

达伦多夫认为，如果能对"阶级"概念重新定义，把它理解为由于权威结构而产生的统治与服从这两种普遍存在的地位群体，那么用"阶级"的概念来替换"群体"的概念也是可以的。实际上，达伦多夫的许多著作中也使用了"阶级"概念，如《工业社会中的阶级和阶级冲突》，这里的"阶级"概念就等于达伦多夫所说的那些权威结构中的地位群体。显然，达伦多夫的这一组织社会学的分析与马克思的政治经济学分析大相径庭，因为达伦多夫的地位群体（或者说阶级）与马克思的阶级有着根本不同的旨趣，其冲突理论分析的基本主张自然也就差异极大了。

由准群体发展成为利益群体，是两个地位不同的准群体之间发生社会冲突的现实基础。但是，从准群体发展成为利益群体，需要具备一系列的条件，即达伦多夫所谓的冲突的组织条件。这些条件可以划分为三类：技术条件，政治条件，社会条件。

---

①②③　Dahrendorf. Class and class conflict in industrial society[M]. San Francisco：Stanford University Press，1959：178-180.

028

　　从技术方面来看,达伦多夫指出了最重要的两个条件:组织者和意识形态的出现。从准群体中形成一定的利益群体,必须有一些人发起、组织和领导;缺乏必要的组织者,利益群体是不可能存在的。从准群体发展出利益群体,也要求至少有一部分人对自己所在阶级(注意是达伦多夫意义上的"阶级")的利益有比较明确的认识,并且对这些认识进行系统的论证和表达,以及具体化为一定的规章、计划,以指导和约束本阶级利益群体的行为。这种对阶级利益系统化的理论认识及规章、计划,就是阶级的意识形态。没有一定的意识形态来号召、指导和约束具有共同利益的人们,利益群体也不可能存在。①

　　从政治条件方面看,利益群体能否产生和存在,取决于社会或社会单位所允许的政治自由的程度。在社会这个层次上,一种极端情况是政府严格禁止建立任何反对派组织;另一种极端情况则是社会有很大的政治容忍度,允许大多数不同类型的组织群体在法制范围内存在和活动。在前一种情况下,不存在形成利益群体的政治条件。因此,即使其他的组织条件都已具备,利益群体也难以从准群体中产生。在具体的社会单位中,同样的情况也可以被观察到。在有些单位,对立性的组织群体是被禁止的;而在另一些单位中,则允许存在这样的组织。②

　　从社会条件方面看,主要是指准群体成员之间相互联系、相互沟通的能力与程度。如果人们像以往的小农一样,居住分散,无法联系,或者像现在的某些底层社会成员一样,无能力或不愿意由于任何其他原因而受到组织约束,则利益群体也难以形成。

　　上述技术、政治、社会三方面的条件,是形成利益群体的最基本的必要条件,缺少其中的任何一个因素,利益群体都难以形成。③

　　但是,上述条件只是形成利益群体所必需的,并不保证利益群体的形成。利益群体的形成,除了具备上述条件外,还需某些心理的或社会心理的必要条件,其中最基本的条件之一就是准群体的成员能够在个人心理和意识的层面认识到自己的客观利益,以及把自己的利益与现代社会结构的维持或改变相认同。这就是个人"阶级意识"的产生。没有个人"阶级意识"的产生,个人就不会自觉加入某个利益群体中。④

　　个人"阶级意识"的产生受许多因素的影响。首先是领袖人物和意识形态的引导,同一准群体内相互之间的沟通有助于个人"阶级意识"的形成。相反,缺乏积极的引导和有效的沟通,个人"阶级意识"可能迟迟难以形成。其次,如果各阶级之间相互渗透、相互流动的速度和程度很高,个人"阶级意识"也难以

---

　　①②③④　Dahrendorf. Class and class conflict in industrial society[M]. San Francisco: Stanford University Press, 1959:185-189.

形成,因为处于低阶层的许多人都指望并确信通过自己个人的努力就能向上流动。反之,如果各阶级之间不可渗透且流动速度与程度极低,那么个人的"阶级意识"就容易激发起来。再次,如果人们在其所属的不同社会组织中的阶级地位具有高度的一致性或重叠性,即在一个组织中处于统治地位的人,在其他组织中也处于统治地位,而在一个组织中处于被统治地位的人,在其他组织中也处于被统治地位,那么,个人"阶级意识"产生的可能性就极大。反之,如果人们在所属不同社会组织中地位的重叠程度不同,在一个社团中可能处于被统治地位,而在另一个社团中可能处于统治地位,则个人"阶级意识"产生的可能性就很小。①

二、社会冲突的根源

在社会学或政治学的研究中,基于社会结构的研究路径与基于个体行为的分析视角研究是两种不同而又被广泛采用的研究方法。达伦多夫吸收了马克思阶级冲突研究的结构分析方法,也认为社会冲突的形成根源在于特定的社会关系结构,而不是基于个体的行为,而其所谓的特定的社会结构就是马克思的阶级结构。

但问题是,达伦多夫认为阶级结构不是根据是否占有生产资料划分的,而是根据社会组织内部的强制性关系,即"统治与服从"之间的"权威(权力)"支配关系来划定的,"权威"或"权力"的占有不均衡才是导致阶级结构形成的根本原因。那么,达伦多夫所谓的"权威(权力)"又是如何构成的呢?

众所周知,马克思的阶级观主要基于生产资料占用关系的不平等,进而利益关系的严重失衡而导致阶级矛盾的不可调和,最终促发了统治阶级和被统治阶级之间的对立冲突。在此,经济利益关系是阶级结构形成与演变的决定性因素。但达伦多夫的"权威决定论"却大为不同。在达伦多夫看来,马克思的"财产所有制"只是与权力、社会地位等因素共同决定着"权威"结构的形成,并且马克思的"财产所有制"在早期资本主义社会里最为重要,因而是统治关系中"权威"力量的主要来源,但这一理论也仅适合对早期资本主义的分析,而在马克思逝世之后的资本主义社会则失灵了。② 为此,达伦多夫试图建立起以"权威"分配关系的框架,以便适用于一切资本主义时期(工业社会里)的、可广泛使用的

① Dahrendorf. Class and class conflict in industrial society [M]. San Francisco：Stanford University Press，1959：193-198.

② Dahrendorf. Class and class conflict in industrial society [M]. San Francisco：Stanford University Press，1959：136.

阶级区分的标准,①试图以此替代马克思的阶级冲突理论。

　　事实上,如前所述,达伦多夫对"权力"和"权威"的解释,基本沿用了马克斯·韦伯的定义,即权力是不顾反对而把某人的意志强加于他人的能力,权威是期待他人屈从的合法化权利。但是,达伦多夫对权威做了进一步的解释。他认为"权威"概念包含以下要素:①权威始终意味着一种上下级关系;②命令者一方用命令或禁止的形式规定服从者一方的一定行为;③命令者一方有做出这种规定的合法权力,这种权力不是以个人的性格或偶然机遇为基础,而是以社会对个人所居社会地位的一种期待为基础;④权威始终有一定的界定,这种界定说明哪些人必须接受控制,以及应受控制的内容和方面,权威不同于权力,它不是一种随意控制他人的关系;⑤权威是一种合法的关系,因此,对权威命令不服从者要受到惩罚;⑥法律体系(或准法律性的风俗习惯体系)维护权威的有效性。②

　　他认为,现代社会就是围绕"权力"和"权威"而形成了两个阶级:一方是占有很多权力和权威的阶级,另一方是被迫服从权力和权威的阶级。③这两个阶级存在于社会的任何一个组织中。所以,社会组织不是一个产生于共同愿望的系统,而是一个"强制协作的联合体(imperatively coordinated association)"④,是具有一定权威结构的群体。在强制协作的联合体中,作为资源的权力与权威,其分配不可能是平等的,于是形成了支配与服从两个角色地位,因而也就形成了支配与服从两个阶级的不同成员:发号施令者是统治阶级的成员,服从命令者则是被统治阶级的成员。具体地说,身居高位只行使权威而不是服从任何人的管理者,与占据中间地位、既对某些人行使权威又服从另一些人的管理者,都属于统治阶级;地位最低又不能对其他任何人行使权威的人,则都属于被统治阶级。在某一种强制协作的联合体中,统治角色与服从角色有清晰的界限和分化层次,但整个社会存在多种统治与服从的社会结合形式。⑤不管怎样,不同程度的压迫、强制是社会的普遍现象。有系统的社会对立和冲突正是由此产生的。⑥

　　达伦多夫对于社会冲突的根源的分析,是其社会冲突基本理论的基石,也是他与马克思的阶级冲突理论的"分水岭",因为这其中涉及阶级的划分,以及由此决定的阶级冲突的演变乃至未来社会的变革等一系列重大理论问题,甚至影响到他们政治思想的全部内容。因此,我们需要做出详细分析。

　　先来看看达伦多夫是如何理解马克思的"阶级"的。根据他的分析,马克思的阶级理论主要来源于三种思想:①"阶级"这一词来源于早期英国政治经济学

---

①②③④⑤⑥　Dahrendorf. Class and class conflict in industrial society[M]. San Francisco: Stanford University Press,1959:165-173.

家的著作；②阶级概念被用来指称资本家与无产者的思想来源于法国乌托邦社会主义者的著作；③阶级斗争的概念是建立在黑格尔的辩证法基础之上的。正因为马克思的阶级理论来源于不同的思想，所以达伦多夫认为，马克思的阶级理论在试图连接社会学的分析与哲学的思考之间"存在着很大的问题"，故此，这两部分是可以分开的，而且也必须分开。"在解读马克思阶级理论的时候，我们应该把它分成两部分：一方面是马克思关于资本主义社会发展动力的社会学分析，这部分包括了可以用经验研究或观察来加以证实或证伪的范畴、假设与理论；另一方面是马克思的历史哲学，这部分包含了无法用经验研究加以证实或证伪的预言与理论。"①

如前所述，达伦多夫认为马克思的阶级理论并没有调和好社会学分析与历史哲学分析之间的关系，"马克思的哲学往往迫使他背离他的社会学，而这种背离也使得后来的研究者要无情地把这两部分割开来"②。但是，达伦多夫却认为，阶级的这两个定义是不可分离的，阶级既是真实存在的、能够展开阶级斗争的群体，又是科学家建构的分析工具。对于达伦多夫的这一分析，我们基本上还是认同的，马克思的阶级范畴正是具体与抽象的统一，体现了马克思一贯的社会研究方法。可他所主张的马克思的"哲学"远离了他的（马克思的）"社会学"一说却着实让我们难以理解。根本原因或许还在于他眼里的"社会学"或者说"社会状况"与马克思主张的存在偏差。

正如我们前面所提到的，达伦多夫主张"权威（分配）"的状况才是阶级划分的根本依据，而马克思的"经济所有制"划分只适合于他的那个特定年代。事实上，达伦多夫的"权威"分配的思想主要来自马克斯·韦伯的统治理论，即组织内部的统治与服从关系的确立在于统治者拥有权威，而被统治者缺乏权威只能无条件地接受他人的支配。达伦多夫的"强制性联盟"概念及其逻辑推演均较为集中地借鉴了韦伯的相关思想。虽然他并没有完全接受韦伯关于权力（权威）的观点，而是做了自己的修正，但实质上是一致的，这一点我们将在后文做专门剖析。

三、社会冲突的强度与烈度

达伦多夫从冲突的强度和烈度两个方面研究了社会冲突的程度。其中，强度（intensity）是指冲突各方面的能量消耗及卷入冲突的程度，人们是否完全投

---

① Dahrendorf. Class and class conflict in industrial society [M]. San Francisco：Stanford University Press，1959：30.

② Dahrendorf. Class and class conflict in industrial society [M]. San Francisco：Stanford University Press，1959：31.

入到一定的冲突中,冲突是大还是小,等等。烈度(violence)是指斗争双方用以追求他们利益的手段。烈度范围是很大的,从和平谈判到公开的暴力行为,等等。①

(一)影响冲突强度的因素

达伦多夫认为,影响冲突强度的因素有三个。

1. 社团的重叠程度

社团的重叠是指,人们在多种强制性联合体中具有相同的角色地位。社团的重叠程度越高,冲突的强度就越大。这是因为社团重叠时,冲突双方具有多种利益的对立,从而将不同场合中产生的能量汇合成一体,不顾一切的利益冲突将会发生。人们经常会在劳资关系、民主关系中看到这种情况。达伦多夫指出,在工业结构中,被统治群体的成员,如果在其权威关系中处于服从地位,最后会导致社会分裂为两个相互对立的阵营,使社会冲突的强度增大。②

2. 权威关系与其他报酬分配的相关程度

如果统治阶级成员凭借手中的权力,谋取各种物质利益,就会在统治阶级与被统治阶级之间,在报酬和获取报酬的途径上扩大差距和不平等。这样,就会加强两个阶级结构的矛盾,增大冲突强度。反之,"权威地位同其他方面的社会经济地位相关程度越低,阶级斗争的激烈程度越低"③。

3. 社会流动的程度

达伦多夫认为,社会和团体中,垂直流动的情况是很重要的。如果社会和团体不为人们的向上流动提供任何机会,统治与被统治群体的成员构成是刚性状态,冲突的激烈程度就会增加。如果情形相反,阶级冲突就不可能广泛和重要。因为,"如果流动增加,组织的团结就不断地为人们之间的竞争所取代,人们投入阶级冲突的能量就会减少"④。

对于达伦多夫的这一洞察,以及前面论及的"阶级意识"分析,胡伟等人做了很好的归纳,他们将达伦多夫的这一洞见视为"异质性交叉压力学说"的一个

---

①　Dahrendorf. Class and class conflict in industrial society [M]. San Francisco：Stanford University Press，1959：211-212.

②　Dahrendorf. Class and class conflict in industrial society [M]. San Francisco：Stanford University Press，1959：213-214.

③　Dahrendorf. Class and class conflict in industrial society [M]. San Francisco：Stanford University Press，1959：215-218.

④　Dahrendorf. Class and class conflict in industrial society [M]. San Francisco：Stanford University Press，1959：218-222.

重要佐证。[1] 这也就从另一面提醒我们,如果一个社会,同质性压力太过集中,那么就会胜者通吃,输者全输。社会内部对立阶级之间的关系极为紧张,那么社会冲突的强度就必定十分巨大,这样势必导致更为紧张的社会矛盾。

(二)影响冲突烈度的因素

达伦多夫认为,影响冲突烈度的因素主要有两个。

1. 经济剥夺是"绝对的"还是"相对的"

绝对的剥夺是指处于被统治地位的人们同时也处于社会经济底层的地位现象。相对的剥夺是指处于被统治地位的人们,其生活水平高于最低生活水平,但同高于他们的人相比,富裕程度和社会经济保障又较低的现象。[2] 通常,"相对剥夺"带来的冲突不至于十分激烈,而"绝对剥夺"则意味着冲突的大爆发,马克思当年的阶级斗争学说也是基于类似的逻辑,"财富的积累"与"贫困的积累"必然导致暴力革命的发生。

2. 社会冲突的调节力度

冲突的调节,就是冲突的控制方式,是影响冲突烈度的最重要因素之一。冲突的调节与冲突性利益群体形成的政治条件有关。有时,占据统治地位的人往往会阻止冲突性利益群体(对抗性的党派、工会等)的对抗,并认为这种做法是合理的。然而不管压制冲突的这种努力怎样被证明是合理的,冲突和对抗是不能被排除的。这种做法只能是将冲突隐藏到表层之下,在那里,冲突酝酿着、积累着,一旦爆发,就常常引发暴力冲突。假如统治者能明确地承认冲突利益的存在,并为被统治的人们提供表达和协商的机会和途径,暴力冲突就会减少。调节冲突需要具备三项条件:①冲突双方均承认对方有合法的但又相互对立的利益;②利益群体有自己的组织,有处理争端的公共机构;③冲突双方都同样遵守一些正式的冲突规则,如怎样谈判,怎样达成协议、违规制裁及如何变更规则本身,等等。[3]

在这一点上,达伦多夫与另一位著名社会冲突理论家刘易斯·科塞(Lewis Coser)的观点较为接近,科塞提出了"社会减压阀"一说,旨在说明党派竞争、工会的抗争某种程度上均推进了政治领域和工业领域的民主,并且带来了利益的重新组合。由此可见,面对现实社会的矛盾问题,需要提供利益相关方进行对

---

① 胡伟,李德国.异质社会政治秩序的建构——"交叉压力"假说的理论脉络与解析[J].中国社会科学,2006(4):110-116.

② Dahrendorf. Class and class conflict in industrial society [M]. San Francisco:Stanford University Press,1959:215-218.

③ Dahrendorf. Class and class conflict in industrial society [M]. San Francisco:Stanford University Press,1959:223-225.

话协商的政治平台,积极构建理性表达、公正合理的利益协调机制,而不是简单粗暴的压制。

四、社会冲突的结果

达伦多夫认为,社会冲突的结果引起社会结构的变迁,特别是权威结构的变迁。他概括了三种不同类型的变迁:①所有统治人员的更换;②部分统治人员的更换;③把被统治阶级的利益结合到统治阶级的政策中。他又称第一种变迁是革命变迁,第二种变迁是改革变迁,第三种变迁是最低层次的变迁。第三种变迁可使统治阶级长久地维持其权威的合法性。①

达伦多夫还从度量的角度考察了社会变迁的程度。他提出了度量社会变迁的两个尺度:根本性和突发性。根本性是考察社会变迁的程度,它涉及统治阶级的人员、政策或阶级间的全部根本关系的变化程度。突发性是考察社会变迁的速度。根本性的变迁可能是突发的,也可能是迟缓的;非根本性的变迁也是这样。阶级斗争的强度与社会结构变迁的根本性之间存在着明确的关联,阶级斗争的烈度则与社会结构变迁的突发性之间存在着明确的关联。②

就此而言,我们发现,必要的政治妥协与利益让渡是可以化解紧张的阶级对抗的。冲突改善结构,冲突促进整合,冲突还增进团结。达伦多夫的这一论析与其"阶级冲突制度化"或者说"制度化的阶级冲突"实质上是彼此暗合的。就某一特定社会内部来说,积极的社会改良始终是必要的而且是可行的。"抗争是有益于社会进步的,只要不出现大的冲突。"③

总的来说,达伦多夫的冲突论有一个基本观念,那就是:社会充满冲突,冲突促进社会的变迁,冲突的调节则维护着现存的社会结构。

社会结构的变迁必然引起阶级冲突的变化。"后资本主义社会"由于存在许多调节冲突的结构性因素,西方社会的阶级冲突也必然出现了新的趋势。并且随着这一系列的变化,西方资本主义国家的政治与社会也将步入一条新的道路。

第三节　早期社会冲突思想评析

综观达伦多夫的早期社会冲突思想,其社会冲突基本理论创建较富新意,

---

①②　Dahrendorf. Class and class conflict in industrial society[M]. San Francisco:Stanford University Press,1959:234-235.

③　于建嵘.抗争政治学[M].北京:人民出版社,2010:20.

对于准确把握和有效应对现代社会的矛盾冲突较具启示，其对于马克思逝世之后的西方资本主义社会阶级矛盾演变趋势的探析，也具有一定的理论价值。

为了更为合理地展开评析，我们需要关注达伦多夫这一时期社会思想的形成背景。他的社会研究是以关注社会冲突现象为切入点的，其基本理论的分析框架借鉴了马克思的阶级分析方法和工具，以阶级分化与对立关系来理解社会冲突现象。但鉴于时代境况的一些变化，他对当代西方资本主义社会矛盾冲突的形成根源的理解与马克思大不相同，大大消解了马克思阶级观和社会观的激进色彩与革命取向，进而也预示着其基本政治立场上将与马克思相去甚远。在此，不妨先从评析其关于"后马克思时代"西方社会冲突现象的分析着手，从中或可洞悉其理论的基本立场与实践关怀，然后再返回到社会学理论的脉络上，这就有了抽象理论里孕育的实践指向与社会实践关怀中透露出的理论旨趣之间的相互映照，我们才能更为合理地评判其思想的意义与局限。

出于分析的需要，在此先对马克思的阶级冲突理论做一简述。马克思阶段冲突理论的基本假设在他的《〈政治经济学批判〉序言》中做了集中的阐述，其理论实质就是用经济因素和阶级冲突在社会结构中的功能来解释社会的发展，揭示了资本主义社会体系内在冲突的不可调和性，以及社会主义、共产主义取代资本主义的历史必然性。在马克思看来，财产私有制即生产资料占有的不平等是社会冲突的根源，在所有的社会关系中财产和生产资料的占有关系是最基本的关系；社会的政治、法律、文化、道德、宗教及意识形态中的不平等和冲突都是经济基础的反映。对此，恩格斯也曾指出："每个时代主要的经济生产方式与交换方式以及由此产生出的社会结构，是该时代政治的和精神的历史所赖以确立的基础，并且只有从这一基础出发，这一历史才能得到说明。"[①]因此，马克思的阶级斗争理论不仅提供了分析社会冲突的社会结构模型，而且提供了以阶级理论认识社会冲突的本质与途径。资本主义社会冲突从根本上讲是不可调和的阶级冲突，是由社会的政治经济关系的根本实质所决定的。社会历史发展的深层根源在于生产力和生产关系的对立统一运动，铲除资本主义社会冲突的根源——资本主义私有制，实现历史发展的"正、反、合"，将是无产阶级的历史使命。

再来看看达伦多夫对马克思阶级冲突理论的解读及其自身的理论。前面论及达伦多夫社会冲突理论的思想渊源主要有两个方面：一是对马克思的阶级观的解读，二是马克斯·韦伯思想的影响。在此，我们先来看看达伦多夫是如何解读马克思阶段冲突理论的。

---

① 马克思恩格斯选集：第一卷[M].北京：人民出版社，1972：273.

　　达伦多夫主张"权威"分配的不平等是形成社会冲突的根本原因,至于马克思的"生产资料所有权"对早期资本主义社会冲突的分析虽然是合理的(因为在那时"生产资料所有权"是形成"权威"的最重要因素)①,但随着资本主义社会结构的变化将不再适用,而应当被转换为"权威"的一种来源。那么,他的"权威"又是个什么概念呢? 达伦多夫的"权威"是相对于"强制性联盟"而言的,两者是互为表里,相互倚重的。我们以为,达伦多夫的"强制性联盟"(在达伦多夫这里,"强制性联盟"既可以是一般的社会组织,也可以是国家这样的组织)其实就是"实体的统治"或"统治的实体","实体的统治"因"权威的分配不平等"而得以实现,"权威分配的不平等"(管制与服从关系)因"统治的实体"得以体现。这是一个地道的韦伯命题,即政治的"合法性"问题。达伦多夫舍马克思的"生产资料所有制"的不平等不取,而是以"权威"的不平等来剖析冲突的发生,可以说是直抵政治统治的根基。在此,我们便不难洞悉达伦多夫社会思想的奥秘。我们发现对于社会冲突现象的考察,虽然同样以"阶级"区分为主要的研究工具,但他与马克思不在同一个层面上,马克思是居于政治经济学的分析,是从客观的生产方式着手,由生产活动的组织到经济利益的分配到政治权力的据有,全面考察了资本主义社会的统治,超越于一般的法哲学和政治哲学的分析,从而达到了社会批判的高度,有着深刻的历史哲学内涵及现实超越的指向。透过马克思的阶级冲突分析,不难看到一个"政治学—政治经济学—人类学"的视域转换,感受到一个充满历史感和深厚人文关怀的政治理想,在他的视域中有着真正的"大历史"和"大政治"。

　　而达伦多夫的据于"权威"分配不平等的阶级区分,主要是基于社会学(确切地说是组织社会学的)实证分析,在他这里,"阶级"成为一般群体的代名词,"阶级斗争"也等同于一般群体性的斗争,其中没有具体的社会实践维度的观照,而是通过一个一般性的理论模型将复杂的阶级冲突现象简约为了一般的组织冲突。比如,他认为诸如工人罢工这类资本主义社会普遍性的冲突,都不是由经济利益引发的,而是由于权威不平等造成的,这种解释是难以成立的。这其中的疏漏是有意还是无意,我们无从知晓。但乔纳森·H.特纳对此进行了批判:"达伦多夫没有能力解释ICA组织,断定它们根据权力和权威而被迫组织起来。这就澄清了一个非常有趣的理论问题,即产生整合和冲突的制度化模式通过何种过程而形成;其原因和方式是什么。"②即使根据达伦多夫对于工业社

---

　　① Dahrendorf. Class and class conflict in industrial society [M]. San Francisco：Stanford University Press，1959：56.

　　② [美]乔纳森·H.特纳. 社会学理论的结构[M]. 邱泽奇，张茂元，译. 杭州：浙江人民出版社，1987：193.

会的自由论立场，权威关系无处不在，但对于这些关系的合法性来源，他也根本没有给出详细的说明，因而被指责为构建了一种去背景化的眼光来看这些关系的运作。简言之，对于冲突现象在社会层面上的推广范围，达伦多夫的冲突论社会学观点给我们提供了一种刻意限制的观照。在此不妨提及另一位冲突理论家英国社会学家约翰·雷克斯（Arderne John Rex）的研究，他循着马克思的提示，直接从"利益分配不平等"的角度着手剖析了当代西方社会的内部冲突，这一路径较之于达伦多夫的"权威"分析可能更为合理。如此看来，达伦多夫辩证冲突理论的一个重要困境就在于他无法解释一个个具体的群体冲突何以形成了大规模的阶级冲突。

与此同时，达伦多夫这一基于社会学向度的社会冲突分析，因为其坚持将"权威分配的阶级不平等"作为社会冲突的根源，严重淡化了"经济利益关系"在其中的重要性，这在很大程度上就把实实在在的经济利益矛盾问题转换成了调和"阶级统治关系"问题，资本主义经济生产方式的内在局限问题被转换成了政府管理学的"如何改进统治"问题，马克思的政治经济学"批判理论"在此被置换成达伦多夫的政治"治理学"。

达伦多夫的这一分析路径有着怎样的政治意蕴呢？显然，这关乎如何看待当代西方资本主义社会阶级冲突与社会演变趋势的重要问题。虽然达伦多夫并不否认社会冲突的客观存在，并且也指出了资本主义社会里的各种矛盾冲突现象，但却以"权威—统治"的组合避开了资本主义社会阶级分化与斗争的深刻根源和重要实质。

事实上，达伦多夫的这一理论取向也预示着其对"政治治理"的重视与关切，无论是在矛盾冲突问题上主张"阶级冲突的（民主法治）制度化"管控，以及"（民主法治）制度化下的阶级冲突"调适，还是工业社会取代马克思的资本主义社会，均体现了达伦多夫力图以"政治治理"来消解社会矛盾冲突的意愿。正如他在1990年出版的《现代社会冲突》一书中所阐明的立场，既反对所谓的亚当·斯密"经济学帝国主义"（经济的持续增长将自然而然地调和社会利益关系的均衡问题），也反对所谓的马克思"政治学帝国主义"（以政治对抗推翻原有的统治政权从而实现人民大众的权力和利益）。有关这一方面的论述将在后文集中展开，在此暂且不论。

基于此，不难发现，尽管达伦多夫一定程度上洞悉到并认同于马克思"阶级"范畴的事实描述性与抽象分析性的统一，但是他却反对马克思基于阶级冲突分析的社会（历史）哲学即无产阶级的革命理论，认为马克思的社会哲学背离了他的社会学分析。为何达伦多夫不能承续马克思的思路进行下去呢？或者说，为何达伦多夫拒绝马克思的社会哲学呢？在此，法国著名学者雷蒙·阿隆的洞见可能有助于我们的讨论。他在评析马克思的阶级观时说："你们知道,阶级的概念充满感情色彩,并且模棱两可。它是马克思主义理论的核心,企图在这个问题上做到没有偏见是不可信的……马克思不是一个单纯的学者,他也是一位政治家和预言家。然而,模棱两可的含义远远没有限制一个学说的成功,反而发挥了有利的作用。概念本身越是不确定,阶级和阶级斗争的学说就越容易传播。阶级概念的模棱两可性与其关于阶级的学说,两者看似对立,实则互补。"①

应该说,阿隆对马克思的阶级观的评析也有不足之处,他并没有深入马克思思想的内部,没有充分关注到马克思基于政治经济学视角的研究对资本主义社会的本质性把握。但在此处,阿隆的分析却从一个侧面道出了马克思学说的特质正在于其"解释世界"(社会学的分析)与"改造世界"(社会哲学的构想)的统一性。尽管这种"统一性"是为阿隆等社会学家们所不认同的,因为他们偏好于实证分析,而达伦多夫所谓的马克思的社会哲学"背离"其社会学则正是极好的例子。

然而,达伦多夫的社会观又是怎样的呢?通观其社会理论模型,尽管他强调了社会冲突的变迁将带来社会结构的改变,社会不是静止不变的,而是变动演进的,但并无明确清晰的目的或目标。原因在于他的阶级冲突分析尚未或者说不愿意上升到社会哲学或者说历史哲学的高度,他只是在体制内思考,他更多地注重于冲突现象的社会学分析,认为社会正是处于永不停止的循环冲突中,我们并不能为社会预先制定一个明确的目标。为此,他批评马克思的无产阶级革命理想为遥不可及的乌托邦。但事实上,他自己是否陷入自由主义的乌托邦却浑然不觉呢?达伦多夫后期的著作告诉我们,正是如此。

接下来我们再从西方社会学理论脉络的角度来审视达伦多夫的基本社会冲突理论。一般认为,达伦多夫的冲突理论构成了对帕森斯结构功能主义理论的挑战,弥补了帕森斯结构功能主义理论过于偏重社会稳定与均衡的不足,为我们深入把握社会变迁提供了一个新的视角。而且,透过他对社会冲突现象的关注,我们深刻体会到达伦多夫对于社会不平等的批判,这无论是对社会理论的创新还是对当代西方资本主义社会的实证分析,都有着重要的意义。这一点在诸多学者的研究中都已经多有肯定,如西方学者瑞泽尔、特纳,我国学者宋林飞、贾春增等,在此先不做过多的论述,因为在剖析其冲突理论的缺憾时将得以体现。

回溯西方社会学的发展历程,自法国思想家孔德开创西方社会学理论以

---

① [法]雷蒙·阿隆.阶级斗争:工业社会新讲[M].周以光,译.南京:译林出版社,2003:14.

来，面对近代西方的市场化、工业化、城镇化等带来的巨大变迁及各种社会问题，他们从不同的视角关注社会问题矛盾，均有着较强的实证主义色彩，均致力于解释社会的构成、揭示社会运行的逻辑，以便建设社会、改进和优化社会秩序，提出各式各样的"救治"社会的主张，因此社会学理论某种程度上就成了社会建设理论——尽管也有类似于马克斯·韦伯、达伦多夫的社会冲突与批判理论，但最终都还是指向"社会建设"的主题。正如有学者所论析的，诞生于19世纪中叶的社会学是传统社会断裂的直接结果，或者说，是因传统社会断裂而生的所谓"现代性"的产儿。社会学乃至整个社会科学之所以会出现于19世纪的西方，是因为此前几百年以来开始出现的全新的社会生活和组织模式导致了欧洲传统社会秩序发生了有史以来最为剧烈的变化，而"急剧的社会变迁，有可能提高人们自觉地反复思考社会形式的程度"。从这样的意义上说，社会学的诞生不过是西方知识界对因工业文明和民主政治而导致的旧制度的崩溃所产生的秩序问题的一种反应而已，将秩序维护和社会重建视为自己的学科目标，决定了社会学从一开始就与西方社会建设有着不可分割的内在联系，因而社会学理论从某种意义上说，也就是社会建设理论。①

其实，我们在前面论析的达伦多夫的"阶级冲突制度化"的论断就是对当代西方社会理论学术志向的一个极好注释。基于此，我们可以认定：虽然达伦多夫的理论视角是从对冲突现象的观察入手，但由于其根本的理论旨趣主要在于"建设社会"或者说"维护社会"，而不是"批判社会"（尽管他的理论有着一定的批判倾向），其理论仍属于社会建设理论的范畴。我国青年社会学者应星将其列为"国外社会建设理论"之一②，对此，笔者认为这一判断还是较为可取的。

正是因此，部分学者在肯定其合理性的同时，也对其做出了批评。这些批判主要表现为两种。

一种是批评达伦多夫的冲突理论并没有超越帕森斯的结构功能主义理论，在他的分析框架里还是潜藏着一个"秩序"。③ 西方学者持这一观点的也为数不少。魏因加特（P. Weingart）就认为，虽然达伦多夫批评功能主义没有能对合法化的社会系统的关系中产生的冲突做出解释，但他的理论也存在同样的问题。④

对此，李猛等人基于社会学理论的内部视角，认为达伦多夫的冲突理论相当程度上还是囿于"秩序"的范围内展开的，他的冲突完全可以为帕森斯的结构

① 周晓虹.现代社会的批判与重建——社会学的诞生与西方社会建设理论的缘起[J].南京社会科学,2009(1):81-88.

② 应星.国外社会建设理论述评[J].高校理论战线,2005(11):29-34.

③ 李猛.从帕森斯时代到后帕森斯时代的西方社会学.清华大学学报(哲学社会科学版),1996(2):30.

④ Weinght P. Beyond Parsons? A critique of Ralf Dahrendorf's conflict theory[J]. Xocial Forces, 1969,48(2):151-165.

功能主义所消融，或者说，帕森斯的理论本身就有一个潜在的"冲突"（帕森斯将各类冲突现象视为社会的"病态"，但这种"病态"是完全可以被克服的。这一点与达伦多夫的冲突理论里的潜在"秩序"恰好形成了对应）。因而，达伦多夫并没有超出帕森斯的思想视域，冲突理论并不是"后帕森斯时代"，而是所谓的"反帕森斯时代"。这一论说颇具说服力。

另一种对达伦多夫冲突理论的批评来自洛克伍德（David Lockwood）等学者。洛克伍德在《社会整合与系统整合》（李康译）一文中，比较了帕森斯的规范功能理论、达伦多夫的冲突理论与马克思的社会变迁理论。他的主要观点可以归结为：

一是规范功能主义论者（帕森斯的结构功能主义）由于只关注社会整合的道德特性，从而忽视了制度秩序与其物质基础之间的功能失调所导致的社会变迁倾向。

二是至于主张冲突论的学者（达伦多夫的冲突理论），由于只盯着规范功能主义论者探讨社会整合问题的视角的局限，未能将自己对社会变迁的关注与系统整合问题联系在一起，因此同样忽视了这一倾向。

三是较之于帕森斯的系统理论，马克思的唯物史观所蕴含的社会分析框架应当是一种更为合理的选择。"鉴于社会系统只是沿着制度轴心产生分化，就不可能容纳马克思所预见的那种矛盾，而这样的矛盾又显然与冲突论的焦点问题有关。因此我们不妨做此疑问：马克思的观点是否包容了某种更为一般的社会学构建的要素？"

简要地说，功能论和冲突论均都只是基于特定社会结构层面（社会形态）的分析，缺少对社会历史的动态把握，不能够很好地处理社会的"大变革"问题。言下之意，功能论和冲突论都只是关注于现有社会形态内部的"小变动"，而马克思的社会变迁理论则对社会内部的冲突与秩序的互动（中变化）及既定秩序的"升级换代"（大变革）更具解释力。在此，我们认为洛克伍德的分析十分到位，过于强调社会的秩序和过于偏重社会的冲突，都只能在狭隘的观察视角里徘徊。这或许也是一般社会学理论与历史社会学的区别所在。透过洛克伍德的评论，我们也看到了当代西方社会学的理论局限，更为深刻体认到西方社会学的建制基础："维护型"的社会学。

而从另一方面，我们更看到了马克思社会理论的魅力。大多数西方学者像达伦多夫一样，只看重马克思的"社会学"，而反对马克思的"社会哲学"。显然，这是对马克思的严重误读，要知道正是马克思的社会哲学才为我们提供了一个想象的空间，不然只能停留于现有社会秩序的观察，是无法把握社会秩序的历史变迁的。而洛克伍德的洞见则扭转了这一倾向。在此也提醒我们，要真正读懂马克思不是件容易的事情。

综合上述的观点,我们认为这些对于达伦多夫社会冲突思想的正反两面的评析对当下的中国均有着重要的启示意义。

第一,李猛等人的评析提示我们:社会研究要关注社会冲突现象,但也不宜过于强调社会冲突的一面,因为社会有一个自我调节的机制。这一点体现在理论研究中就是,当代中国社会学理论研究还是要注重厘清社会运作的内在脉络,并建构有效的机制去整合社会。简言之,就是要认真阅读中国社会的特质及其在转型期的嬗变趋势,在这一总体视野下来审视社会冲突问题,认清冲突的成因、性质及其演变。就如渠敬东提出的那样,"需要一个结构分析视角与机制分析视角的融合"①。而在实践层面,尽管要关注冲突现象,但也不可因对冲突的过度警觉而采取严密的管控政策,要坚持"动态的社会稳定观"。这一点已经为社会学家洞察到了。②

第二,这些研究也从另一面提醒我们需要自觉地在马克思唯物史观的观照下理解社会的变迁,尤其在当前西方社会理论纷纷进入的情况下,我们要有足够的批判意识;同时,在我们自身的社会理论研究和实证研究中,都应该自觉地站在马克思的"宏大视野"下来做中层研究和微观研究。否则,根本方向性的偏误将带来整个研究的困境。

第三,无论达伦多夫的冲突理论在多大程度上试图修正马克思的阶级理论,也无论他有多么反对马克思的政治社会理想,极力维护西方自由资本主义制度,其运思方向及理论高度都还是处于"反马克思时代"而不是"后马克思时代",而马克思的理论视域与现实关怀则将永远伴随我们前行。

---

① 渠敬东.坚持结构分析和机制分析相结合的学科视角,处理现代中国社会转型中的大问题[J].社会学研究,2007(2):206-210.

② 孙立平,等.以利益表达制度化实现长治久安[J].领导者,2010(4):28-29.

第二章　达伦多夫政治思想重要议题之一：
社会冲突与历史发展

　　通过对西方社会学相关理论的重要综合，以及对马克思社会理论的部分吸收，在深入研究马克思逝世之后西方资本主义国家经济社会发展变迁与阶级矛盾现象的演变时，达伦多夫构建了辩证冲突的社会理论，创立了社会分析的基本框架。自20世纪70年代末期开始，随着对现实政治活动介入越来越深入，达伦多夫更多地关注于现实社会的政治经济问题，其学术研究更为宽广，趋向于集哲学、政治学、经济学与社会学于一体的综合性研究，逐步形成了较为系统完整的政治思想体系。大体上说，在《新自由》(1975)、《生存机会》(1979)及《现代社会的冲突》(1990年德文版、2000年中文版，以及2008年英文修订版)等论著中，他围绕当代西方资本主义的阶级冲突与社会发展变迁等重要理论问题，既有对于社会历史发展的哲学层面的深度思考，形成了相对明晰的社会历史观；又从近代以来西方社会阶级冲突历史演进的基本历程着手，剖析了近代西方自由民主运动与现代国家—社会制度建构的逻辑机理；与此同时，他还对战后西方发达国家的社会正义问题及其治理构建做了较为详尽的理论考察，并就当代西方的经济社会改革做出了展望。

　　基于此，从本章开始，笔者将围绕"社会冲突与历史发展""社会转型与政治建构""国家治理与秩序整合"三大议题介绍并评析其关于现代社会的阶级冲突与出路的政治思想。本章将首先介评其政治思想的第一个重要议题。

第一节　冲突与自由：历史哲学的奠基

　　一般说来，对于从事社会科学研究的学者来说，社会历史观是哲学社会科学理论研究的重要基石，对人类社会历史发展进程的理解与认知是不可或缺的，基本的社会历史观往往决定并影响着其相关研究的理论视野与方法视角，乃至具体的学说观点。因而要探究达伦多夫的政治思想,首先就需要把握其对于社会历史发展进程的基本理解,领悟其深层的历史哲学,进而更为准确地评判其具体的思想观点。

一、历史的本意:追寻自由

如前所述,达伦多夫早期的社会冲突理论研究专注于一般社会冲突现象的观察与思考。他的基本观点是:"冲突"与"均衡"是社会的两面,"均衡"是相对的,而"冲突"则是社会的常态;社会冲突往往促进着社会结构的演变,而新的社会结构又孕育着新的冲突。也就是说,社会内部的稳定秩序只是局部和暂时的。强制性的统治与对立冲突则是普遍和持久的。人类社会就是一个冲突与秩序不断循环往复的过程,其内在的矛盾冲突构成了社会历史发展前进的推动力量,这也是其基本的社会历史观。在此基础上,达伦多夫还进一步展开了关于历史发展的哲学思考。他主要继承了康德的历史哲学,围绕历史发展的内涵意义、未来向度及动力机制等重要问题展开了思考。

(一)历史发展的"难题性"

历史是什么? 历史意味着什么? 这是一个困扰了人类千百年的问题,尤其是近代以来许多伟大的思想家都为之上下求索。对于这一重大而根本性的问题的回答,达伦多夫冷静谨慎而又执着专注。他说:"追寻历史的意义即使不是不可能的但起码也是不合时宜的事情。已经有太多的人试图去捕捉历史的奥秘,但结果却大同小异,少有收获。(马克思说)'哲学家仅仅只能解释世界,而关键的却在于改变世界。'但是毫无思量的行动却总是比考虑不尽成熟的东西来得更糟糕。对于历史是否有其自身的独立的意义的问题固然不可避免地还存有种种怀疑,但我们却还不得不面对这种种疑问。"①透过达伦多夫的话语,不难领悟到其在历史发展问题上的犹疑。他对于美妙的社会蓝图与人类的实践能力虽然不十分确信,但却又始终还抱以期待,有着改变现实、超越现实的勇气和担当。

在此,首先需要提及的是,达伦多夫早年曾师从著名哲学家卡尔·波普尔(Karl Popper)并深受其思想影响。波普尔提出了所谓的"历史证伪理论",在历史发展观持有一种怀疑的立场,认为人类主观理性设计的社会工程并不可行,人类社会并无一个幸福美妙的终极的目标或目的,社会发展只能在不断地"试错"与"减轻痛苦"中渐进推进,因而他以"批判理性主义"的态度对其所谓的马

---

① Dahrendorf. Life chances: approaches to social and politial theory[M]. Chicago: Chicago University Press,1981:2.

克思"历史决定论"做出了严厉的批判。他基本否认了历史意义的确切存在，否认近代思想名家黑格尔、马克思等对于人类社会历史命运的总体把握与理想目标的设置，并将柏拉图、黑格尔、马克思等人的"理想国"视为其倡导的所谓的"开放社会"的"敌人"。对于卡尔·波普尔的这一历史态度与思想立场，达伦多夫既认同又有所保留。虽然关于历史的意义众说纷纭，难以捉摸，但是出于现实政治困境的思索，他还是渴望能够对人类历史的深层脉动有着某种程度的捕捉，主张要以人类理性智慧为现实的社会行动提供思想导航。

达伦多夫认为，与其追问"历史是什么"，还不如问"历史的意义在哪里"。"意义"不是一种客观的存在，而是作为主体性存在的人类独有的品质。追寻意义，应当是人作为"类存在"的一个根本向度，也是人类自我反思性活动的内在要求。他说："对历史意义的追寻，正是人们对现实生活中重大问题的关注并一再追问。现实问题是人们自觉感受到的，而非科学的发明创造。"①

在此，达伦多夫试图从重大的"现实问题"着手，揭示历史变迁与现实生活的重要关联。而对于"现实问题"的选取与释读，只能取决于人们的生活感受，是非善恶，只有人类自身才能明了和判别。换言之，人们只有在当下的现实实践与反思中才能找寻到历史的意义与方向。这一点是相当深刻而重要的。较之于以往时代下的天意、命定等历史认知，他更多地立足于人类自身的主体之思，而这恰恰是近代以来启蒙理性的基本态度。可以初步认定的是，达伦多夫接续了西方近现代哲学思想的基本潮流。

那么，历史的意义究竟何在呢？达伦多夫并没有做出直接的回答，而是认为，对于社会科学家来说，他们要做的就是以自己的眼光通过各种方式和途径去探究社会是如何变迁的，"亦即何为迅猛？何为激进？最重要的是何种方向的变迁？何种地图引导着我们对人类社会发展的方向做出抉择？"②这一连串的追问，透露出达伦多夫对人类历史变迁中一些"重大问题和现象"的极度重视。对于历史的解读，他更侧重于对社会发展中关键时刻下的重大社会变革问题的深度思考。比如近代以来推动西方社会变迁的关键力量是什么，革命还是改良？变迁的方式又是什么，激进还是保守？社会变迁的意义又在哪里，是进步还是倒退？达伦多夫着力思考着："值得发问的是：现代化是否不可逆转，就像热力学的定律那样？到底有多少种现代化的模式？经济增长意味着什么？人类又该如何理解'进步'？当我们寻思历史该驶向何方时，我们无可避免地需

①② Dahrendorf. Life chances: approaches to social and politial theory[M]. Chicago: Chicago University Press, 1981:2.

要对历史的内涵做出定义，厘清各个不同历史阶段之间的价值关联。"①达伦多夫不尽的追问既富于激情又难掩焦虑。但在某种程度上说，人类社会发展进步正是在许多勇于担当的学者既满怀期待又深深焦虑的挣扎中前行的。

达伦多夫对于"历史的意义"的追问，首先抛出了两个概念：历史的"问题性"和"难题性"，并做出了所谓的"难题"（problems）与"问题"（questions）的界分："所有这一切的关节点仍然在于历史的问题或者说难题，这些难题正关乎人类历史前进的根本方向。"而何为"问题"，何为"难题"呢？他是这样分析的："不像我们日常交往的'问题'，'难题'是无法根本解决的，它始终存在。它的存在并不表现为我们日常生活中能否解决或者说以何种方式来解决，存在本身就是它的本质意义。"既然如此，那么我们针对"难题"的科学探索是否还有必要呢？借此，达伦多夫主张："当我们考量一些重大而典型的社会行动时，我们还是需要尝试着去回答它。"②

显然，在达伦多夫看来，所谓的"问题"是在具备足够条件下我们可以解决的。诸如粮食问题，我们或许可以通过改善农作物品种、改进种植方法、扩大耕作面积等方法，甚至控制人口增长来解决。而"难题"则不是我们能直截了当解决的，但会引起我们做出痛苦的思考。曾有西方哲人说过，人活着大概有两个事情要做，其一是怎么样才能吃饱饭的问题，其二是吃饱饭以后该做些什么的问题。借此，达伦多夫所谓的人类必须面对的"难题"也许便于理解些了。人类作为"人"而存在，当我们面对现实生活时就必定处于某种"反思"或自我审视的状态，这其中的重要一点就是不可避免地对人类自身的"意义"或者"价值"进行追问，即怎样生活，何种人生，何样社会？又该以何种方式去抵达那一想象的彼岸？这就是"难题"。哲学家高清海先生曾经提出过人作为"类存在"的概念，以区别于自然界"物的存在"，马克思更是早已提出人类发展的主体性课题并为之躬身践行。

基于此，达伦多夫的"难题"追问，实质就是指人类社会永无止境的对真、善、美的追求问题。因而，关注社会实践中的"难题"或者说"难题性"，既是必要的也是可能的。在此还可援引著名左翼思想家西方马克思主义学者阿尔都塞的相关思考，他认为："哲学难题性真正对应的是'难题'而不是'问题'；它也不是'难题'本身，而是作为'提出难题的方式'，使难题的提出成为可能"③。虽然达伦多夫的"难题"主要立足于现实与历史的对话，而阿尔都塞的"难题性"则基

①② Dahrendorf. Life chances: approaches to social and politial theory[M]. Chicago：Chicago University Press，1981：2-3.

③ [法]阿尔都塞.哲学与政治——阿尔都塞读本：编译后记[M].陈越，译.长春：吉林人民出版社，2005：367.

于现实境况的哲学审问,但就其思想实质而言,他们的社会关怀是内在相通的。面对社会的"难题性",达伦多夫开启了"历史意义"的探寻之旅。

(二)历史的意义在于自由

历史的意义或者说历史进步究竟意味着什么呢? 个人在现实社会中的"存在感"又何以获得,何以安顿呢? 达伦多夫说:"对我来说,无论是理论上还是实践上,寻求社会进步的确切定义是与自由理念密切相关的,是与自由主义的政治动力相关联的。"①

"自由",这是近代以来西方思想界最为活跃的话语,也是无数文人学者执着追求的梦想。从思想上的启蒙运动,到经济社会发展中的市民社会兴起,再到政治革命的民主权利行动,一切皆因自由而起,一切也为自由而终。关于"自由"的言说,可谓众声喧哗,对于自由的玄思,更是精彩纷呈,而自由理念的现实实践,更是雄壮与悲情交织、成功与失落并行。

1."自由"为何如此重要

达伦多夫对自由的追求主要受近代西方哲学大师康德的影响,但也受到了卡尔·波普尔的一定影响。

康德是近代西方启蒙哲学的鼻祖,出于对人类"自由意志"的珍视和推崇,他对人类的理性和良知寄予了无限的期望,认为人类可以凭借内在的理性能力创造完美的社会生活。他的历史观是乐观进取的。

前已述及,达伦多夫早年师从著名哲学家卡尔·波普尔。波普尔一定程度上也继承了康德的启蒙理性思想,信奉自由主义,但他又与康德的理性乐观保有了一定距离,认为人类因为知识能力局限而无法充分把握未来的发展,主张人类的"有限理性"。他既承认人类拥有的理性能力,又对理性的内在限度抱有严重的怀疑。在《开放社会的敌人》《历史主义的贫困》等作品中,波普尔对主张历史进步的目的论思维做出了批判。他认为,既然人类的理性能力是有限的,那么人类就无法设计未来,也就不可能追求"完美社会",人类所能追求的只是"次优"的社会。因而也就不应该设定理想社会的目标并规制当下的社会实践,人类不应该被各种完美主义所误导,社会的发展只能在力所能及的范围内不断地试错以获得改进,因此他极力批评了柏拉图、黑格尔和马克思等人对人类社会充满道德诉求的"乌托邦社会工程",解构了各式各样的"乌托邦社会"的幻想,主张点滴改进的"零碎社会工程"。

波普尔的这一思想对达伦多夫产生了较为深刻的影响,否认历史进步的社

____

① Dahrendorf. Life chances: approaches to social and politial theory [M]. Chicago: Chicago University Press, 1981:8.

会理想、反对所谓的"乌托邦"政治成为达伦多夫思考现实政治的重要底色。当然，达伦多夫并没有完全接受波普尔的这一过于片面与保守的历史立场与思想方法。在论及人类以其"自由理性"追求历史发展的意义时，他指出："但是波普尔并不让人满意，他的怀疑主义走得太远了，这样既合理又危险。……首先，他的合理之处是：他成功地指出了黑格尔的错误，认为那些伟大计划、绝对精神都是神话，有了波普尔的批判，历史主义就不用再去讨论了。"①然而，他又认为，波普尔在这个结论与人类充满意义的但却尚未展开的主动性之间做出了一个惊险的跳跃。他先是引用了沃尔特·舒尔茨（Walter Schulz）对波普尔的评论："（波普尔的批判理性主义）不过是一个可能的答案，而且真正的问题在于历史的绝对的终极的意义在这里变得毫不相干了。"紧接着，达伦多夫又反问（波普尔）道："历史如果没有追寻的意义，那我们能做什么呢？""具体的实践必须取代抽象的理论"，"道德后果被分离了，这一从绝对的终极意义上的历史之路跳跃到具体的实践是不明智的。这里面有一个待填充的缺口"。②

由此可见，对于人类的未来发展，达伦多夫不同于波普尔的偏执，仍然抱以一定的道德理想，"审慎过度"不应当成为历史进步的"绊脚石"。（在此，我们不妨提示一下，波普尔后来也做出了一些自我修正，他说："历史没有意义，但我们能够，甚至必须赋予它一种意义。"③）

基于此，达伦多夫在吸取波普尔的合理洞见的同时，更多地立足于康德的思想立场，并借助康德历史哲学的启示对波普尔予以纠正。为了弥补波普尔思想的缺憾，他认为有两条路径可资借鉴：

一是康德的路径。康德认为人类的理性能力是永远无法穷尽的，人类社会的意义的缺失将是不堪设想的。然而，"这里却没有一个既定的、单一的演进方向，也没有所谓的通天大道，对未来发生的情况我们只能做出可能的思考。……康德的谨慎、天才式的批判为我们至少提供了这样的启示：在追寻历史的意义时不要陷入历史决定论（历史主义）的圈套"④。

二是以康德反康德的路径。"自然的意图，使人类创造历史有潜在可能性，而历史图景则是人类创造历史的现实，因而历史发展的过程将是开放的、多样的。"⑤

细细品味，可以感受到康德历史哲学下的价值与实践的分离与统一、理想与现实的对立张力，但这一历史发展的张力又并非不可克服的，而是人类理性终将可以把握的，头顶的星空与足下的大地，正是人类命运的必然选择。用当

---

①②④⑤ Dahrendorf. Life chances：approaches to social and politial theory［M］. Chicago：Chicago University Press，1981：8-10.

③ ［英］波普尔. 开放社会及其敌人：第二卷［M］.陆衡，等译. 北京：中国社会科学出版社，1999：417.

下的话来说，就是前途是光明的，道路是曲折的。理想之境永远召唤着现实实践不断前行，尽管现实发展中往往充满着各式各样的不确定性。

在1990年出版的《现代社会冲突》一书中，达伦多夫一再重申了历史发展进步的可能性："波普尔说，历史没有意义，但我们能够，甚至必须赋予它一种意义。这种意义可能存在于应得权利派和供给派的纯粹的、持久的反反复复之中吗？有一些制度安排……很多优秀分子在历史上为它而牺牲，在20世纪也恰恰如此。"[①]在此，达伦多夫的历史进步论尚还值得肯定。

2.何为自由

在西方思想界，关于"自由"的定义可谓莫衷一是、蔚为大观，哲学的、道德的、信仰的、政治的、经济的、文化的，各种角度、各种层面，可谓"百花齐放"。而关于"自由"社会的理想图景则更是纷繁复杂，自由主义、社会主义、保守主义，不一而足。在达伦多夫这里，"自由"的含义有以下两个层面：

(1)"有规则调节的冲突就是自由"。

达伦多夫的这一定义大体相当于西方近代意义上的"政治自由""公民自由"，或者说"社会自由"，展示了相对于以往社会时代下"专制野蛮和暴力控制"的价值对立。显然，这正是对西方近代历史上的大变革的一个极为深刻的总结。走出种种非理性意志支配的"自然状态"，走出霍布斯(Thomas Hobbes)的"人与人就像狼与狼的斗争"的"野蛮时代"，从而步入一个理性的、"讲理的"时代。而约翰·洛克(John Locke)的社会契约论则进一步推进了霍布斯的思想，因为他除了保留政府的权力之外，还套上了"法治"的光环，这样权力便不再暴戾，曾经野蛮的丛林法则日渐被文明理性的交往规则所取代。然而，达伦多夫并不期待一个温情脉脉的世界，因为理性本身就不完全意味着和谐安宁，相反他认为人与人之间的冲突斗争也是人类自由实现的必要部分。人类的自由因生存的竞争冲突而得以实现，而人类的竞争冲突也促进了自由的实现。这就是历史发展的逻辑。

在此，达伦多夫其实深受康德历史哲学的影响。康德认为，作为道德价值理念的自由，它是先定的、先验的，但同时作为历史实践的自由，却必须放置于人们的具体实践活动之中。而人类的实践活动又是如何展开的呢？康德认为，作为"冲突"之诱因的"人性恶"是客观存在的、固有的因素，人类社会进步的历史正是冲突演变的历史。[②]康德的历史哲学自然是深刻的，他深入人性的内部与历史的深处，但也有着形而上学的抽象性、片面性的缺憾。但他毕竟还是为

---

① ［德］达伦道夫.现代社会的冲突[M].林荣远，译.北京：中国社会科学出版社，2000：30.

② 阙光联.关于恶的历史辩证法的再认识[EB/OL].(2008-06-18)[2015-07-13].www.aisixiang.com/data/1928/2.html.

人性的自由发展奠定了"理性"的基石,使得原本封闭的人类历史得以延展与提升,开启了历史发展新的可能性。

(2)"自由就意味着更多的生存机会"。

人类追逐自由的根本目的是实现社会秩序的优化,即历史的发展进步。

达伦多夫并不止步于"有规则调节的冲突即自由","政治自由""形式自由"下的个体解放只是必要的前提基础,他还期待更多。他说:"然而,这种形式上的自由只不过是在发展人类的东西时所涉及事物的可能性的条件。对消极自由与积极自由所做的重要区分还是太过于简单了,倘若自由总是停留在对相同东西的永远重复上,以至于不管谁当政,最后都无所谓的。"①在此,达伦多夫试图"超越"以赛亚·伯林(Isaiah Berlin)意义上的"消极自由",进一步引介了马克斯·韦伯的"机会"概念来夯实其"自由"理念内涵的要素。那么韦伯所谓的"机会"又具体指的是什么呢? 事实上,"机会"或者说"机遇"是韦伯在分析现代资本主义市场竞争社会下的阶级关系时提出的。韦伯认为,现代资本主义发展是市场经济理性原则主导下的结果,与前现代社会即等级制社会相比,市场经济天然的自由竞争赋予了每个人生存机遇或机会,尽管生存机遇的获得往往因个体的能力、运气、地位等因素而各有分殊,但这却是市场理性的必然结果,"理性化"是人类历史的宿命。由此可见,韦伯的"机会"或"生存机遇"指的是个人在现实社会谋生发展诸多因素与条件的综合,而非抽象意义的"自由"言说。在此,韦伯的"自由"论,有着更为浓厚的社会实证分析的色彩,社会学视域下的"自由",其实质就在于个人所能够获得的生存和发展的机会。

韦伯的这一自由理论对达伦多夫的影响十分深刻,达伦多夫所认证的"自由观"正是韦伯意义上的个人的"生存机会"。他一再申明,现代社会"自由"及其实现,根本实质就在于推进"生存机会"的持续扩展,而个人则是依凭自身的努力去竞逐更多更好的生存机会。"现代社会冲突中涉及的是人类的生存机会(lebenschancen)。让更多的人有更多的生存机会",因此,"不管是对于我们理解现代也好,也不管是对于任何自由理论也好,生存机会的概念都是至关重要的"。②概言之,只要现实社会中的个人获得了更多更好的生存机会,实现了人类生存境况的改善,这就是扎根于现实生活世界的、真正切实的"自由"。在此,尽管是基于市场经济的"形式合理性"下的自由,其非人道性或者说反人道性的面相还滋生着许多问题与矛盾,尤其是社会正义等难题的挑战,但相对于以往时代下的蒙昧与匮乏来说,这一致力于生存机遇扩大的自由毕竟是真切的,也

①② [德]达伦道夫.现代社会的冲突[M].林荣远,译.北京:中国社会科学出版社,2000:31.

是值得倍加珍惜的。

其实早在其 1979 年的《生存机会》一书中，达伦多夫就提出："人类的生存机会是可以扩展的，人们可以在寻求生存机会中获得成长。人类社会正是凭他的能力创造了越来越多的生存机会，不断地提高了自己的质量，所有的'个体的人'都以其发明、实现和扩展新的生存机会推动着充满意义的历史的进步。历史犹如一条不断延伸的江堤或海岸线，但这不只意味着新事物的出现、新选择的登场，而且'这延伸的岸堤和海岸线'更意味着一种约束，那就是联系和联结。"①

在此，不妨稍稍论及当代自由主义大师以赛亚·伯林的自由论析。伯林提出了著名的"消极自由"与"积极自由"的界分，认为自由首先应当是"在什么样的限度以内，某一个主体（一个人或一群人），可以或应当被容许，做他所能做的事，或成为他所能成为的角色，而不受到别人的干涉"。在这种意义下，自由就是"免于……的自由（liberty from…）"。而对于"积极自由"，则是和以下这个问题的答案有关："什么东西或什么人，有权控制或干涉，从而决定某人应该去做这件事、成为这种人，而不应该去做另一件事、成为另一种人？"在这种意义下，自由是"去做……的自由（liberty to…）"。对于这两类自由，伯林尤其强调消极自由的优先性，并认为对于积极自由不可盲目强求而得看运气。

在此，综观达伦多夫与伯林的自由理念，二者有交集但亦有明显的差异。我国学者赵汀阳对于自由的理解则与达伦多夫有些相似，他认为自由并无所谓消极与积极之分，就人类的现实生活而言，一切自由都是"积极自由"②，都应当以人的生存发展的切身利益为取向。

通过对自由的解析，达伦多夫内心的激情与梦想是：生存机会的获得与历史进步可能。"然而，最重要的是，不是生存机会才是历史的主题，严格意义上说，而是未来存在各种新的生存机会。""生存机会对人们是有意义的，也许不是全部的意义，但无论如何都不是毫不耽搁的，因此只是在某些情况下是首要的；但是其意义却是在特定的时刻发生并扩散的，而且这本身就是历史演进中的重要一环。"③新历史、新探索、新机遇，这正是启蒙时代所开启的最强音，达伦多夫表现了对人类理性的无限信仰与殷殷期待。

由哲学启蒙到政治发展，1990 年达伦多夫再次论及了自由政治的意义："让

---

① Dahrendorf. Life chances: approaches to social and politial theory[M]. Chicago: Chicago University Press, 1981:13.

② 赵汀阳.关于自由的一种存在论理解.世界哲学,2004(6).

③ [德]达伦道夫.现代社会的冲突[M].林荣远,译.北京:中国社会科学出版社,2000:31.

更多的人有更多的生存机会，这是自由政治的意图。"①

既然历史进步的关键在于生存机会的获得和扩展，那么问题在于何为"生存机会"？生存机会的扩展又将何以实现？这是达伦多夫进一步思考的问题。

二、历史进步的动力

既然人类历史的意义在于自由，而自由又主要表现为生存机会的持续创建和扩展，那么又是什么力量不断地催生出生存机会呢？达伦多夫的回答是：冲突创造自由，"有规则调节的冲突即自由"。

如前所述，达伦多夫并不期待一个温情脉脉的世界，而是认为社会冲突是自由扩展的一部分，人类的自由发展因竞争冲突而存在，社会冲突也推进了自由的不断实现。在此，达伦多夫首先谈道："人类社会有一个从幼稚到成熟的过程，这个过程是开放的，人们自己开启历史，在此人类的成长也获得一个美好的表达。这样的成长并不止于（自然界的植物）从开花到结果再到凋谢、枯死那样的意义，而是一个持续不断的、永无止境的过程，是一个突变经常发生的、即使在成熟的节点但又迎来新的各式各样的可能性的过程。"②

达伦多夫一再重申了康德的观点，在一个纯粹合作的世界里，"在一种田园牧歌式的牧羊人的生活里，尽管十分和睦、知足、相亲相爱，一切天才将仍然永远蕴藏在他们的胚胎之中：人像吃草的绵羊一样温顺善良，他们几乎不会为自己的生存创造出比他们的家畜的生存更大的价值。……因此，感谢大自然的桀骜不驯、好嫉妒和争胜好胜的虚荣心、无法满足的占有欲和统治欲！没有它，人类优秀的天然素质将永远不会发育，将会永远沉睡不醒。人们相互和睦；但是大自然更加了解，什么东西对人的种类更好：它想要不和。"③

康德的哲学自然是深刻的。自由是历史的意义所在，为了人类的自由创造更多的生存机会也是历史的主题。然而，是什么力量推动着生存机会的创造呢？或者说，又是什么推动着历史的进步呢？这个问题相当重要。达伦多夫再次回到康德身边："人类以其无穷的创造为更多的人带来了越来越多的生存机会的基本途径，正是社会中的竞争与对抗，形成了它们的法律秩序。"④

问题是，人类生存机会的永久扩展是否值得期待？在此，达伦多夫首先批评了黑格尔的历史哲学，认为"他（黑格尔）的立场永远只是在未来的'可能发生'，对于当下却不能带来任何改进"。为此，他更倾向于康德的立场，认为"康

---

① ［德］达伦道夫. 现代社会的冲突［M］. 林荣远，译. 北京：中国社会科学出版社，2000：31.

②④ Dahrendorf. Life chances: approaches to political and politial theory［M］. Chicago：Chicago University Press，1981：12.

③ ［德］达伦道夫. 现代社会的冲突［M］. 林荣远，译. 北京：中国社会科学出版社，2000：39.

德离我们心中的理念更为接近，尽管他的'自然意图'有点让人捉摸不透。很难说，哪一种可能性得以实现。所有的可能性既让人充满希望又让人频生疑问。任何人可能在拒绝田园诗的美梦时，却又不免发现犹如身处沙漠里的绝望的绵羊，在岩石中寻找着可供食用的东西[①]。

在此需要指出的是，在康德与黑格尔之间，或许并没有达伦多夫所想象的那般隔阂。关于社会冲突与人类的自由进步，他们均给予了重要的关照，尽管关于"恶"的必要性或者说必然问题各自有着进路不同的论析。

在此，达伦多夫总结，社会通过冲突实现变迁的理念并不是我们的主观想象，然而因为既定社会提供生存机会的潜能远远大于现有社会结构所能提供的，因而也是值得无限期待的，但现实条件所能提供的毕竟还较为有限，在无限的诉求与有效的供给之间必然形成张力，这一矛盾张力正是在社会冲突中得以表达的。在此，"某一群体以实现其潜在机会的名义发起（抗议）行动，而另一方却满足于现有结构中的既得利益，这样冲突就不可避免并引发了社会变迁，直到最后实现新的潜在机会。如此循环往复，不断上演。激进的冲突发生了，时代的主题变化了，人类创造生存机会的新天地也就开启了新的历史征程"[②]。但同时，面对未来的新希望、新征程，达伦多夫又显得有些谨慎，他对黑格尔的进步论、目的论思想保持了较多的警惕，且不认同历史演进有一个既定的目标和方向。他说："然而，在这个问题上，有一个印象就需要做些修正了，那就是以为进步不可避免或者某种程度上说在历史发展中只有一条通道的说法。进步只是可能的……在此，对于进步的观念，我们需要更加小心地处理。"[③]

总体而言，达伦多夫对于社会进步是抱有信心的，对于人类自由的实现也是乐观期待的。正如他所言："太阳底下还是有许多新鲜的东西的。如果我们把这些新鲜的东西看作生存机会的话，那么人是可以抱有历史的意义的。进步是可能的，也是可行的。有一个字眼在这里一直被我们遗忘，并且它诱发了全文上下最难解答的问题：有没有一个关于自由的进展？不管是什么最终推动着历史的运动，历史总是在不断克服人类非社会化的社会状态中前行，这可能是缘于社会中的竞争与冲突，也可以是通过生存潜力和能量的提高。在此过程中，人类获得了改善……那里或许有生存机会的进展，并且随着各种可能的生存机会的逐步积累，我们的的确确取得了进步。至少这样是合理的，我们今天

---

① Dahrendorf. Life chances：approaches to social and politial theory［M］. Chicago：Chicago University Press，1981：13.

②③ Dahrendorf. Life chances：approaches to social and politial theory［M］. Chicago：Chicago University Press，1981：14

已经远比 300 年前实现了更为充分的人类本性,更不用说石器时代了。"①

在此也可看到,达伦多夫的"自由"是一种相对低调而单薄的自由,其中没有过多的道德企望,因为他担心诉求过多、理想太高而陷于所谓的黑格尔的"专制"泥潭。为此,他极力倡导"有规则调节的冲突就是自由,因为这种冲突意味着,谁也不能把他的立场提高为教条。总是有些制度安排,它们许可我们说:'不!',而且甚至还允许他们撤换执政者。从为所欲为的专制中摆脱出来而获得的自由不容低估"②。

总之,达伦多夫的"自由想象"首先是"政治自由",这与当代许多自由主义学者并无二致。"谁也不能把他的立场提高到教条",这是否可算是对黑格尔、马克思的批评呢?倘若真是这样,那么就要对其观点做辩证分析了。一方面,达伦多夫的确看到了"历史决定论"(如黑格尔的学说)在某种程度上导致专制暴政的可能性,但是如果没有历史的展望,人类的行动该从何着手?"生存机会"当然极为可贵,但是在弱肉强食的市场环境里到底能创造多少人的生存机会呢?并且其中有没有对生活意义的反思呢,或者说有着何种意义上的反思?或许有,因为在后面的分析中我们将看到达伦多夫也强调了公民理性即文化的维度,但是这毕竟是康德意义上的理性,是理念世界与实践世界相分离的理性,如果没有社会实践的经济、政治等具体的场域的规定,这种理性又从何谈起?抽象的理性能否靠得住?黑格尔的贡献在于揭示了康德意义上的理性的困境,从而为其找到了市民社会这一实践场域的依托,尽管他最终陷入了唯心论的泥潭,但是他毕竟大大弥补了康德纯粹理性批判哲学的不足。而至于黑格尔尤其是马克思,根本就不属于"历史决定论者"的行列,但却往往被戴上"乌托邦幻想"的帽子,这背后,隐藏的或许正是"政治自由"与"全面自由"的根本分歧。

借助康德关于人类社会的"竞争"与文明的发展的重要论断,达伦多夫对社会冲突客观存在的必然性是深信不疑的。恰如其早期的社会理论所展示的那样,社会冲突促进了社会变迁,社会冲突也促进了人类自由。对此,仅就纯粹的理论分析来说这有其一定的合理性,但问题是怎样的社会冲突才能促进自由,是否所有的社会冲突都会促进人类的进步?难道 20 世纪的两次世界大战也促进了人类的自由?在此,达伦多夫明确提示我们,必要的"冲突"斗争将摆脱专制暴政的压制,实现政治自由。

透过达伦多夫的相关论述,大体上可做如下总结:第一,他相信历史是可以有某种意义的,这种意义就表现为人类的生存机会的获取。只要人类愿意用自

---

① Dahrendorf. Life chances: approaches to social and politial theory[M]. Chicago: Chicago University Press, 1981:19.

② [德]达伦道夫. 现代社会的冲突[M]. 林荣远,译. 北京:中国社会科学出版社,2000:31.

己的理性去追寻,那么更多人的更好的生存机会或者说更美好的生活还是值得期待的。第二,人类社会固然是一个历史伴随着生存机会的不断创造而开启新篇的过程,但这里不是任意的、随机的,而是存在着文化的约束和规制的。这种文化可能是传统留下的道德规范或者习俗。第三,冲突是人类走向自由的必经途径。"有规则调节下的冲突即是自由",即基于民主与法治政治制度而建立的,是人类摆脱专制暴政走向政治自由的基本前提,也意味着人类在自由市场中充分竞争将带来的社会进步。第四,达伦多夫既相信自由的无限可能,又极力反对为人类确立一种明确的终极发展目标。可见,他的历史思想是充满矛盾的,对未来既充满信心和期待,又犹豫不定。

在此,为了更好地理解达伦多夫,我们有必要先简略地对康德、黑格尔与马克思等思想大师社会历史观的不同取向做一分析。康德虽然十分强调人类个体的良知理性的无限可能及集体行动的必要性,但他的历史哲学终归是"半截子"的,道德与实践是相分离的,因此也是不彻底的,对于人类社会的未来发展终究是模糊的,因而也是相对乏力的。黑格尔虽然在历史发展的问题上陷入唯心主义的泥潭,但他却提出并坚信人类历史的"终极完善"的可能性及人类为之努力的必要性,他提醒我们要"创造历史"。马克思兼取康德和黑格尔的思想精髓,相信人类理性的无限创造力,相信人类的进步,认为人类完全可能而且也应当追求更为完美的社会理想,并且主张无产阶级通过艰辛的实践创造更为自由与和谐的社会。

显然,达伦多夫的"自由"理念是基于康德立场的,是富于激情的,但是在具体的社会实践层面即自由的创造与实现问题上,他又显得消极和保守了些,这似乎也是康德的特点。正如俞吾金所评析的:"从一方面看,康德的实践理性把人的尊严提升到前所未有的高度,正如康德自己所说的:'实践理性呈现给我们一条纯粹的、蜕尽一切利益的道德法则,以供我们遵守,而实践理性的声音甚至使胆大绝伦的罪人战栗恐惧,不得不闻而逃匿。'然而,从另一方面看,在现实生活中,康德的实践理性和善良意志又是难以得到贯彻的。正是在这个意义上,黑格尔批评道:'康德的实践理性并未超出那理论理性的最后观点即形式主义。'"他还进一步分析了康德这一思想的成因,"由于德国的小资产者,包括其代表人物康德在内,害怕法国资产阶级自由主义的实践方式,因而他们竭力把法国资产阶级的血淋淋的革命'实践'转化为德国小资产阶级的软弱无力的"实践理性"。①

由充满激情的"善良意志"下降到软弱无力的"实践理性",这意味着达伦多

---

① 俞吾金.康德是通往马克思的桥梁[J].复旦学报(社会科学版),2009(4):1-11.

夫在社会历史发展的一系列重大问题上将与马克思产生重要的分歧。诸如在革命与改良的抉择、资本主义与社会主义的发展道路等问题上，达伦多夫大多时刻都站在了马克思的对立面。

第二节 现代社会阶级冲突的基本逻辑

前文已经谈到，达伦多夫认为追寻和实现自由乃是社会历史发展的根本意义所在，社会冲突促进人类的自由，也推动着社会的进步。那么，在"现代社会"里，"自由"的具体指向到底是什么？而且，"现代社会"的"自由"又将如何获得呢？在此，我们首先要关注达伦多夫的"现代社会"这一重要的范畴。根据前面第一节的分析，达伦多夫承接了康德的启蒙立场，即现代社会，首先应当是（而且事实上现代西方社会也的确在某种程度上是）"自由人"的社会，人摆脱封建专制、步入政治自由的状态是最为基本的，也是较为重要的，对此马克思的"政治解放"学说也予以了肯定。因而，探讨"现代社会"问题或现代性话题，都必须基于这一思想前提之下。基于此，达伦多夫展开了他对"现代社会"的"自由的（根本价值）"及"获得自由的方式"的思考，而其全部的思考又汇合到"现代社会的自由即在于生存机会（的获得）"这一命题上来。这一命题的核心要义在其"生存机会"范畴。在达伦多夫的"生存机会"范畴中，至少包含着两个层面的内涵：一是现代人以自由（竞争）的方式去创造美好生活，二是自由的目标在于实现"更多人的更多的"生存机会或者说生活资源。

综合上述论析，从中可见其精神实质，那就是激活个体的自由来增进社会的繁荣发展，以政治的改革调整来平衡社会矛盾冲突，其中既包容了个体自主的多元分化，又实现了社会秩序的一元整合。下面，先着重对达伦多夫的"生存机会"之思所蕴含的理论逻辑做一探析，以便趋近其政治思想的内核关键。

一、现代社会阶级冲突的基本主题

(一)"生存机会"的内涵逻辑

1."生存机会"的核心内涵

前文已经述及，达伦多夫的"生存机会"范畴借鉴自马克斯·韦伯的社会理论。在韦伯那里，"机会"主要是指个人在自由竞争市场条件下所处的地位状况，"机会"大体相当于个人的收入水平、社会地位及声誉等要素，"机会"的背后是"阶层分化"或社会阶层。达伦多夫的"生存机会"，则主要是指个人从现实社会中所可能获得的资源财富、资格权益，更多地指向现实生活的资源条件（类似于日常所说的"生活水平与质量"）等。为此，达伦多夫的"生存机会"理论是从功利、财富、幸福等话语说起，然后逐步推展开来的。

首先，达伦多夫曾在《生存机会》(1979)一书中批判性地检视了近代西方政治思想史上的"功利"和"福利"等概念，认为"金钱为我们提供了许多生存机会，有了它，我们可以做些事情。是否采用它对我们来说的确事关重大。它提供给我们各种机遇，某种程度上说它甚至是机遇的代名词"①。但是他所青睐的并不是边沁式的极端自由的个人主义功利，而是约翰·密尔的偏于社会公共视域的功利主义。② 在他看来，"生存机会不是个人主义的产物。个人主义所倡导的生存机会毕竟有限，因而需要持续不断的社会改革，以改革调整扩充更多人的自由发展与生存机会"③。与边沁极端个人主义主张不同的是，达伦多夫特别强调指出："生存机会是提供给个人成长的许许多多的机会，为了个人天赋、心愿和希望的实现，这些机遇都是由社会条件所提供的。对于任何一个既定的个人，甚至在一定意义上的社会团体、阶层和阶级，都有一个生活机会平衡的问题。这对全社会来说也是适用的，虽然要说现代化为许许多多的人都提供了无与伦比的生存机会的话，恐怕将引起争议。"④ 同时，在达伦多夫看来，一个真正的自由主义者的任务应是使每个人获得越来越多的生存机会，"停止寻求新机会的自由主义者就不再是自由主义者"。这就从基本政治视角再次重申了社会自由、政治自由与生存机会的重要关联。

可见，达伦多夫的"生存机会"观绝不仅仅是一个关于金钱与财富的概念，还包含着诸多方面的因素，"生成机会是一个整体"，有着复杂的内涵逻辑，为此他还引入了"选择"（德语 optionen）、"根系联结"（德语 ligaturen）、"应得权利"（英语 entitlement 或德语 anrecht）和"供给"（德语 angebot）等理论范畴。

2. "生存机会"的逻辑构成

在达伦多夫看来，"生存机会"的获得既取决于一种客观的可供选择的社会条件，又与具体环境下人们的生活理念密切相关，是特定条件下的社会产品与具体的生活价值观念的结合体。简言之，生存机会反映的不只是一个客观的贫困或富足的问题，而且还与我们心中所期待的东西是否得到满足有关。达伦多夫是这样展开分析的："生存机会仅仅部分是选择，其另一部分与坐标系有关系，在坐标之内选择才有意义，人们在做出各种选择时均离不开某种意义的

---

① ③ ④　Dahrendorf. Life chances: approaches to social and politial theory[M]. Chicago: Chicago University Press，1981:30.

②　[意]萨尔沃·马斯泰罗内. 当代欧洲政治思想[M]. 黄华光，译. 社会科学文献出版社,1996: 102-104.

导向。"①

达伦多夫所谓的"坐标系""意义的导向"，其实就是指人们内心的价值定位，何为善好、何为幸福。为此，达伦多夫进一步转向道德伦理对生活实践的重要导向作用，他说："道德准则会有所补益；大卫·里斯曼从'内心引导'来描绘的'内心的罗盘'及属于家庭、社区、传统的群体和教会也会有所补益的。也许人们可以谈到一种能把握和指导人们生活的深层文化。所有这类考虑都回溯到（人与人之间的）'联结'上，联结具有某种'约束力'：宗教、义务、束缚又回来了，因此，我曾建议用'根系联结'这个词。也就是说，根系联结是深层的文化联系，这种联系会使人们找到通往选择世界的道路。"②

循着"价值—伦理—文化"的论析路径，达伦多夫极为注重的"根系联结"因素就较为清晰地呈现出来了。他的意图在于指明价值伦理与道德观念将对人们的"生存机会"产生较为重要的影响，或者说将是调适人们功利观、幸福观的重要元素。达伦多夫的这一理念有着深厚的理论意蕴，那就是现代人或者说现代生活不应当缺失必要的文化伦理，而非走向所谓的价值相对主义，进而陷于虚无主义的境地。由此也不难洞见达伦多夫与马克斯·韦伯的细微差别。韦伯对现代社会的忧虑是十分急切的，他意识到，"现代性的铁笼"扼杀了人的主体道德的空间，"祛魅"之后的"诸神之争"，文化价值多元性下的个人与社会伦理已陷入困顿，道德理性已无可期待，因此，韦伯的社会分析较为冷静（但韦伯并不冷血）。而达伦多夫则试图以道德伦理联结来积极调适自由市场下的功利竞逐，期望是"一群人的奋斗"而不是"一个人的奋斗"。当然这里是"调适"不是"调和"，更不是"综合"，毕竟达伦多夫的"个体自由"还是不容撼动的。如其所述："生存机会正是选择和根系联结的两种要素组合，它们彼此独立且各有不同的逻辑，正是特定时期的这种奇异组合构成了特定社会里人们的生存机会"③。

"相对独立且各有不同的逻辑""奇异的组合"，达伦多夫要说的是现代社会下市场经济的利益或者说功利体系与社会文化的伦理道德体系的界分，同时两者又有着重要关联而必定会有深层的互动，只是这种关联与互动究竟以何种方式组合，此种"化学反应"又将产生何种效应（其实还需要追问的是"应当"有什么样的成效与"能够"产生怎样的成效的问题）？这也是当代西方思想界争论不休的话题。在此，达伦多夫所提出的这一问题焦点，往往为我们东方民族文化所不易理解，更不易接受，就如当年严复先生将约翰·密尔的 *On Liberty* 翻译

---

① ② ［德］达伦道夫. 现代社会的冲突［M］. 林荣远，译. 北京：中国社会科学出版社，2000：33.

③ Dahrendorf. Life chances：approaches to social and politial theory［M］. Chicago：Chicago University Press，1981：30.

为《群己权界论》，我们的观念里首先是"群"。但这也并非所谓的缺陷，文化认知与价值取向不同而已。再有，当下中国正处于所谓的社会结构分化与领域分离的态势，①那么其内在的机理及调适或者说调和的路径又将如何呢？在此暂且不论。

　　3."选择"：应得权利和供给的组合

　　达伦多夫前面指出了"生存机会"是建立"选择"与"根系联结"实现"奇异组合"的结果，在阐释了"根系联结"概念的内涵之后，达伦多夫转入讨论关于"选择"的话题。关于选择（options），他是这样看的："'选择'就是在社会结构里既定的选择可能性，是可替代的行为选择。它们实际就是我们谈论机遇时的一种心理期待，或者说就是个人努力争取的一个导向——尽管这些期待通常是由个人的角色所决定的。"②为此，他区分了选择的可能性与可供选择的现实条件。"从个体立场这一点来说，选择是理性的，他需要各种可供选择的东西的客观条件。因而，选择与可供选择的东西正是社会结构所提供的选择条件与个人需要的选择行为的统一体。"③

　　因此，"选择"就是"应得权利"和"供给"的特定结合，而他这里的"应得权利"指的大概就是个人基于对现实社会情境的理解而感觉自己应当得到的（主观心理预期），"供给"则是现实社会经济增长水平及民生社会建设所能提供的条件（客观物质水平）。这其中，达伦多夫的想法还是较为复杂的，经济增长、民生权益与个人的心理预期共同构成了"选择"的可能空间，而这并非可以确当把握的。在此，达伦多夫的这一规定的实质在于强调了社会平等分布状况与经济发展水平的互动关联，至于这一互动的具体后果如何，则取决于如何组合。

　　"应得权利"（entitlements），是印裔美籍著名经济学家阿玛蒂亚·森在《贫困与饥荒：论权利与剥夺》中提出的一个概念，他通过这一概念为贫困者的生存找到了一个正当的理由，认为"应得权利"并非取决于经济的供给能力，而应该是一种生存的基本"权利"，是人的最起码的要求。进而，通过对现代市场社会里人们的一系列权利的分析，他主张建立一个机制，即通过公共机构确保每个人的食物获得权利。这一权利不仅包括灾难期间的粮食分配，而且还包括通过社会保险和就业保障来实现较为长远的食物权利安排。换言之，面对饥荒，需要做的事情不是保证"食物供给"，而是保护他们的"食物获得权利"。

　　在此，达伦多夫部分认同森的观点，并吸纳了森的"应得权利"概念。首先，他认为森的应得权利主要是指一种基于合法权利的物质需求。"对于森来说，

---

　　① 王南湜.从领域合一到领域分离[M].太原：山西教育出版社，1998.

　　②③ Dahrendorf. Life chances：approaches to social and politial theory[M]. Chicago：Chicago University Press，1981：30.

应得权利描写出个人和物品之间的一种关系，通过这种关系，个人进入产品市场和控制产品就'被合法化'。应得权利给人们一种合法的对物品的要求。因此，并不是生活用品的可资利用，而是社会的群体占有进入产品市场的大量机会（森谈的是大量的应得权利要求）。"①在其核心，"这个概念集中在人们用在一个社会里可资利用的法律手段去控制（物品）的能力。这不是纯粹的个人能力，它本身是由社会结构决定的。因此，森更喜欢用可获得性（acquirements），也许用马克斯韦伯的'获得的机会'这个概念会更好些"②。这其中看似颇为复杂，其实森的"应得权利"的实质要义就是：不应当剥夺每个人维系生存的正当权利，要从法律平等的价值层面来保证他们获得生存资源的机会。这里的关键词就是"获得的机会"，即没有制度性的排斥或阻碍。

接续了森的基本论析思路，达伦多夫进一步分析了个人应得权利的复杂性。"个人的应得权利是指一大堆不同的、可供选择的商品，个人可以借助不同的、合法的、对某些个人总是敞开的获得方法去占有这些商品。"在这个定义里，"合法的"方法必须加以强调；应得权利的核心总是一些权利。因此，这种要求可能是建立在"个性化（的设施条件）"或活动（交换行为）的多数之上。③在此，他不认同森将"应得权利"仅仅看作描述性的概念，而是认为应得权利也应该具有规范性质，属于比较硬性的规定，并且有着具体的、明确的要求指向。"犹如社会规范一样，它们也具有一定程度的固定性，这种固定程度意味着，要取消它们就不能不付出代价。规范的概念比法的概念更为普遍些……"当然在现实中，"应得权利的固定性也可能发生变化。……基本权利就是应得权利。其中包括一个社会的全体成员得到宪法保障的权利。公民权利在这里有其立足之地"④。在此，较之于森的分析立场，达伦多夫引入了更为多元的考量维度，法律保障的基本公民权利只是第一重，确认了个人应得的正当性，很"硬"，但社会演进中的具体情况也很重要，经济发展、收入水平等因素不容忽视，因而又有些"软"。也就是说"在固定标度的另一端，实际工资创造着应得权利。实际工资的应得权利性质就表现得还要更明显一些"。在此，"实际收入水平"就是应得权利的另一端点，基本的公民权利与实际获得的生活资源，二者的综合就构成了达伦多夫的"应得权利"。不难看出，他的这一"应得权利"通常是"水涨船高"的，基本公民权利的范围总是随着人们收入水平的提升而扩展，同样，收入水平、生活质量状况等又往往直接取决于公民权利的"做大做强"。

正是鉴于这一界定，达伦多夫也意识到了，"应得权利也为人划出界线，也设置藩篱。这就意味着，原则上不能分等级来理解应得权利，半张入场券不是

---

①②③④　［德］达伦道夫. 现代社会的冲突[M]. 林荣远，译. 北京：中国社会科学出版社，2000：19-21.

入场券。进入权利可以或多或少对很多人敞开，但是它们本身是有明确规定的。应得权利按阶段、而不是持续增长或萎缩，而是只能被创造或取消，被赋予或剥夺"①。

在此，面对"藩篱""人为划界"等社会激烈竞争下可能造成社会排斥的客观事实，达伦多夫突出强调了"半张入场券"不是入场券，其目的在于申明应得权利的"刚性"，诸如公民的受教育权、医疗卫生权等。可见，他对于现实社会中公民权利的形式平等与实质不平等还是有所警觉的，毕竟公民的"基本资格"不仅仅是法律条文的事情，更是社会管理实践机制中要着实解决和推进的问题。达伦多夫对于社会分化与不平等的较多关注，显示了他对社会正义的重视，这一点在他后来讨论现代国家治理建构中也有所体现。

"平等"在此并非虚言，我们不应仅仅把应得权利限定在产品或"商品组合"上，而应当将其扩大到福利供给的各项权益这一更宽泛的意义上来。"像这里所理解的应得权利，也能打开通往非经济'物品'的大门，如选举权、受教育的权利。因此，像产品或者福利这些概念显然是不够的。"②可见，在达伦多夫看来，应得权利既是一种实实在在的物质获取权，还是一些必备的非物质性的基本权利，比如个人的发展权、政治表达权，等等。

为了具体展开"应得权利"的分析论证，达伦多夫还采用了供给（angebot）的范畴。他的"供给"观有两方面的内涵。一是大体上相当于"经济增长或物质财富"，是可供消费或享用的东西。"'供给'表示的是供选择的东西（'有大量的选择'）。它是在既定的行动领域里，现有的选择可能性。这些可替代性本身也是结构化的：是通过市场的丰富发明，通过人的各种愿望，通过经济学家称为口味的东西，以及通过形形色色的偏好，来结构化的。"③二是"供给"又不仅仅是一种客观的增长，还是需要借助"法律、制度"等方式得以落实的，即"有效的供应"。"（供给）原则上说不只可以从定性的角度，更应该从定量的角度来考量，不只应当从法律或政治的角度，更需要从经济学的角度来理解。供给可能在两个方面发生变化，即一方面在数量上，另一方面在多样性方面。这两方面是相互联系的。"④

在此，达伦多夫的"供给"包括可供消费的商品的数量和丰富性，套用一句话，"供给"即能够"满足人们日益提高的物质文化生活需要的东西"，既可以是物质形态的，也应该是精神形态的，而且还能切实体现人们生活状况的改善。

对照之下，森的"应得权利观"蕴含着一定程度的社会平等的关怀，他对特权支配下的不公正给予了严厉的批评，主张"以自由看待发展"，推崇"自由"的

---

①②③④　［德］达伦道夫.现代社会的冲突［M］.林荣远，译.北京：中国社会科学出版社，2000：22-23.

绝对主动地位，即"自由的"平等。① 与森基于对落后国家贫困与饥荒问题的考察所形成的"应得权利观"不同，达伦多夫更多面向处于上升发展中的西方资本主义社会，森所提倡的"基本的自由平等"已经不构成太大的难题，因而达伦多夫关注的重心更偏向在经济发展上升阶段的社会，如何界定"应得权利"的边界，其中对社会平等的诉求当然与森是内在相通的，但问题逻辑却较为不同。比起持一般意义上的"权利平等"的自由主义学者（如诺齐克）的"形式平等"来说，达伦多夫更倾向于更为厚实的"实质性平等"，这自然是较为激进的。在这一点上，达伦多夫与罗尔斯在《正义论》中提出的"差异原则"似有所通，且比罗尔斯表现得更为积极主动。

4."根系联结"

前面提及的达伦多夫的"根系联结"（ligaturen）主要是指文化传统与道德观念的纽带，一种基于伦理规范与价值偏好问题的行为约束。在此，尚可再做更为深入的探讨。在论及现代社会的根系联结时，达伦多夫主要通过对马克思和托克维尔等人的洞见，以及对康德的现代社会理解，并在相互比照中阐述他本人的看法。

他认为："马克思和托克维尔均认为现代精神的核心是与从前时代的根系联结彻底决裂。包括田园牧歌式的过去及其神圣的敬畏。'一切固定的东西都烟消云散，一切固定的古老关系都被消除了。那么什么东西来取代它们呢？'对于托克维尔来说，充其量是英雄的现实主义，是准备正视毫无依据的现实的人的英雄的现实主义。而对于马克思来说，则是'现金交易，是纯粹的供给世界，在这个世界里。（受支配的）激情是唯一的一些指示方向的信号。'"②

在此，达伦多夫并不认同两位前辈的论调，他既不主张托克维尔回归传统的遐想（自然悠闲的田园生活），也不倾向于马克思的激进"幻想"（无穷创造、经济增长、物质丰裕、按需分配等），而是驻足于康德的理性立场，认为人们在具体实践中是可以协调平衡好这一关系问题的。"一种没有思乡怀旧和没有乌托邦，也没有愤世嫉俗的传统。他盛赞康德的豪言壮语：'勇敢做聪明人吧！鼓起勇气来，利用你自己的理智！这就是启蒙的座右铭。'"③在此，康德的"实践理性"看起来不错，不"激进"也不保守。

在此，达伦多夫继续其理论层面的推导，接续了康德的理性良知与积极进取精神，展现了对未来社会的信心和期待。他进而认为并提出："在这里，'civil society'即市民社会概念有其立足之处。应得权利和供给的世界，即政治和经

---

① ［德］达伦道夫.现代社会的冲突［M］.林荣远，译.北京：中国社会科学出版社，2000：22.

② ［德］达伦道夫.现代社会的冲突［M］.林荣远，译.北京：中国社会科学出版社，2000：34-35.

③ ［德］达伦道夫.现代社会的冲突［M］.林荣远，译.北京：中国社会科学出版社，2000：35.

济的世界，它们自身是不可能存在的；两者必须扎根于一个社会的世界。"并再次重申："生存机会是一种双重的函数，即一方面是关于应得权利和供给间结合和协作的函数，另一方面是社会所提供的选择和根系联结的函数。"①

这其中的意思值得细细剖析：其一，达伦多夫提出了"公民精神"联结下的现代民主社会，凸显了社会领域自我组织与发展运行的相对独立性与主动进取性（不论现实的政治、经济具体状况如何，"社会"本身即是一个"机体"，有自我免疫、再生、绵延等属性功能）；其二，他还指出"政治与经济"的世界必须扎根于社会的世界，更是彰显了"社会"这一机体的"根源性"抑或是"根本性"地位。这一点就社会学理论层面来说，是较具理论启示意义的。②

基于此，达伦多夫坚持认为，"关键在现代民主社会"，并念兹在兹地祈望它的实现。为实现更多的生存机会，他急切地呼唤公民精神，期待现代社会的人文关怀与价值共识能够对业已衰落的文化道德体系注入新的活力，为更多人更好地生活而共同努力。为此，达伦多夫还对"现代社会"的内在逻辑做了进一步的探讨。

首先，他认为现代社会必须是"法与自由之间的结合"，是一个由"自由人"组成的社会。他的论析从约翰·洛克的《政府论》到大卫·休谟的《谈公民自由》再到苏格兰启蒙思想家亚当·弗格森的《市民社会史》，厘定了现代社会就是"平民社会"，就是人们在政治、经济上拥有平等权利和地位的社会（尽管实质上还是较为低度的权利，甚至仅是写在纸面上的权利）。并进而援引美国宪法的历史意义，认为其根本价值就在于确立了每个人的自由权利，而这一"权利的确立"也就意味着"市民社会毫无例外是现代的"。他甚至还认为，经济增长的供给结构首先必定取决于社会的开放程度（公民个人的自主性、创新性）。而且，影响生存机会的另一重要因素"应得权利"的现实水平与实际状况的高低则并不对现代社会的是否建成构成影响，换言之，经济福利的分配格局尽管可能还不一定完善、社会权益也未必普及，但只要是一个自由人竞争发展的社会，那就已经步入了"市民社会"。并且，"市民社会一旦形成，就体现着业已成型的对专制和极权的诱惑的反抗"。在此，达伦多夫的"现代社会"显然更多的是对应以往历史的专制和现代法西斯的极权社会而言的，现代社会的实质就是"平民社会"，是捍卫"平等人"权利的法治社会，因而现代社会必须是"法与自由之间

---

① ［德］达伦道夫.现代社会冲突.林荣远.中国社会科学出版社，2000:36.
② 国内学者李猛、郭强等均指出现代社会是一个日益"抽象化"的世界，是"社会根"缺失的时代。见李猛.论抽象社会[J].社会学研究，1999(1):3-30；郭强.现代社会的漂浮：无根的现代性及其呈现[J].社会，2006，26(4):1-22.

的结合"①。

其次,他突出强调了现代社会的关键在于"生活意义"的联结,在于其"文明教化"的内在属性,这也是现代社会的先进性,抑或说进步性所系。在现代社会里,"至关重要的是,用一些赋予人的共同生活以意义的结构来填补国家的组织和孤立的个人之间的真空。因此,现代社会并不是简单的人的社会,而是充分意义上的公民的社会。基于此,它是一种文明的结果,而不是自然的结果。……已经实现了的生存机会要求有现代社会的根系联结。倘若没有现代社会的结构,自由就依旧是一根摇晃不定的风中芦苇"②。

理论上说,现代公民精神与现代社会建设将弥补国家政治治理能力及经济供给能力上的不足,能够黏合社会内部的分裂、重建社会共同体的团结。但问题是,现代社会的建构维系必须依托于文化发展、文明培育的滋养和支撑,因而重建现代的根系联结即人文伦理建设就显得极为重要。其实,达伦多夫这里的"根系联结"问题,在西方思想理论界已多有关注,类似于"社会资本""社群伦理"一类的说辞,均反映了当下西方市场经济下的人文精神困境问题。西方国家现代化刚刚兴起不久时,社会学家滕尼斯曾经面对现代社会结构的变动而提醒我们温情脉脉的"共同体"已经不再,由"陌生人"构成的"社会"已然登场,而后来者涂尔干则面对现实,试图重建现代社会的"有机团结"。达伦多夫的"根系联结"情结,其实与前辈学者一脉相承。对此,需要发问的是,西方现代化进程中的这一困境抑或困顿,其根源究竟何在?是资本主义自由市场经济使然,还是其根深蒂固的文化基因?抑或二者兼具?

尽管理论层面的玄思难掩现实实践的困顿,但是最后达伦多夫还是基于其独特的历史进步理念——追求自由与实现生存机会的扩大,做出了其对"现代社会"的历史意义或者说"现代性自由"的重要理解和定位,即自由建立在三大支柱之上,亦即民主政治、市场经济和市民社会。③这一重要论断的提出,着实奠定了其关于现代社会与政治思想的理论基石,也构成了其对现代社会冲突与治理建构的认知逻辑与实践方位。

二、现代社会阶级冲突的主要范畴

透过前面的论析与解读,达伦多夫认为现代社会阶级冲突的主题是个人的自由与生存发展。影响个人"生存机会"的扩展与实现是多方面因素的综合,包括应得权利的推进力度、经济发展的供给水平,以及社会道义的整合力度,等等。而个人利益诉求的具体落实与社会秩序的构建实现,最终又都必须回到社

①②③ [德]达伦道夫.现代社会的冲突[M].林荣远,译.北京:中国社会科学出版社,2000:35-37.

会发展实践的体制层面上来，现实社会的政治经济状况往往决定着个人的生存境况。基于此，达伦多夫认为："与个人层面的应得权利与供应相对应，社会要满足这一平衡就需要通过政治与经济的互动来实现。"①

那么，现实社会的政治建构与经济发展又该以怎样的互动方式来推进个人的自由和生存机会的扩展（抑或说人的自由和全面发展）呢？我们知道，1859年，马克思发表了著名的《政治经济学批判》，从生产力与生产关系、经济基础与上层建筑的理论角度，全面考察了资本主义现代化生产方式与私有制经济制度的内在逻辑，指出并批判了资本主义社会严重压迫与剥削劳动者的客观事实，在唯物史观的基本立场上提出了推翻资本主义、创立社会主义并最终实现共产主义的政治主张。

一百多年来，马克思创立的这一政治经济学经典论著产生了深远的影响，成为社会主义国家建设发展的根本指南，同时也对当代资本主义的发展演进带来了巨大的冲击。事实上，马克思的政治经济学研究已经成为现代西方社会科学的一座丰碑、一个标杆，同时也成为经常被人批判的一个"靶子"。在此，作为自由资本主义政治学者的达伦多夫又是如何看待现代社会的政治与经济的呢？换言之，他是如何看待马克思的资本主义政治经济学批判学说的呢？事实上，在探讨现代社会发展与阶级矛盾冲突问题上，达伦多夫自有一套"政治—经济"学。

需要指出的是，达伦多夫的政治经济学分析，是基于现代西方自由市场经济的基本视域，意图找到一个能够平衡经济社会发展、调和社会矛盾的办法。因而他的政治经济学基本上是从属于西方资本主义制度内部的学说，与马克思的"批判"学说有着鲜明的反差。如果说马克思的政治经济学同时也是"政治革命"学说的话，那么达伦多夫的政治经济学就是"社会改良"的学问了。

基于此，达伦多夫又是如何展开其政治经济分析的呢？他首先界定了政治与经济在现代社会问题情境下的意义与联系："政治和经济是广义的而非技术性的意义来理解的。区别在于，政治的进程建立在人的干预之上，而经济的进程则是按自然生长过程进行的。政治发生在机构里，经济发生在市场上。这既不排除无计划的政治冲突，也不排除经济发展的有意识支持。实际上，这种区别的要害之处在于重新把政治和经济放到一起，即确定它们的关系。"②

政治与经济，是两个相对分离的领域，要建立起它们之间的理论联系，以此来把握现代社会冲突演变的逻辑与规律，这是达伦多夫理论探析的基本立足点。然后，达伦多夫选取了两种较具代表性的政治经济学说模式来展开其关于

---

①② ［德］达伦道夫. 现代社会的冲突［M］. 林荣远，译. 北京：中国社会科学出版社，2000：24.

现实政治与经济问题的相关思考。

首先是针对亚当·斯密的经济学，这是西方古典自由主义经济学的奠基，主张自由竞争的资本主义政治经济学，为现代商业社会下的财富增长提供了较为有力的论证和辩护。达伦多夫这样引介了斯密的思想："应当存在一种'财富的自然进步'。市场包含着扩展自身的力量，因此，最终一切不平等都会被铲除，'而且，一种普遍富裕正在贯穿各个不同的社会等级'。人们应该认为，毋宁说发生的事情正好相反，以至于按其等级，人人是平等的，然而他们有不同的收入。但是，供给不平等作为应得权利的不平等是可以容忍的。"①

在此，达伦多夫不满意于亚当·斯密过分推崇"财富的自然增长"而漠视"应得权利的不平等"，认为这将伤害社会公平，乃至引发矛盾冲突，波及社会基本秩序。并将此缺憾归因于亚当·斯密陷入了"经济学的帝国主义"的幻想，他"把一切都寄希望于供给的扩大"②，因而忽略了政治因素对个人生存机会的重要影响，进而漠视了政治建设与发展的重要性。

与此同时，达伦多夫又批评马克思步入了另一个极端，"他（马克思）的'政治学帝国主义'企图把一切问题都当作应得权利的问题来界定，期望资本主义的矛盾将会导致戏剧性地解开供给和应得权利的戈尔迪之结"③。其言下之意，就是认为马克思过分强调了"权利的平等"，而忽略了现有经济发展的水平状况，走向了与斯密完全不同的另一个方向。

然后，达伦多夫还否认了罗伯特·海尔布伦纳、希尔斯等人所提出的资本主义制度造成了民众经济地位不平等的观点："实际上，它们并非如此。人们不会把经济分析的弱点和现实的弱点相互混淆。资本主义——供给的增长——既没有解决也没有制造一切问题。"④在此，他从根本上否认了社会不平等是资本主义私有制的制度根源，这是需要高度重视的。

达伦多夫着重评析了斯密与马克思作为两个对立者对应的学说，前者是英国古典政治经济学的奠基人，后者致力于英国政治经济学批判，达伦多夫同时否定又兼取了二者的相关观点，既重视经济增长的价值与功能，又强调政治改革对平衡社会矛盾的意义。他认为单一的经济增长途径与绝对的政治平衡方法均无法有效地解决社会矛盾，唯一的路径只能是协调经济增长与政治变革两大因素的互动促进关系，换言之，就是要处理好市场经济与民主政治的关系。就此而言，我们不由感到达伦多夫既睿智又片面。

在马克思的理论分析中，政治与经济原本就是一个整体，经济基础与政治上层建筑并非简单的经济增长与政治变革的问题，而是一套社会分析的历史科

---

①②③④　[德]达伦道夫.现代社会的冲突[M].林荣远，译.北京：中国社会科学出版社，2000：25-26.

学，当然同时更是关于历史发展的哲学。达伦多夫将马克思的思想理论化约为"政治学帝国主义"，显然只是截取了马克思阶级斗争学说的某一层面的意思，而其真实意图就是要反对工人阶级的革命暴力，工人阶级和革命暴力是他最难以认可的，因为坚持现有制度、进行社会改良才是他的"正道"。而对于亚当·斯密的自由市场经济理论，达伦多夫虽有批评，但在深层实质上则径直承接了斯密资本主义私有制经济发展道路的基本立场，只是对经济增长下的社会分化与失衡较之于斯密予以了更多的关注而已。

至此，达伦多夫便力图在斯密与马克思之间做出调和，致力于对现代社会发展中经济因素与政治因素的综合考察。

首先，他所提出的克服"经济学帝国主义"，就西方资本主义内部的社会结构与秩序来说，还是有着较为重要的启示的。因为这对于节制自由市场秩序下的严重分化与社会不平等还是有些作用的。换言之，"政治"的因素正是工人与资本家之间得以博弈斗争的关键环节，抑或说，现有经济社会秩序下资本家只能借助"政治的空间"来调和利益关系与矛盾冲突。因而，相较之下，达伦多夫比起一些竭力鼓吹自由市场、反对政府干预的经济学家来说，显得较为"务实"些，因为他意识到了改善利益关系结构、维系社会秩序的必要性。为此，达伦多夫对于同为自由主义者的哈耶克的"自发秩序"就较为反对。

当然，达伦多夫这里的"政治"不只是政府干预下的社会平等的某种推进，而是更为重要的基于公民身份的"平等运动"的顺势而为。我们后面将着重讨论，"公民身份"运动导致的矛盾冲突，已经不是资本家主观上愿不愿意改革的问题，而是现实社会发展所必须面对的挑战。因此，在这一意义上说，达伦多夫应该是现代西方社会发展演进的一个不错的诠释者，同时又是经济社会改革的倡导者，其观察与思考较之于一些主张纯粹市场体制竞争的自由主义经济学家更为全面和周到些。

但是，其意义所在也正是其局限所在。因为主要基于现有资本主义制度的内部视域，达伦多夫社会秩序建构中的"经济"因素与"政治"因素的分量与意义是极为不同的。在他的政治经济思想中，经济增长处于优先地位，自由市场的竞争发展是在此主导前提下，"政治"因素方可获得适度的关注，由此可见其"政治经济学"的资本主义基本路向。

再来深入审视一下他对马克思的理论解读即其所谓的马克思的"政治学帝国主义"一说。在他看来，马克思政治学说的实践者即在苏联、东欧一些社会主义国家里，"政治权力完全主导着经济利益的分配，结果经济增长乏力，政治的门槛又加剧了社会分配严重不公"，导致了大面积的饥饿和贫困。客观说来，他的这一论析，并非全无道理，由于政府管理权力较为集中、社会民主发展迟缓，当年苏联模式下的计划经济体制的确较为严重地阻碍了经济社会的有序运转。但这并非是马克思的"政治学帝国主义"，确切地说，苏联模式违背了马克思主义。事实上，马克思并不主张什么政治学的帝国主义，在他那里，政治上层建筑更多地取决于经济生产方式与社会结构模式。在此，达伦多夫基于对苏联社会主义的"选择性解读"而"误读"了马克思主义。

至此，大体上可以对达伦多夫的政治经济学做出定位，也即自由资本主义内部的改良学说，力图实现市场经济的发展增长与民主政治的变革均衡之间的互动协同、维系秩序，而自由竞争的私有制经济基础则是其不言自明的前提预设。那么，现实社会中的政治民主权利与经济增长发展又是一个怎样的互动逻辑呢？

他首先列举了苏联戈尔巴乔夫和尼加拉瓜前总统索莫查的例子来予以说明："参与获益的门槛不仅存在于政治进程中，而且也存在于经济领域里，这些门槛筑成僵硬的进入障碍。增长没有向下渗透，因为在尼加拉瓜的社会里，应得权利的界限简直就无法渗透。倘若不能打破传统的应得权利的结构并创造现代社会的要素，宏观经济的增长对于很多人来说都是无关宏旨的，没有多大意义。然而，倘若这些结构被砸碎，也还绝不是就万事大吉了。政治变迁的过程有着它自身的问题，首先是有可能出现这样的危险：旧制度的统治解除被一个新的干部阶层所取代，即被一个占据最重要领导职位的上层所取代。为此，政治改革是否会释放经济成就的推动力？"①

这当然是一个较为极端的案例，是处于非正常状态下的"政治与经济"。但是，立足于现代西方自由民主政治视域下的达伦多夫，却从中嗅出了令其颇为兴奋的"味道"，也即政治权力高度集中下公民权利缺失的问题，并且与此相关的经济发展水平落后的问题，结果导致了"政治与经济"的双重失败。而从这一极端不正常的反面案例，达伦多夫就对社会主义有了更多的"歪解"，进而更加确信与自由资本主义的"政治与经济"互动推进的"优势"。尽管事实上资本主义国家的自我调节与社会改良并非如其所认定的那般富有成效。

在列举了"政治与经济"双双失效的反面案例之后，达伦多夫又做出了资本主义体系下"政治与经济"的相容性或者说正相关性的论析。他说："某些应得权利结构显然是经济增长的一种必要前提，然而也仅是如此而已，不得多求。相反，供给的扩大和增长有助于政治结构的确立，但是，政治结构的建立要求有自己的行动。"②

经济增长既是"必要的前提"，但又"不得多求"；"供给的扩大有助于政治结

---

① ［德］达伦道夫.现代社会的冲突［M］.林荣远,译.北京:中国社会科学出版社,2000:19.

② ［德］达伦道夫.现代社会的冲突［M］.林荣远,译.北京:中国社会科学出版社,2000:28.

构的确立"，但"政治结构的建立又要有自己的行动"。由此可见，达伦多夫认为首先要坚持自由市场的竞争优先，等到经济增长、财富扩张到一定程度后，再通过必要的政治社会改革，平衡社会内部的利益矛盾关系。当然，他较为注重政治领域建构发展的相对独立性，其深层意图还在于凸显西方民主政治的内在能量，彰显自由民主的"优点"。

在分析讨论了政治与经济、应得权利与供给的互动关系之后，达伦多夫着重探讨了现实社会下应得权利和供给的统筹协调问题。基于西方社会的基本情况，他质疑："应得权利的问题在多大程度上能为一个很高的供给所压倒吗？相反，应得权利能补偿供给的短缺吗？也就是说，两者能够在某种程度上相互替换吗？"他指出："统治阶级总是对借助经济（增长）来避开（政治的）问题，而提出要求的阶级却偏爱采用政治的语言。"①

达伦多夫的这一论析基本反映了西方社会阶级分化与对立冲突的事实，也意味着其对于劳工阶级的社会抗争与资产阶级的政治妥协的双重考量。为了更进一步厘清应得权利与供给之间的对抗态势，他还分析道："供给派相信：关键是经济的增长，关键是增加产品和劳务，提高产品和劳务的质量和多样性。我们必须把短缺的界限向外推得更远更远，以至大家都能有更多的东西。而应得权利派另有看法。它坚持必须做出更加强硬的决定，有时必须玩零和游戏。进步并非建立在共同努力向外推移短缺的界线上的，而是建立在群体为争夺阳光之下的一席之地的斗争之上。进步是用普遍找到进入市场，以及利用基金的公众舆论和获得社会机会的通道的人数来衡量的。因此，主要的问题是政治性质的，即在这一点意义上：他们要求采取自觉的行动，以确立对权利和财富的再分配。"②

在此，达伦多夫既阐明了"经济增长"的重要地位，又重申了扩展"应得权利"的必要性。可见，达伦多夫或将处于经济发展停滞与社会秩序失衡的困境，或将赢得经济发展与社会平等的协同一致。由此也可见其根本的思想意图，即努力维护自由经济增长，同时也呼吁资本家做出让步妥协，这就是他所期待的"社会改良"路径。尽管囿于视域的局限，他与几乎所有的自由主义学者一样，坚持认为自由市场经济才能创造高效率、实现经济增长，但他还是对社会公平正义问题给予了一定的关注。因此，他也一再宣称要坚持所谓的"开放社会"，要推进社会改革、平衡社会秩序，这其中还是有着某种合理意义的。

然而，现实的境况与思想的筹划往往是不同步的，达伦多夫作为一名偏"左翼"的自由主义思想家，虽然不乏情怀与担当，也倡导改革与进步，但在面对现

---

① ［德］达伦道夫.现代社会的冲突[M].林荣远，译.北京：中国社会科学出版社，2000：29.
② ［德］达伦道夫.现代社会的冲突[M].林荣远，译.北京：中国社会科学出版社，2000：30.

实资本主义经济的残酷法则时，他的理论就显得力度不够了。对此他显然也有所意识，并因此提出重建社会的根系联结，构建社会共识团结，推进持久发展。但根本问题在于，达伦多夫从未反省和挖掘资本主义制度自身的问题困境，因而其所谓的改革又能扎根何处呢？

第三节　现代社会阶级冲突的基本出路

社会冲突引致社会变迁，冲突是历史进步的动力源泉，这是达伦多夫思考历史发展的基本立足点。那么，这一立足点是否坚实可靠呢？当然还存有许多的疑问。然而即便如此，现代资本主义社会的阶级冲突又是如何推动历史演变的呢？换言之，人们如何在历史演进中权衡利弊并做出更为合理的选择？达伦多夫基于现代西方自由主义政治理论的基本视域，结合自身的研判，提出了以社会改良代替暴力革命的主张。面对马克思时代的革命预言和指向，达伦多夫试图在政治社会改革中维系现代资本主义社会的发展道路。而这一理论动向的形成，首先又源于其对近代以来西方社会历史演进的阐释与解读。

一、政治视域的历史面相：不平等、统治与阶级斗争

达伦多夫对于社会发展运行的理解，在其早期的社会冲突理论中就已初步谈及。他认为，国家（或社会组织）都是一种"强制性联盟"，任何一个组织内部均是由拥有权威（权力）的统治群体来支配和控制失去权威的社会群体，但同时被支配和控制的一方也会做出反抗。因而，国家或社会组织的存在必然意味着矛盾与冲突的交织。这是其基本的社会冲突思想，在此我们还将进一步审视达伦多夫运用这一理论对现实社会历史发展所做出的具体考察与深入探讨。

（一）阶级不平等与政治统治的绝对性

在达伦多夫看来，社会的存在即意味着统治的发生，这是人类社会的一种基本事实。"抽象地看，社会地位可能是不同的，然而相互间又没有上下级之分。实际上，社会契约理论很久以来就在联合与统治之间、在合作社（contract of association，即有关联合的契约）和社会（contract of domination，即有关统治的契约）之间进行区分。劳动分工和社会分层的区分也是这样的，其意图往往是希望不同的任务和利益原则上是可以在等级的基础上协调的。"[①]

在此，"在联合与统治之间""不同的任务和利益可以在等级的基础上协调"，均明白晓畅地提示我们：社会统治是客观存在的，阶级不平等也是事实，而

---

① ［德］达伦道夫.现代社会的冲突［M］.林荣远，译.北京：中国社会科学出版社，2000：38-39.

且依循社会等级秩序的"格式化"，"不同等级之间的协调"即相互妥协共存、协同一致也是有可能的。反之，没有等级之分、没有地位差异、没有"统治与服从"的"人际绝对平等关系"则是不可能的，抑或说是"乌托邦"式的。

为此，他首先点评了德国著名学者哈贝马斯的"交往理性"理论，认为"在'没有统治的交际'的观念里，尤尔根·哈贝马斯的思想重新被提升为值得争取的目标，在此，哈贝马斯处于一种可以经由马克思的'自由人的联合体'追溯到中世纪的'合作社'概念的传统之中。然而，所有这一切希望都是幻想"①。

哈贝马斯是当今西方左翼思想界的领军人物，其"重建公共领域"的"交往理性"理论，颇受认同也影响较大。哈贝马斯的理论旨在克服当前资本统治时代下的权力、资本对生活领域的侵蚀，提出要构建协商民主、理性对话的公共空间，重建生活世界的平等关系与价值共识，他并不反对自由市场经济的基本建制。但是，达伦多夫为何却对哈贝马斯持否定态度呢？原因或许在于其根深蒂固的冲突理论基本立场与政治倾向。在他看来，只要有统治，就必定是权力的强制性支配，就一定意味着地位的不平等。"实际上，所有社会的联合都要求存在统治，而且这样也不坏。社会总是意味着行为的规范化。它意味着，某些特定的价值被确定为适用的，这不仅意味着行为举止、能力和任务要用它们来衡量，而且要有一些能够赋予那些价值使用和实行制裁的机关。……社会就意味着统治，而统治就意味着不平等。"②在此，他强调指出了阶级统治存在的无可避免性，同时还坚称现代社会统治秩序的基础就是基于个人自由权利的法治体系，一再申明了"法律规范在现代社会的重要意义"③，认为它是不容触碰的底线。

在达伦多夫看来，哈贝马斯所谓的理性对话与协商共识只能是幻想，因而，但也仅能如此，不可再跨一步，否则就被"马克思化"了。对于达伦多夫的这一"顽固"立场，或许从政治立场可得以理解。哈贝马斯身为当代西方马克思主义阵营的第三代领军人物，其左翼社会主义的思想底色与社会批判立场还是较为明晰的，而达伦多夫却大体上属于"自由主义的左翼"，虽然现今西方思想界的"左右之争"有所消退，但在此处它们的界限还是较为分明的。

(二)政治统治秩序下阶级冲突的可调和性

虽然不认同于哈贝马斯的"左翼平等"与"理性对话"，但达伦多夫在一再宣称资本主义法律统治秩序的首要性之时，还是对现实社会下的阶级冲突抱有一定的忧虑，对现有统治亦有所不满，并试图有所改进。他说："统治经由不平等的道路，引发冲突，并不是说任何形式的统治都是一种好事。实际上，任何形式

---

①②③　[德]达伦道夫.现代社会的冲突[M].林荣远，译.北京：中国社会科学出版社，2000：39.

的统治也许都不是好事。"而这里所谓的"不是好事",在他看来又主要是因为统治阶级的权力没有运作好,"一切权力都使人腐败"。当然,社会统治恰恰不是可爱的,而是必要的。然而,问题不是我们能够如何从一切统治中解放出来,并沉醉于一种田园牧歌式的牧羊人生活,而是我们如何能够驾驭统治,使得最佳的生存机会成为可能。①

在此,达伦多夫的致思理路还是较为清晰的:现实社会的基础秩序不可撼动,但面对危机必须有所行动,行动的方向不是指向最好,只是一定程度的改善,并且唯一的路径只能是约束统治阶级,抑或说资产阶级自我警醒、做出让步。达伦多夫的这一理论解读着实是对现实资本主义政治秩序的一种辩护,尽管其中也有着一定的批判性与超越的取向。近代以来,西方资本主义社会政治制度体系,就是立足于自然法的价值理念及社会契约的理论基础,通过建立以维护个人自由为宗旨的政治制度,以法治体系规制公共权力运行,辅以某种意义上的社会监督,同时更以法治约束管控社会,规制民意。②

可以说,达伦多夫的这一思考几乎没有超出自马基雅维利、洛克以来的现代西方政治思想范畴与理论视域。并且,达伦多夫不仅仅是一种对历史的描述和解读,而且也预示着其对当下社会与未来发展的重要取向,值得深入审视。

在此不妨将其与马克思的政治思想做一对照。

首先,关于阶级社会的统治秩序,马克思认为权力是实现统治的根本手段,权力也会腐败堕落,以致阶级矛盾恶化导致暴力反抗的发生。可见,就两者有关阶级社会里统治秩序的分析来说,他们是基本一致的。当然,他们对于这种不平等统治秩序的形成根源的理解是不同的,这在下面我们将会谈到。

其次,在对现有政治秩序的前瞻性思考上,马克思认为通过对资本主义生产资料的私人所有制的历史性"否定",以及其他各方面的努力,人类最终可以"超越政治",即消解政治,这意味着一切阶级统治的瓦解、不平等现象的消除。

再次,关于"法律规范在现代社会的重要意义",即基于法治前提下的现代社会秩序,达伦多夫曾多次谈到,法治对于现代市场、现代国家与现代社会的根本性意义,而在马克思看来,这不过是资产阶级统治的重要手段而已。在1842年发表的《关于林木盗窃法的辩论》一文中,马克思为穷苦农民进行了有力的辩护,反对国家准备制定的相关法律,在1848年发表的《共产党宣言》中更是直接指责资产阶级的立法:"你们的法不过是被奉为法律的你们这个阶级的意志一样,而这种意志的内容是由你们这个阶级的物质生活条件来决定的。"

在此,两人的思想分歧是极为明显的。达伦多夫认为权力的统治不可避

---

① [德]达伦道夫.现代社会的冲突[M].林荣远,译.北京:中国社会科学出版社,2000:40.
② 燕继荣.中国的改革:另一种民主化的经验[J].人民论坛,2007(8):20-21.

免，能做的只是以公民权利的扩展即民主政治与社会福利的联手或者说联动，尽量遏制政治权力的专制性，减轻由权利不平等导致的阶级不平等，但政治权力本身的统治是不可消除的。这一点将在后面展开，暂不详述。而马克思则认为，政治权力并非不可消除，政治权力的基础根源在于经济资源占有的所有制关系，一旦历史的发展推进到私有制经济基础崩塌，那么政治权力的不平等即资产阶级的专制统治也就随之消亡。然后，通过无产阶级这一先进群体的努力，解放全人类，实现所有人的自由和全面的发展。需要指出的是，这一基础性的分歧也决定着他们在之后一系列理论与实践问题上的重要不同与严重对立。

二、暴力革命道路的全面审视

社会冲突既然总是存在，那么应对冲突、建构秩序也就势所必然，冲突与秩序辩证发展，这是达伦多夫一贯的立场，但他只是主张"调节矛盾"与"管控冲突"，而不是彻底地从根本上消除社会冲突。早在1959年的《工业社会的阶级与阶级冲突》一书中，达伦多夫就谈到社会冲突的变迁。基于各种因素与条件的合力作用，社会冲突的强度和烈度往往有着不同的组合方式，因而社会冲突的变迁有两种方式：可能以激烈、暴力的方式进行，也可能以比较温和、渐变的方式进行，而在这两者之间又还有一定的回旋余地，并且在论及"后马克思时代"的西方社会冲突时，达伦多夫提出了"阶级冲突制度化"的论断并提出"管控冲突"的政治思想。这一思想在达伦多夫的后期研究中也得到了延续，在1990年的《现代社会的冲突》中，达伦多夫对"现代社会"冲突的性质及其出路做出了总括性思考。不难想象，达伦多夫对于马克思的暴力革命学说将持有怎样的态度。

（一）"革命"的基本问题

通常说来，马克思意义上的"革命"往往指的是以激烈的暴力形式展开的阶级斗争，其后果往往是新旧政权的交替。对此，达伦多夫的看法虽略有不同，但大体上是一致的。他首先从"法国大革命"和英国的"工业革命"两种革命谈起："很久以来，'革命'这个词就被用于戏剧性演变的两种十分迥异的形式。第一种叫作深入的变迁，即一个社会的核心结构的变化，这种变化需要一定时间；另一种形式是迅速的演变，尤其是在数日或数周之内，通过显而易见的、纯粹是暴力的行动，领导岗位上领导人物的循环替换。第一种形式可以称为社会的革命，第二种形式可以称为政治的革命。在这个意义上，工业革命是社会性的，法国革命则是政治性的，但二者并非完全同步。显然，工业革命在英国和其他地方也带来了政治的演变。其中包括新的生产形式的代表要求不再被排除在法律制定和立法的过程之外，这一过程要确立对所有的人都有约束力的准则。相应地,法国革命的某些题目也是社会和经济性质的。"①

在此,达伦多夫提出了两种革命的观点:社会革命和政治革命。工业革命即社会革命有着市场经济下的个人自由与经济增长、社会结构的分化与多元、社会流动及身份平等等多重含义;而其所谓的政治革命则属于近代以来西方社会的自由、民主、平等运动。在达伦多夫看来,两种革命的历史意义既存在较为明显的差异,也有着某种程度的汇通,工业革命包含着社会平等意蕴,而法国大革命同样也有着市场自由与公平的价值诉求。

概言之,虽然两者的成因、形式大为不同,但都推进了近代西方社会的巨变,都有着政治经济与社会文化的多重后果。尽管其内在逻辑并不一致,思想内涵也不尽相同,但在达伦多夫看来,两种革命同样重要,相互交织、协力并行,共同影响着人类社会近现代的历史进程。而这一"双重革命"的视域汇合,其实也还蕴含着他对近代以来西方社会大转型的理论解读,以及对现代西方社会遭遇的现代性问题的一些重要前瞻性思考。先来看看达伦多夫是如何看待政治革命的。

1.革命的成因

在达伦多夫看来,政治革命的发生有主客观两方面的原因。从客观的社会形势来说,正如上文所分析的,他认为由于生存机会获得(能力)的不平等而导致发生社会矛盾冲突,而阶级之间的紧张对抗必然又要突破原有的政治权力结构,构建新的社会秩序。从人们的主观预期来说,革命则是人们对新生活的一种期待,"在某种方式上,革命甚至是希望的代名词,是生活的那种不可或缺的原则"。从中我们看到,达伦多夫对革命成因的分析大体上是恰当的。

2.革命的意义与局限

对于革命的意义,达伦多夫的立场是复杂的。首先,他认为革命一定程度上改变了社会结构,打破了原有的统治而创设了新的社会框架,社会的品质也因此获得了不同程度的改善。他是通过对法国大革命、俄国革命及美国革命等社会运动来理解革命的意义的。他说:"革命是又苦又甜的瞬间。希望短暂地闪烁着,旋即又在失望和新的弊端中窒息……在革命之前,有经年累月的压迫、傲慢狂妄的权力、对人们需求的恶意藐视。僵化的、陈旧的政府制度沉湎于它的特权……昨日的叛逆罪变成为今日适用的法,而旧的法则成为叛逆。对于进一步被激愤起来的人们来说,闻所未闻的前景向他们敞开着:将会建立人民的政权,一切坚硬的、牢固的东西将会变为流体。"②

革命无疑是令人憧憬的。但是,达伦多夫对法国大革命、俄国革命的后果

---

① [德]达伦道夫.现代社会的冲突[M].林荣远,译.北京:中国社会科学出版社,2000:14.
② [德]达伦道夫.现代社会的冲突[M].林荣远,译.北京:中国社会科学出版社,2000:8.

充满极大的失望。他认为这两场革命不过是让人们当了一回傀儡，风暴过后，一切依然如故。革命的确犹如风暴，摧毁了一切却无所建树，人们为之付出了代价却收效甚微，但问题是，革命的确如其所谓的"一切依旧如故"吗？先看达伦多夫的论述："难道'人民政权'本身不是一种矛盾吗？于是，关于更加美好的世界的种种漂亮的高论，就便成为一种替新的恐怖政权所做的辩解。这可能是一种'暂时的'专政，面临外部威胁，是一种紧急状态，或者是在失范中的一种魅力统治；无论如何，它导致新的不自在。"①

在此，答案揭晓，达伦多夫对法国大革命、俄国革命的不满意主要是对革命之后建立的"人民政权"及其社会后果的不满意，认为这一新政权并没有给人民带来福音（建立起他所向往的民主秩序），而是留下了许多的新问题（社会矛盾的动荡波折）。类似达伦多夫对于革命的"反思"，其实并不少见。事实上，对于法国大革命暴力的反思，不少学者已多有论析，诸如伯克、托克维尔、汉娜·阿伦特等，他们大抵都批判了法国革命暴力的血腥惨烈及其"人民政治"之下的政治乱象，因而较为倾向于英美等国的"温和"的民主革命，认为激进暴力不可取，渐进温和更为合理。至于对俄国革命的批判，矛头更是直指马克思的革命学说。对此，西方主流的自由主义学者大体如此，达伦多夫自然也并不例外。

但是，革命果真如此"毫无意义"吗？事实并非如此，达伦多夫本人在后来的论述中也一再申明，"（法国）大革命开启了现代社会的大门，特权和专制已经为基于契约的平等所取代"，因而革命的意义已是毋庸置疑的，问题在于革命的方式路径与目标取向。对此，下文将做更进一步的分析。

由此可见，达伦多夫对西方资产阶级意义上的民主革命还是高度认同的，但对马克思意义上的无产阶级革命则是极力反对的。个中意涵，不言自明——仅仅因为这是针对"资产阶级"的"暴力革命"，所以不被接受和容忍。对此，必须予以指正的是，达伦多夫对俄国革命及马克思革命观表现出极度的不满甚至敌视，原因在于其没有真正领会革命的深层实质，更没有充分领悟到俄国革命的重要意义。以自由主义者的一般立场而言，或许他们只愿意生活在表层，而不愿意再进一步。

我们为何敢于如此推断呢？因为在达伦多夫思绪的另一端，还有一个他极为欣赏的革命——美国革命。达伦多夫对于美国革命多有赞誉。"真正的革命有朝一日也许会到来！难道美国革命总的来说不是一项成就吗？在欧洲共产主义国家里，1989 年的革命情况又如何呢？"②同样是革命，达伦多夫为何"厚此薄彼"呢？汉娜·阿伦特或许能给予我们一些启发，她结合法国革命与美国革

---

① ［德］达伦道夫.现代社会的冲突［M］.林荣远，译.北京：中国社会科学出版社，2000：9.
② ［德］达伦道夫.现代社会的冲突［M］.林荣远，译.北京：中国社会科学出版社，2000：10.

命的不同特征,也做出了所谓"两种革命"的区分:"社会革命"与"政治革命",她说法国式的"社会革命"基于同情,因为社会的苦难景象引起了人们的怜悯,"从那以后,同情的激情到处蔓延,使一切革命中的仁人志士蠢蠢欲动。同情对行动者的动机不起作用的革命只有一次,那就是美国革命"①。

所以在人类历史上,只有美国革命对社会的苦难景象无动于衷。为什么会这样? 难道是因为他们熟视无睹或铁石心肠吗? 阿伦特说,都不是,是因为当时的奴隶制;正是奴隶制,使当时的革命者完全忽视了"奴隶们的存在"。这显然也是一种恶(至少是在上帝面前的恶),但却因此掩盖了社会问题,并"驱使着革命者最强大,也许是最具破坏力的激情,即同情的激情,随之也就不存在了"②。对于法国革命来说,"他们永远被'社会问题'巨大的紧迫性,即被贫苦大众的幽灵所纠缠,而每一次革命都一定会将这个幽灵解放出来,于是他们一成不变地,也许是不可避免地抓住了一根稻草,那就是法国大革命这一暴力的事件,希望能借暴力征服贫困"。

既然是人造的制度才使得人变得不平等,那我们就必须在制度的平等性上下功夫。阿伦特说:"美国革命的方向始终是致力于自由立国和建立持久制度,对于为此而行动的人来说,民法范围以外的任何事情都是不允许的。"③而法国大革命则不同,"它被人民的无边痛苦,以及由痛苦激发的无休无止的同情所推动。在此,'允许为所欲为'的无法无天依然源自心灵的感情,感情的那种无限性推波助澜,将一连串无限制的暴力释放出来"④。

阿伦特意图说明,革命的目标动力与其实现的方式并非天然一致,法国革命因其承载了过多的"同情"而暴烈,最终一派混乱;而美国革命以其对现实介入的某种克制反而建构起了相对平稳的制度,因而更为可取。在此,她与达伦多夫的政治思虑有着深层的汇通,也即停留于基本自由与平等,或者说是自由优先(至上)的平等,反之若以平等之名的"大革命"则必致祸患。但这其中实在对历史与现实均有着某种"后见之明"甚至偏见之失。在此不妨再援引雷蒙·阿隆和丹尼尔·贝尔对托克维尔有关"革命"之反思的深刻评析:"他一方面意识到民主革命势不可挡,另一方面又想从平等、民主的'同质化生活中'打捞出自由的个性化特质;既意识到政治与哲学教导首先要维护人的自由,同时又想在自由的基础上确立公共美德;既让自己的文化依恋体现在宗教情感上,又意识到教权主义很可能压抑人的政治品德。当他不得不面对 1848 年的革命浪潮时,就很可能扮演一个'反革命'的角色。更重要的是,从形式上说,所谓'反革

---

① [美]汉娜·阿伦特.论革命[M].陈周旺,译.上海:译林出版社,2007:58.
② [美]汉娜·阿伦特.论革命[M].陈周旺,译.上海:译林出版社,2007:59.
③④ [美]汉娜·阿伦特.论革命[M].陈周旺,译.上海:译林出版社,2007:78.

命'，就是坚持采取一种与暴力形式'相反'的'非暴力'的革命。相对于英国，美国代表着彻底的民主革命；相对于法国，美国又代表着彻底的非革命的民主。"①

透过阿隆等人的论析，不难感受到阿伦特作为一名西方学者的思绪立场与理论逻辑。阿伦特的分析是平和的，但却并不"价值中立"，或者说只是基于自由主义的中立性，尽管其中不乏合理的洞见。简言之，这些自由主义者所专注的，就是法国革命的包袱太重、期望太高，造成"政治秩序（自由）"与"社会秩序（平等）"的两难困境，顾此失彼，最后导致混乱；而美国革命则是在一开始就定位合理，即建构一个自由竞争的基础秩序，确切地说是"自由人竞争的秩序"（因为当时的奴隶制度并没有进入革命者的视域，南部的奴隶问题是在林肯时代的"美国内战"中才得以逐步解决的），因而具有相当的包容性。而所谓的"包容、宽容"恰恰又是自由主义的根基所系。

概言之，就近现代西方政治思想内部而言，的确如阿伦特等人所认为的，"革命"的"暴力铸就平等"，比起"非革命"的渐进演进的"自由秩序下的平等"总是更为残酷的，因而也不合时宜。客观地说，阿伦特的思考的确开启了较为重要的讨论空间，现代社会的政治必须同时面对自由与平等的难题，其权衡与抉择需要审慎的考量。

在此，再回过头来看看马克思"革命"学说的旨趣及意义。马克思致力于对造成严重社会不平等的资本主义私有制的批判，反抗资产阶级的压制，于是其现实指向就不可能不冲击到自由主义者的"自由"立场，而自由主义者也因为这一"底线"被触碰，进而反将马克思主义的激进视为"潜在的暴政"。事实上，苏东国家计划经济体制下的政治权力高度集中导致的困境只不过是其批评马克思的一个现实案例，即便没有苏东社会主义的经历，自由主义者也仍然要抵制马克思宣扬的对其自由底线造成威胁的无产阶级革命这一所谓的"暴政"。

（二）"革命反思"之反思

为了捍卫其基本政治立场，达伦多夫对于马克思的批评还在继续，他认为马克思的革命观存在两大缺陷。

其一，他认为，马克思没有看到资本主义社会所发生的变化，不能看到资本主义自我调整的能力和空间。达伦多夫始终将马克思认定为"历史决定论者"，没有看到资本主义社会的变动性与合理性。他说马克思眼中始终只有一个静止不变的资本主义社会，"'早期资本主义'可能变成高度发达的资本主义，甚至

---

① ［法］雷蒙·阿隆，［美］丹尼尔·贝尔.托克维尔与民主精神［M］.陆象淦，金烨，译.北京：社会科学文献出版社，2008：73.

是后期资本主义，或者也变成为国家资本主义，甚至变为国家垄断资本主义，但是它仍然总是资本主义……只要没有革命，资本主义就不会消失。'真正的'改变必然是革命性的改变，直至发生这种改变之前，根据定义，各种旧的概念还保持着它们的效用"①。因而他认为马克思的错误在于没有充分重视资本主义社会不断变迁的可能性，以及借助改革实现社会矛盾自我调节的可能性，"（马克思的）错误并非偶然。它与一种理论的基本弱点息息相关，这种理论永远不能挣脱假设'时代'或假设'制度'的窠臼"②。

其二，他认为马克思的无产阶级"最后革命论"是乌托邦。在他看来，没有一个阶级能同时代表政治和经济的双重推进力量，而是如我们下文将要讨论的，他认为每一个阶级都有着两面性：激进与保守。换言之，在他看来，任何社会阶级一旦成了统治阶级，其局限性也必然存在，无以克服，因而根本就没有一个理想的社会图景。为此，达伦多夫进一步批判了马克思的阶级理论与社会理想。他模仿马克思发出质问："难道没有一个阶级，同时代表新的生产力和要求政治权力的吗？"③"显然，对于马克思来说，至关重要的是未来的一次而且是唯一的一次革命，犹如在过去一样。在他（马克思）的预言（无产阶级实现解放并建立起共产主义社会）中，他的理论的错误变得最为明显。……以我之见，这是毫无意义的空洞说教。……他带着黑格尔眼镜，这就使得他把两个不同的东西看作一个模模糊糊的东西。现实停滞不前，不能继续发展了。"④

可见，达伦多夫对马克思的无产阶级革命与共产主义思想的指责已经十分明显了。他一方面否认苏俄革命的合理性，另一方面又迫不及待地抛出了"社会改良论"："社会阶级和阶级冲突在基于统治地位而形成的大的群体之间进行公开的争论，是一种现代特有的现象。到目前为止的一切社会的历史虽然都是冲突的历史，但是并非——无论如何并非必然是阶级斗争的历史。"⑤这一论断较为重要，其意图旨在强调，随着西方社会的发展演变，尤其是"阶级冲突的制度化"，以及现代民主法治制度体系对阶级冲突的调适，原本紧张的社会冲突也将得以遏制，因此过去那种剧烈的阶级对抗便有可能避免，革命并不注定发生或者说需要进行。简言之，现代西方社会已经远离了马克思的时代，革命的话语应当终结，而政治改良则将大有可为。这就是达伦多夫对现代社会阶级冲突的基本判断。

---

①② ［德］达伦道夫.现代社会的冲突［M］.林荣远，译.北京：中国社会科学出版社，2000：12.
③ ［德］达伦道夫.现代社会的冲突［M］.林荣远，译.北京：中国社会科学出版社，2000：14.
④ ［德］达伦道夫.现代社会的冲突［M］.林荣远，译.北京：中国社会科学出版社，2000：16.
⑤ ［德］达伦道夫.现代社会的冲突［M］.林荣远，译.北京：中国社会科学出版社，2000：42.

三、现代社会阶级冲突的未来趋势

达伦多夫之所以做出"改良论"的预判,是与其对现代社会结构与功能的理解密切相关的。对于现代社会的冲突及其演变趋势,达伦多夫首先是站在其时代立场来说的:"在这样的时代里,统治和社会游戏的规则本身就是讨论的课题。"[①]达伦多夫的态度较为乐观,他认为现代社会的冲突不像马克思想象的那样简单。达伦多夫这一判断的基本依据在于所谓的现代社会的"两面性",具备了社会改良的制度空间与现实可能。那么,何为现代社会的"两面性"呢?稍后将具体论析。

在此,我们不难发现达伦多夫非常关注两场革命的后果,尤其是革命的政治反应。工业革命的直接后果固然是社会生产方式即经济结构的重大调整,但其引发的政治后果虽然潜在但十分深远。毕竟,经济结构的变革将引发社会结构即阶级结构的变动,人们的生活理念与政治心理也将随之而变。至于法国大革命的政治反应,达伦多夫更是关注现代社会里冲突与秩序的"两面性"。我们认为,达伦多夫的"两面性"有着多重指向和内涵:在人的方面,资产阶级的进步性与保守性,无产阶级(平民)的激进性与平庸性;在制度方面,资本主义的"平等即公民身份"既相对合理又存在严重不足。民主政治体系介乎矛盾冲突与秩序建构之间,既是社会秩序得以一定程度的保证的原因也是社会发展演进的客观结果,基于社会结构、政治结构双重维度的张力与整合,得以摆脱暴力革命的风险,社会改良具备了一定的可行性。简言之,其"改良论"的理论依据主要有二:一是社会转型下的结构性张力不断扩大,包容、调适和规制了社会矛盾;二是社会治理的成就减轻了社会冲突的压力,经济增长与生存机会的扩展也提供了更多的空间。

(一)"现代社会"的结构性张力

1.社会结构的张力

达伦多夫首先从分析资本主义的生产方式与社会结构着手,认为西方社会的"平等的公民身份"的实现是一次根本性的突破,因为它取消了压制人、约束人的不平等制度,政治领域有可参与的平等,社会领域有可进入的机会。"为了充分利用技术和劳动分工的新的可能性,从前的企业家需要一种有别于一切传统的依附的劳动关系的形式。他们需要在各方之间的合同基础之上的雇佣劳动,各方至少在形式上被视为是平等的。就此而言,新的劳动合同是以人人都

---

① [德]达伦道夫.现代社会的冲突[M].林荣远,译.北京:中国社会科学出版社,2000:40.

拥有基本权利为前提的。同时，这些企业及其附着还要求自己能在阳光下有一席之地，或者说得通俗一些，要求社会的承认和政治的参与。他们不再幽禁在他们的'城堡'里了，即不再让人幽禁在封建依附关系的汪洋大海中的那个自由岛上，而且对第三等级的地位再也不感到满意了。因此，从前的市民的经济和政治利益就积聚到一项要求上：他们要成为城邦的公民，成为公民，即成为拥有这个地位所对应的一切权利和自由的公民。"①

　　达伦多夫能够立足于"社会（结构）"这一较为重要的基础上来思考，而不是空谈自由、民主，这点还是比较深刻和可靠的。就如我们将在下一章着力剖析的：公民身份运动的确大大改变了西方的社会结构，也引起了社会冲突性质和方式的某种较之以往时代的改变。就此而言，资产阶级曾经担当的社会角色与社会进步性意义是显而易见的，正如巴顿摩尔所揭示的：正是资产阶级的革命运动实现了民主，开创了基于"公民身份"意义上的"平等的时代"。②

　　同时，公民身份也在一定程度上体现了不同社会群体之间互相合作的必要性和可能性。在他看来，两场革命的实质都是资产阶级革命，而资产阶级革命较之以往的社会革命却有着重大的区别，这一区别主要在于：资本主义社会或者现代社会内在的"两面性"。"工业革命也好，法国革命也好，都可以称之为资产阶级的革命。18世纪后累累的变化具有两面性，它们既是经济的，也是政治的：这种两面性也是公民——资产阶级—城邦公民——的新的社会形象的两面性。"③

　　而且，这两次革命的推动力量又是双重的。作为公民（资产阶级），他们是经济发展的先驱力量；作为城邦公民，他们是政治进步的推动者。这两重角色却不会同时出现在一个特定的阶级身上。正是由于两大革命的两重力量共同处于近代社会变迁的时空之中，因而，现代社会也就不可避免地呈现出冲突与均衡的两面性。

　　达伦多夫认为，就推动大革命发生的新兴力量本身而言，他们（资产阶级或其他革命力量主体）身上也是兼具进步与保守的两面性，这就使得现代社会更加错综复杂。"推动力量的两面性证明并非一种唯一形象的两面性，而是两种形象的两面性。英国有发明精神的企业家和法国的第三等级从来不是同一类社会群体，不能说是两面性，而充其量只能说是孪生子女，而且是双卵双胞

---

①③　[德]达伦道夫.现代社会的冲突[M].林荣远,译.北京:中国社会科学出版社,2000:15.

②　杨光斌.民主的社会主义之维——兼论资产阶级民主政治的神话[J].中国社会科学,2009(4):4-18.

胎。"①达伦多夫的这一论析有一定的道理，新兴资产阶级的革命性与保守性，正表现在自由革命既开启了社会转型的序幕，又建构了资本统治下的新的不合理秩序。在此，马克思对资本主义"市民社会"的批判就有着极为重要的意义了。与此相对应的则是，自由主义者对"市民社会"的捍卫与坚守，即便是类如达伦多夫这样的相对激进的政治学者，也只是试图在"社会改良"的轨道上逗留，而不想再往前多迈一步。就如达伦多夫所言："社会中存在着一些政治的力量，而且也存在着社会和经济结构的一些结构性变化。无疑，两者之间存在关系。但是，这些关系的存在不是一劳永逸的，它们是因时因地而变化的，只有在极罕见的时刻，它们才会导致马克思所普遍要求的完全一致。"②

简言之，有产者、得势者一旦确立了基本的秩序便迅即宣告革命结束，在维护和巩固自身利益的前提下，一定意义的改良让步得以考虑，在此自由秩序优先主导，平等公正则退居幕后。而从"英国有发明精神的企业家和法国的第三等级不是同一类社会群体"中又不难窥见，达伦多夫对于下层平民阶级是极为不屑的，他所赞赏的是上层资产阶级的革命努力，并将未来的希望更多地寄托在他们身上。在此，达伦多夫的论证已经显示：那种一次性的革命不仅没必要，而且不太可能。因为社会本来就有"两面性"，这与其早期辩证冲突社会思想几近吻合。基于此，达伦多夫对现代社会的阶级冲突与出路的选取似乎也就水到渠成了，那就是：社会改良。对此，当代的欧美资本主义社会，在经历过第二次世界大战之后的 30 年的增长与繁荣，福利政策的推广，原本两极对立的社会不平等结构有所变动，进入了所谓的中产阶级社会，但这一阶段性的社会变迁究竟意义有多深，影响又有多远？暂且不做讨论。

2. 政治结构的张力

如前所述，现代西方的政治与社会，基于自然法与社会契约论而创建，倡导公民身份地位的平等。面对现实市民社会的运行，政治国家坚持中立立场，适度地包容多元、尊重差异，起到了一定的利益平衡与冲突调适的作用（尽管事实上隐含着更为深刻的社会分化与矛盾）。达伦多夫极为重视现代社会的这一特质，对政治契约即现代自由政治制度确立下的现代社会予以了高度的认可。他首先肯定了霍布斯、洛克等学者的努力，他说："像霍布斯这样完全绝望的人，依附于一个强有力的君主。一代人之后，较为平静的、更注重自由的洛克宣告要建设公民的国家，即公民政府。在 18 世纪，由此产生了民主的法治和立宪国

---

① [德]达伦道夫. 现代社会的冲突[M]. 林荣远，译. 北京：中国社会科学出版社，2000：15.
② [德]达伦道夫. 现代社会的冲突[M]. 林荣远，译. 北京：中国社会科学出版社，2000：16.

家。这里总是关系到从混乱中创建秩序。"①

在此，达伦多夫谈及的"公民国家"或者说"公民政府"，乃是现代民主政治的根基所系，也是源自"市民社会"的交易平等意识汇集到国家层面的公民权利的生成，是现代自由民主平等价值的集中体现。而达伦多夫的言下之意，就是当有了"公民国家"的基本建制，尤其是法治基础秩序，在自由、平等的框架下社会矛盾冲突便可得以表达、平衡并予以有效掌控，严重的冲突不一定必然爆发，因而基本的政治秩序还是较为稳固的。而这一点又与前述的现代社会结构的包容性融为一体，彼此互为依托、相辅相成。

为了更充分地论证这一社会改良的发展趋势，达伦多夫又一次表现出对当年美国人的民主革命的赞誉："真正的革命有朝一日也许会到来！难道美国革命总的来说不是一项成就吗？在欧洲共产主义国家里，1989年的革命情况又如何呢？"②将美国的自由体现与苏东社会主义的计划模式做对比，这是贯穿达伦多夫现代政治思考的一个重要脚注。不能不说，达伦多夫的思考虽不乏睿智但却有些狭隘，抑或说居心偏颇。毋庸讳言，西方自由政治经济体制较之以往社会形态下的封闭僵滞的社会体系，的确展现了较大的开放性和包容性，但问题是资本主义体系内在的局限却很难为自由主义者所反思警醒。相反，他们更多的是满足于当下繁荣与有序的表象，而对西方现代文明下问题危机的极端严重性却少有专注，更难以克服和超越。进言之，当今的自由主义主流思潮尽管也在尝试各式各样的理论架构与实践拓展，但事实上却终究难有实质性的突破。这与马克思政治思想的终极关怀性相比，高下优劣自然分明。基于此，诸如达伦多夫这样的自由主义学者针对马克思的阶级革命与社会理论的评判，其态度、立场无疑是短视与失重的。

(二)社会历史发展进步的内在张力

关于社会历史的发展进步，达伦多夫基于社会改良的基本愿景，引入了"社会契约"这一重要范畴，不过在此他对西方政治思想史上通常的"社会契约"(即霍布斯、洛克、卢梭等学者的政治意义上的契约、协同)有所改造，提出了契约的新说法：保留政治意义的契约，同时又提出了一种新的社会意义的"社会契约"。他说："不能把社会契约设想为政治有机体的不可改变的骨架。它不是一劳永逸的，而是本身处于变化之中。""社会契约不是社会的基础，而是历史的主题。它不是一劳永逸地拟就的，而是要由每一代人重新制定的。它的持久的组成部分充其量是一部社会语法书；其余的一切都在变，是能够得到改进的，然而也能

---

① [德]达伦道夫.现代社会的冲突[M].林荣远，译.北京：中国社会科学出版社，2000：41.
② [德]达伦道夫.现代社会的冲突[M].林荣远，译.北京：中国社会科学出版社，2000：10.

变坏……我们如何重新撰写这些条文，如何在改变了的情况下把自由向前推进?"①

"历史的主题""重新制定"，体现了一种动态性的观察视角，这确有一定的启示，达伦多夫意欲说明的是，人们内心对自身利益的渴求是与其对外部社会经济发展等资源水平状况密切相关的，换言之，每个人都有一个自认为正当合理的"正义"，那么社会发展的演进就是要不断地及时整合调适人们的内在诉求，并且还不能影响社会的常态发展。然而，"契约的改写"毕竟事关重大，何种程度、何种意义的改写，并又将在何种意义上改变社会冲突? 在此，达伦多夫没有答案，他只是提出了致思方向或者说对现代社会的良善愿望而已。放眼人类已有的历史，达伦多夫的"现代社会"的"契约改写"，并非轻易可以实现的，"历史主题"的达成只是一种可能性。当然他本人并不这样认为："社会契约是由于社会的冲突而重新改写的。无论如何，社会冲突提供了改写部分条文内容的推动力量。因此，正如社会契约一样，冲突也随着时间的推移而变化。这就是关于契约论的第二条说明。"②

达伦多夫这里的"社会契约"有着特定的内涵，表明其力图在经济社会发展增长中同时推进阶级利益关系的调适与平衡，以便为更多的人创造生存机会，这显示其社会改良思想一定意义的进步取向。但事实上他的这一"契约改写"愿望的现实基础还是较为薄弱的，回望历史，劳工阶级的利益获得、"（政治）契约"的改写，都是付出极大的努力和代价才获得的，况且利益集团垄断下的贫富分化的刚性结构也并未得以克服。

最后，面对"现代社会"经济社会发展的新形势、新进程，达伦多夫较为乐观地预言："而阶级冲突并非总是占统治地位的纷争形式，而且在未来，也必然不总是占统治地位的纷争形式。"这当然是一名自由主义者的"乐观"思想，毕竟启蒙理性原本就是建于一种"片面的乐观"基础之上，其内在的困境与张力还有待后来者揭开。

在此，对于达伦多夫关于现代社会阶级冲突的分析、研判与展望，需要略作一些集中的评析。

第一，达伦多夫所论及的现代社会的"两面性"更多地基于社会学实证意义上的描述性的范畴，是相对静态的概括；而历史恰恰相反，它是敞开的，一切皆有可能，人类社会正是在无数的不可能之中获得了突破与发展。这里，他指责马克思犯了"历史决定论"的错误，恰恰打错了鞭子，因为只有停留于眼下现实的理论家才是名副其实的"瞎子"。达伦多夫引述波普尔的观点来反对马克思

①②　［德］达伦道夫.现代社会的冲突［M］.林荣远，译.北京:中国社会科学出版社，2000:41.

的"历史主义的贫困"，反对一切关于历史想象的哲学，认为只有不断地试错，而不能有任何宏大的社会规划。这其中的悖谬是不言自明的，历史与现实、未来与当下，原本就是相互辉映、互为激励的。

第二，达伦多夫对马克思的社会哲学（或者说历史哲学）的理解是错误的。马克思的未来社会构想只是基于当时资本主义社会的批判性结果，由于时代所限，马克思对资本主义社会可能发生的变迁无从把握，但他所论及的无产阶级革命及其社会理论并不是某种客观存在的、确定的东西，而是一个辩证的历史想象，在这个由无产阶级将引领新的历史进步这一大的方向上，各个时期的人们将会根据具体的形势做出各式各样的选择。换言之，一切都是敞开的，他并没有指望无产阶级革命一劳永逸地解决所有问题。事实上，马克思所要表达的只是，现存的社会是不尽合理的，新的社会力量将在新的历史实践中创造新的文明，他相信历史可以被人民重新书写，人民的智慧和力量完全可以建设一个全新的世界。因此，对于马克思的解读，如果不从唯物史观所提供的历史的视域去理解，而是仅从一般意义的社会实证层面着手的话，那么马克思就真的只能是"我只知道我不是马克思主义者"了。对于马克思的社会理论，台湾著名社会学家叶启政先生的洞见是颇有道理的。他说："当马克思的力量成为时代潮流之后，人们就有两种可能的反应模式。一是接受它，并努力地动员种种社会资源，以种种合法或非法的方式加以实践，因而，实践使得马克思的理论得到证实。另一种可能的情形则是，人们采取种种制度化的方式，针对马克思所诟病的资本主义社会的缺点予以防范、修正或补救，资本主义的社会形式因而得以继续存在下去，甚至变得更为巩固，而没有为共产主义社会完全取代。后一种情形往往并不是因为它是正确的（当然，也不会因为它是错误的），而是因为面对马克思主义的冲击，它的内涵理路产生了具有自我防卫与弥补性质的衍生作用。……马克思的预言似乎是没有兑现，然而，这似乎并不是没理由的，因为预言本身在人的日常生活世界里起到了自我否定的辩证作用。"①

在此，达伦多夫的不足应当与其早期对"社会学的实证研究"与"社会哲学的研究"的对立二分有着内在关联。这也再次显示了其理论研究的视野以及研究方法与马克思的重大差异。与此同时，达伦多夫的历史观与马克思也正好形成对照，面对现有社会存在的冲突与挑战，达伦多夫反对任何意义的革命，尤其是马克思意义上的革命，他要"消解阶级（马克思意义上的阶级）"以至"消解革

---

① 叶启政.期待黎明：传统与现代的搓揉[M].上海：上海人民出版社，2005：16-17.

命(暴力性质的阶级斗争)"，因为冲突永远存在，暴力革命并不能解决所有问题，社会的演进是在永不停止的冲突中逐步趋近于自由的。这一切，大抵上还是可以追溯到达伦多夫的精神偶像——康德的哲学里了。

第三章　达伦多夫政治思想重要议题之二：
社会转型与政治建构

　　在前面的论述中，达伦多夫已经谈到了英国工业革命、法国大革命及美国革命等重大社会变革运动的结果：英国的工业革命引发了人类社会生产方式的根本变革，市场经济得以形成并创造了空前的经济繁荣与物质丰裕；法国大革命和美国革命则象征着以往的一切专制制度和等级秩序的终结突破，开启了人类政治文明发展的新时代，在自由平等与繁荣富足的价值主导下，狂飙突进的现代社会发展就此拉开了序幕。随着经济革命、政治革命两股势力的合流，引发了近代西方最为深刻的社会变革与发展，而这一重大历史进程中，个体的存在形式与社会的组织结构、国家的治理体系等重大的政治社会课题也都发生了深刻的变化，西方社会已然步入"现代时刻"。

　　对于这样一场"大转型"的社会巨变，达伦多夫首先从传统社会里的"等级身份"与现代社会下的"契约平等"这一现代社会与政治变动的重要"切口"介入，进而分析把握了现代社会基本的"精神气质"与"运行结构"。他说："变革的两个门槛是决定性的。其中之一标志着从身份到契约的过渡，即从等级社会或者种姓制度社会的传统等级结构向着开放的现代社会分层的过渡。"①

　　显然，等级身份的终结，"公民契约"的出场，意味着个人之间社会地位实现了平等，同样也意味着个体行动的自由。"从身份到契约"，这是著名法学家梅因在其《古代法》一书中提出的"名言"。公民的"平等"作为现代社会的价值基石，大大改变了现实社会的运行秩序，无论是市场经济的交往体系还是政治制度与社会文明，无论是个体的气度品格还是民族国家的精神风貌，均由之前原生态社会下的封闭、单一、平庸苟且乃至消极无为转换成了开放、多元、积极主动与理性有为。

---

　　① ［德］达伦道夫. 现代社会的冲突［M］. 林荣远，译. 北京：中国社会科学出版社，2000：42.

而且基于"契约平等"的社会运动，一旦决口，就将势不可当，由其引发的深层社会变革也将是持久而复杂、影响深远的。"在这两个门槛之间，有一个很长的阶段，在这个阶段里，公民权利是变革的主题，而阶级斗争是变革的工具……关键是应得权利问题，即在各种社会里社会成员的地位及与此相关的机会问题。阶级冲突的渊源在统治结构里，这种结构不再具有传统等级结构的绝对性质。冲突的主题就叫作生存机会。"①

在此，达伦多夫亮出了"公民权利"的论析主题，试图从这一视角揭示西方社会大转型的本质真相，进而把握这一权利平等运动对现实社会的阶级矛盾冲突做出分析和展望，并以此来考察衡量现代社会的品质结构。基于此，本章将循着达伦多夫的论析思路，评述其有关现代社会转型与现代社会的形成、现代国家成长及其治理拓展等重要问题的理论思考。

第一节　公民身份运动与现代社会转型

一、公民身份运动与公民权利的扩展

(一)"公民身份(citizenship)"运动

1. 从身份到契约：公民身份的出场

(1)民族国家的建立与基本公民权利的确立。

在近代西方，民族战争与现代国家的兴起大大改变了历史的进程。达伦多夫高度肯定了现代民族国家的建立对公民权利产生的重大影响，认为正是随着现代民主国家法治秩序的确立，身份平等的个体"公民"才得以确认，进而围绕"地位平等"的"公民身份"的权利竞逐运动也由此拉开了序幕，而在此进程中原有的封建等级特权与权力专制政治也趋于消解与终结，新的社会场域得以敞开。

"民族国家是一位两面神。他一方面抹去了旧的(种姓和等级的)界线，另一方面又设置了新的界线。即使在今天，民族国家仍然既具有排他性，又具有同样程度的包容性。……自由主义和民族主义结盟形成一支解放的力量。时至今日，没有任何人能对法治国家、有关它的受监督的权利的宪法、它的可靠的程序规则和有规则的决策监督，找到一种更有效的保证。民族国家除了允许把公民权利的理念普遍化之外，再也没有一丁点的优越性可谈了。"②

---

① ［德］达伦道夫.现代社会的冲突[M].林荣远，译.北京：中国社会科学出版社，2000：43.
② ［德］达伦道夫.现代社会的冲突[M].林荣远，译.北京：中国社会科学出版社，2000：42.

现代的民主国家在其核心是非封建的、包括反封建的市民能够借以找到他们的位置的形式。市民需要民族，以便用法和宪法去取代传统的联系和神的恩惠。在此，民主国家处在通往普遍法治的道路上。①"公民权利产生于城堡、从农村地区的封建结构中脱颖而出的中世纪城市和中世纪以前的古代城邦。由于其内在的必然性，它们最终将导致普遍的市民社会。但是在民主国家里，公民权利获得了它的现代特点。"②

在其简明扼要的论述中，达伦多夫揭示了近代西方从中世纪的城市邦国到现代民族国家独立主权与法治秩序的形成，着重指出了这一演进最为深刻的政治内涵——由"臣民"到"公民"的生成演变，由割据分裂到大一统的秩序建构，乃至世界范围内的公民时代展望。而这其中，"公民身份"理念的树立则是撬动全部经济社会发展的"支点"，具体可略做展开。

其一，随着民族国家的建立，旧的统治体系被取代，建立在社会契约意义上的政府权力得以一定的规制，因而在法治秩序的保护下，个人摆脱了原来的不正当权力干预，确立了最为基本而重要的人身自由，正所谓"法不限制即自由"。

其二，"经济交往的基础平台"，这种界说也是西方资本主义国家发展运行的首要前提和必要条件。政治上的自由民主促成了交易市场的契约环境，而经济交易活动的平等又增进了社会意义的身份平等。尽管这一市场平等并不直接意味着公民权利的实现，但确实构成其生成演进的逻辑动因。达伦多夫认为，政治民主和经济富裕固然是两回事，"但是无论如何，它的确深刻地改变了社会，因此，无论如何，公民的基本权利过去是、现在也是现代世界的一种战略性变化。因此，对于那些后来才走上现代法治道路的国家来说，公民的基本权利仍然是第一需要"③。

其三，"社会契约"与"契约社会"乃一体两面，个人之间为求安全和秩序而设立政府，政府建构因来自社会层面的"契约协定"而平等地对待每个人。因此，在这新的秩序里，人与人之间不再以身份等级为标志，而是一切都是平等的。现代社会是一个"平等人"的组合。

的确，现代民族国家的建立构成了公民权利运动的基础。"国家的公民"与"公民的国家"从此相互生成、共为一体。并且，现代"公民"的诞生还意味着"全新社会建制"的形成。时代不同了，一切都是全新的，个体自由、社会自主，而国家则只是一个组织与调和社会运行的"人为建构"。当然，这主要是基于西方现

---

① [德]达伦道夫.现代社会的冲突[M].林荣远,译.北京:中国社会科学出版社,2000:44.
② [德]达伦道夫.现代社会的冲突[M].林荣远,译.北京:中国社会科学出版社,2000:42.
③ [德]达伦道夫.现代社会的冲突[M].林荣远,译.北京:中国社会科学出版社,2000:54.

代政治学理论视域的解读。但基本的历史事实显示，近代西方民族国家秩序的建立确实对西方社会的发展进程产生了深远的影响，甚至人类社会的历史发展也由此开启了新的篇章。以马克思的国家—社会理论视之，也是基本恰切的，当然马克思的最终指向还在于超越"民族国家"与"市民社会"。

　　因此，达伦多夫的历史释读还是较为平实客观的，他对公民基本权利及其运动扩展也的确寄予了无限的厚望："公民的身份地位标志着社会的事物发生了深刻的变化，也许也标志着在扩大人的选择的意义上取得了一种值得注意的进步。"①"公民身份"恰似社会进步的一道门槛，一旦跨入了现代时刻，那么整个社会的结构、品质都随之而变。在论及著名社会学家 T. H. 马歇尔的相关观点时，他分析道："这曾是身份地位的世界，当现代的契约进入这个世界时，它就土崩瓦解了。在旧的世界里，应得权利的限制构成了一个似乎不可改变的不平等结构。……它（公民身份）正好意味着一切法律上界定的应得权利限制的寿终正寝。"②应该说，达伦多夫的这一论析还是过于乐观了，但仍然基本把握了近代西方社会发展进步的基本逻辑，公民身份资格的确立在某种意义上对现代社会文明是影响至深的。

　　（2）"公民身份（citizenship）"的内涵。

　　对于这一"由身份到契约"重大转变所创生的基本公民权利，达伦多夫认为其中主要有如下几层意蕴。

　　1）抽象意义而言，"公民身份"即特定社会里公民的身份和地位的平等。

　　达伦多夫是如何理解"公民身份"的呢？他从批评古代雅典民主的虚幻性入手，"在这个意义上的公民权利，雅典与其说是现实，不如说是梦想"。而只有"法律面前人人平等，人人对政治参与有相同的权利要求，而且不管他们的社会出身和地位，都享有这些机会"，这才是现代社会的民主，也是真正意义上的"基于平等的民主"。这正是达伦多夫所期待的根本性转变，即实现从身份到契约的转变。相当程度上说，"公民权利"就是"平等"的代名词，它们相互印证，公民权利是一把开启现代社会的钥匙，而平等则是现代社会的标志。

　　关于公民身份，法国思想家托克维尔的论析较具代表性："在那里，等级差别被铲除了，财产广为分散，权力分裂为很多，智慧的光芒在扩展，所有阶级的能力倾向平等。"他认为这是一种法律意义上的平等，且主要表现为人们对政治参与的平等。"法律面前人人平等，人人对政治参与有着相同的权利要求，而且不管他们的社会出身和地位，都享有这些机会。"③

---

①　［德］达伦道夫.现代社会的冲突［M］.林荣远，译.北京：中国社会科学出版社，2000：43.
②　［德］达伦道夫.现代社会的冲突［M］.林荣远，译.北京：中国社会科学出版社，2000：52.
③　［法］托克维尔.论美国的民主（上）［M］.北京：商务印书馆 1988：271-273.

　　在此，我们看到，托克维尔时代的公民权利观主要反映的还是现代民主社会初步建制的时刻，与梅因的"从身份到契约"论断有着同等的价值意义，而达伦多夫的"公民身份"之思大体上也基于这一层面。

　　接着，达伦多夫继续考察了"公民身份"的政治意蕴。他从词源的考证入手展开了分析，认为德语"Brger"这个词有着两重含义：一是作为城邦公民（citoyen），一是作为资产阶级（bourgeois），即同时作为国家公民和有财产的市民的含义。但他认为德语语境中这两个方面很难统一起来，原因很简单：德国没有一个与市民社会同步发展的民主政治体制，经济生活中的"市民"与政治上的"臣民"似乎很难以"公民"来统称。因而，达伦多夫更偏爱英语里的"citizenship"，他认为"citizenship"更能凸显个人的平等身份与社会地位。"公民和国家恰恰不存在于国家公民的定义里，而是自由的主题。"①其言下之意是，作为个体，人的社会身份地位的平等并非源于国家的赋予，而是随着城市的兴起、市民社会的活跃，身份自由与平等的理念才得以彰显。至于"国家公民"则只是对于现实经济社会生活变动的回应与确认，换言之，是"市民的平等"成就了"公民的平等"，城市经济交往下的"市民"聚集到民族国家这一必要的共同体之下，进而成为国家的"公民"，国家也因此与以往的国家形态有着本质的不同。在此，经济领域即"市民社会"是"动因"，而政治制度的"国家公民"则是"后果"。

　　达伦多夫这一分析颇为中肯。在英国和美国等自由主义得到较早实践的国家里，"citizenship"（公民身份地位），既表现为国家的公民（政治的身份），享有基本的公民权利并获得国家的支持和保障，实现自我的发展；同时又作为市民（经济的、社会的身份），在市场体系下的自主发展。在此，市民与公民，概念符号虽有不同，但内涵实质却深层相通，在市场—社会体系即"市民社会"下作为"市民"，在政治—社会的逻辑中则作为"国家公民""社会公民"。市场、国家与社会三大领域的建制结构与运行方式各个不同，但最终均将落实于社会行为主体的"自由个人"即公民个人，个人在不同场合被赋予不同的角色、享有不同的权利同时也担负着不同的责任。因此，无论是市民社会还是公民国家，其现代性基础仍然是一致的。对此，著名学者林尚立基于马克思政治理论视角对现代国家与社会的建构做出了较为详尽的探讨。他认为，由公民所组成的市民社会，实际上不是社会内生的，而是国家塑造的，是国家基于主权和制度塑造现实社会的产物。在西方，现代社会就是基于城市的经济与社会生活形成的，其主体就是市民。在市场经济的作用下，市民一开始就作为独立的社会力量而存

---

　　① ［德］达伦道夫.现代社会的冲突［M］.林荣远，译.北京：中国社会科学出版社，2000：45-46.

在,从而形成能够塑造出现代国家的市民社会。市民社会基于"天赋人权""社会契约"塑造出现代国家,而现代国家基于"公共秩序""公共利益"和"公民权利"塑造着市民社会,从而使每个市民都成为能够享受和实践公民权利的公民。市民社会既有内在独立性,同时又具有来自国家的一定的政治、经济与法律保障。①

2)就法律意义的视角,达伦多夫还进一步将"公民身份"的政治平等内涵做出了三个层面的分析。

一是法律意义上平等,即"公民身份"是享受权利与履行义务的统一体。

权利和义务产生于一个社会单位,首先是一个民族里的成员资格。权利和义务,孰先孰后,孰轻孰重呢? 达伦多夫明确指出:"在这一点上,应该端清楚明确,这是很重要的。公民的身份地位,即 citizenship,首先描述了一大堆的应得权利。这些应得权利的存在是无条件的。因此,它们既不取决于出身和社会地位,也不取决于某些特定的行为举止方式。"②

在此,达伦多夫的公民身份的"平等"有两重含义:首先是我们通常所说的法律面前人人平等。这一点很容易理解,也即基本的法律规则上的平等。然而更为重要的是其尤为注重的"应得权利"的平等享有,"权利的存在是无条件的",并且突出强调了公民权利优先于公民义务,这体现了达伦多夫作为一名激进自由主义者的政治姿态。的确,申明这一点极为重要,在近代社会开启之初,要做的就是打破原来的身份等级的结构性限制,无条件地承认所有人的基本的"平等资格"。事实上,"citizenship"在中文学界通常又被译为"公民资格","资格"似乎更符合中国人的社会心理,因为汉语语境下的"资格"往往意味着拥有某种参与、进入或分享的发展机会,是一个看得见、摸得着的切切实实的福利或者说"利益",中文语境下的"资格"与达伦多夫的"应得权利"形成了极佳的对应吻合。实际上,达伦多夫"公民身份"的指向正是,让每一个公民得以进入社会发展的基本领域,比如享有最为基本的行动自由、享受国家保护下的基本安全、进行正常秩序下的经济活动,等等,尽管现实社会中还存在诸多限制,但其基本导向却是明确的,就是要消除各种障碍,尽量扩展更为公平、公开、公正的社会领域。

二是"公民身份"的不可转让亦无可侵夺性。

达伦多夫进而强调:"公民的身份地位是不可转让的。它的根本特征是:它是不可能用什么东西来抵偿的,这里涉及的不是一种经济上的身份地位。T. H. 马歇尔正确地强调,就此而言,公民的身份地位使人脱离市场力量,甚至

① 林尚立.建构民主的政治逻辑——从马克思的民主理论出发[J].学术界,2011(5):5-18.
② [德]达伦道夫.现代社会的冲突[M].林荣远,译.北京:中国社会科学出版社,2000:46.

是从市场力量下把人解放出来。"①在此，达伦多夫主张的"不可转让"实质上要说的就是一种"天赋人权"，是社会平等的标识，更是独立个人人格的框定，每个公民的身份都是以自身作为"人"的存在而固有的，不论其经济条件、社会等级如何，只要是个拥有自由意志的人，他的独立人格就是既定的，既不可转让也不可侵夺，否则作为个体人的独立性就消失了。在此，达伦多夫坚守着西方自由主义的基本立场，也即康德意义上的公民自由。一个人只要是国家的公民，就跟其他公民一样，他的权利不容讨价还价。

三是权利享有和义务履行的对等性。

在强调权利的优先地位之后，达伦多夫并未将"公民身份"仅视为一种权利，尽管在"国家公民"意义上，享有权利是公民身份确证的基本前提，但达伦多夫同时还关注到，享有"公民身份"的个人毕竟还是社会共同体的成员，因而一旦成为"公民"，同时也就意味着进入了具体的社会空间，因而承担维系社会共同体的义务也就合情合理。"只要有公民的义务，那么，这些义务也同样必须理解为是无条件的。义务既不产生于权利，也不是权利的前提条件。服从法律的义务在这个意义上是无条件的。"在此，达伦多夫还对义务做出了进一步的细分，认为诸如服从法律的义务、纳税的义务均是无条件的，而服兵役、参加社会服务等则是可能的公民义务。"然而他们也必须作为公民义务来理解，而不能解释为报答公民权利的一种回赠。"②在此，达伦多夫特别指出公民承担义务的绝对性，不因分享的权利大小，只取决于是否为国家的公民。由此看来，达伦多夫的"公民身份"还是有着较多的共同体色彩的，这也一定程度上体现了其较为注重社会和谐秩序、反对极端自由主义的思想底色。

当然，尽管达伦多夫反对各种权利不平等现象，期望将平等的"公民身份"扩展到社会的各个领域。但由于种种原因，"公民身份"的平等在某些领域还依然是个问题，尚无法充分实现。"过去有过、现在仍然有包容和排斥的双重问题，有公民共同体的成员资格双重问题。争取这种成员资格属于当前最激烈的、甚至是最富于暴力的斗争。"的确如此，比如即使在美国这样号称最具公民自由的国家里，历史上因为种族歧视而形成的黑人社会地位问题、因为性别歧视而导致的妇女权利问题也比比皆是。

对此，达伦多夫坦承，围绕公民权利资格的斗争还将继续，而这种"成员资格"的认同也呼唤着更多的社会包容、文化包容，实现更为广泛的基本公民权利。

---

① [德]达伦道夫.现代社会的冲突[M].林荣远，译.北京：中国社会科学出版社，2000：46.
② [德]达伦道夫.现代社会的冲突[M].林荣远，译.北京：中国社会科学出版社，2000：47.

　　"人们恰恰不会得出人类在文明的道路上取得了伟大进步的结论。一个文明的社会会无拘无束地把共同的公民权利与种族、宗教或文化的不同结合起来。它不会利用公民的身份地位来排斥他人，而只能把自己理解为在通往理想社会道路上的一步。当我们审视处在种种不完美之中的现实世界时，我们将不会打消这个梦想。"①

　　从身份到契约，"公民身份"取代"等级地位"的巨变究竟意味着什么？缘何公民身份运动引发了西方社会的大转型？对于达伦多夫所论及的"公民身份"的社会历史意蕴，我们不妨援引社会学者张静的论析："社会身份系统可以从两个方面进行观察。一是常见的制度—结构方面，目的在于认识正式制度——包括法律规则以及习惯民情，怎样在不同的社会成员中分配权利、责任和义务，从而以强制的途径达成秩序。二是社会成员的主动选择方面，目的在于认识他们对于自我身份的期待、接受和认同，亦即他们如何进行身份建构和选择。前一个方面较为稳定，后一个方面较为变动。但事实上，国家组织、正式法律规则、社会民意乃至成员认同，都可能创造、确立、维护或者消除、破坏某种身份系统，从而使社会中的权威资源出现重新配置，使某一部分社会身份获得相对优越或相对弱势的地位。在这个意义上，社会身份系统意味着权威资源的政治配置安排，而社会身份系统的变化意味着政治权威资源的重新配置。这就不难理解，为何社会身份系统发生变化，通常总是伴随着社会整合问题。"②

　　基于张静的提示，结合达伦多夫的"公民身份"论析，不难洞察到公民身份将要产生的两个重要的后果：一是这一蕴含"平等"价值的公民身份的出场即意味着相关群体利益平等诉求的彰显，社会抗争运动不可阻遏，社会冲突也因此而无可避免；二是统治阶级出于维护现实秩序的需要必须做出对冲突的有效规制与管控，进而促发相关制度体系的变革与创建，即建构塑造新的经济社会结构与政治制度体系，以便调和社会矛盾冲突。

　　(二)公民应得权利扩展的逻辑机制

　　在达伦多夫看来，随着社会发展的进步，公民个人享有的"权利清单"应当是不断扩充的，也正是在这一实实在在的利益实现中，"自由"才得以真切地体现，历史进步的意义方能得以显现。基于此，达伦多夫结合近代以来欧美国家经济社会发展的演进历程，勾勒了一幅公民权利扩展与社会文明进步实现的路线图。

---

　　① ［德］达伦道夫. 现代社会的冲突［M］. 林荣远，译. 北京：中国社会科学出版社，2000：47.
　　② 张静. 身份：公民权利的社会配置与认同［N］. 光明日报，2009-10-28.

1. 应得权利扩展的基本逻辑

显然，"公民身份"的确立引领着社会进入一个新的发展时代，但同时又意味着将进入一个基于"身份资格"的"平等诉求"的时代。在达伦多夫的冲突理论视角下，随着"公民身份"理念的登场亮相、深入人心，围绕各种权益平等的社会抗争运动不可避免，不过依达伦多夫"冲突促进自由"的思路，社会抗争与阶级冲突并非完全不可取，黑格尔关于"恶是推动社会历史发展的必要动力"的论述，在此有所体现，当然并非其全部内涵。

这其中有两个方面的原因：一是基本公民权利实现之后，还有许许多多的实际问题，如政治参与权、利益分配权、发展权、环境权等；二是当社会发展到一定程度之后，尤其是市场竞争已经无以复加的情况下，平等往往遭遇着自由的压制，现实的不平等现象总是召唤人们不断地努力，尽量实现更大意义的平等，造福更多的人。英国哲学家洛克在其为 1688 年英国"光荣革命"辩护的著名论文《政府论》中，就提出了平等的口号。他以"自然状态"作为其理论的逻辑起点，在他看来，自然状态不仅是一种完备无缺的自由状态，也是一种平等状态。在这种状态中，一切权利和管辖权都是互相的，没有一个人享有多于别人的权利。极为明显，同种的和同等的人们既然毫无差别地生来就享有自然的一切同样的有利条件，能够运用相同的身心能力，就应该人人平等，不存在从属或受制关系。正如亚历克斯·卡里尼克斯所说的："作为一种具体的社会和政治的要求，平等是拉开现代社会序幕的一系列重大革命的产儿。"①

（1）"公民身份"：推进社会公正的动力杠杆。

在达伦多夫的笔下，"公民身份"犹如一面旗帜，作为近代以来最为重要的因素，深刻地影响着经济、政治、社会和文化各个领域的发展，既大大改变了社会的不平等状况，又持续不断地创生着"更大平等"的动力，因而成为现实社会一波又一波维权抗争与社会运动的逻辑起点。

首先，他认为只有基本公民权利还远远不够，法律上的平等并不等于实质上的平等。

"公民的基本权利的显而易见的弱点是，体现它们的法律本身可能是片面的。法律虽然应该作为游戏规则发挥作用，但是，游戏规则对一方比另一方更为有利。"②因而，由"先天性因素"引发的"规则不平等"，进而导致的阶级不平等依然存在，因此冲突还将继续。况且，公民身份在法律上所体现的平等的意义毕竟有限，从法律意义上的平等到实质上的平等还是一个极为复杂的进程。总之，公民身份只是走向社会平等的一个开端而已，它只是意味着现代社会的冲

---

① ［美］亚历克斯·卡里尼克斯. 平等［M］. 徐朝友，译. 南京：江苏人民出版社，2003：25.
② ［德］达伦道夫. 现代社会的冲突［M］. 林荣远，译. 北京：中国社会科学出版社，2000：47.

突与以往有所不同，并没有终止社会冲突。

其次，他也看到了平等的阶梯式上升的特点。在达伦多夫看来，"平等"运动绝不是一次性的，而是一旦拉开序幕就难以收场。这也正是法国大革命的历史意义之所在。基本的公民身份既创造了初步的平等，同时又因为这一作为"平等的公民（国民）"而拉开了因政治、经济、社会和文化等各项权利的不平等而导致的更为深远的抗争运动。这在达伦多夫的论述中，就是围绕"应得权利"斗争的永不止息性。"公民身份地位的激情及其历史性力量在于无条件的应得权利性质，这种性质与它的内容结合在一起。"①

为此，达伦多夫还引用 T. H. 马歇尔的话来做论证："公民的身份地位对这样一种体制的影响必然是具有最深刻的煽动性，甚至是破坏性的。"它正好意味着一切法律上界定的应得权利限制的寿终正寝，但"它并未导致不平等的结束"，因而持续的社会抗争不可避免。②

公民身份只是个必要的"开端"，首先是破坏性的，因为它要颠覆原有的结构和秩序。公民身份缘何具有如此强大的力量？马克思在《共产党宣言》中曾经论述过，并且是将其与近代西方社会前所未有的社会变动联系在一起的。正如恩格斯所说："一切人，作为人来说，相互之间都有一些共同之点，在这共同点所涉及的范围内，他们是平等的——这样的观点自然是自古已有的。但是近代的平等要求是和这一观点完全不同的；近代的平等要求更甚的是在于从人的一般共同特点中，从他们作为人来看是平等的这一点中，得出一切人或者至少该国所有国民，或该社会所有成员，都应该有平等的政治地位，以及与之相应的平等的社会地位的要求。"

（2）应得权利：现代社会阶级冲突的主题焦点。

既然社会不平等还未结束，那么现代社会的冲突又将围绕什么展开呢？达伦多夫认为，公民的应得权利正是阶级冲突的主题。"现代的阶级冲突也与应得权利有关联。一方面，从前的时代留下了它们的痕迹，包括传统的领主们的势力、利益方面，又产生了新的应得权利的限制，它们虽然在法律上不具有约束力的性质，但是为人人都拥有公民权利设置了难以逾越的障碍。这种限制既包括实际收入，也包括各种歧视，既包括流动障碍，也包括阻碍参与的藩篱。"③

前面已经谈及达伦多夫的"应得权利"观，他所主张的应得权利的扩展，实

---

①②　［德］达伦道夫.现代社会的冲突［M］.林荣远,译.北京：中国社会科学出版社,2000：47.

③　　［德］达伦道夫.现代社会的冲突［M］.林荣远,译.北京：中国社会科学出版社,2000：51.

质上就是具体的政治权利和社会权利的充分实现，就是作为公民要参与政治、表达愿望，要吃饭、要发展、要享受等等各种实际的生活需求问题的解决。

达伦多夫说："在某种意义上，阶级是在人人都有平等的公民身份地位的基础上才开始存在的。人们必须属于阶级，才能被卷入阶级冲突。就此而言，阶级斗争是现代社会冲突的推动力量。"①

在此，达伦多夫一再申明"阶级"组织化的现代性，正是现代社会下"公民身份"所确认的平等价值，才使得有组织"阶级斗争"成为可能。反言之，过去的社会抗争往往是消极的，用马克思的话来说大体属于自为的而不是自觉的行动。而"现代社会"的"阶级冲突"的根本要义，即在于其"平等人"之间的"理性"抗争，而非以往的"等级制"之下的"野蛮"搏命。对于达伦多夫而言，他的这一立论还是较为重要的。正是基于现代社会的公民理性，达伦多夫才得以进一步展开其现代社会的"冲突制度化"的调适方向。换言之，在达伦多夫看来，这就意味着现代社会阶级冲突的性质、形式与结果均可能与人类以往历史上的矛盾对决大为不同。其实，这里已经预示了达伦多夫基于现代政治视域下的政治建构、理性包容与利益妥协、价值秩序、社会运行等一系列重要问题的思考。

然而，达伦多夫也极为明了，公民应得权利的扩展并非一蹴而就的，而且代价极为沉重。可以说，公民权利的扩展史也是阶级斗争的历史。综观西方近现代历史的演进，"为权利而抗争""不自由、毋宁死""风能进、雨能进、国王不能进"如此等等的话语背后，均是围绕着个体的权利与自由及社会的平等与公正而展开的。

2. 公民权利扩展的历程：基于 T. H. 马歇尔公民权利理论的思考

"公民身份"的平等内涵，撬动了经济社会的深刻变革，不同阶级之间利益矛盾的对立冲突依然在持久上演，内在的逻辑与演进机制发生了新变化。为自由而战、为平等而战，究其实质都是一个事关社会正义的话题。而正义的背后，无非就是个体自由与社会平等的关系问题。

基于公民权利的公正诉求，人们的社会抗争从来没有停止过。阶级抗争促进了权利的扩展，而权利的实现又改变着抗争的主题和方式，正是在这一不断循环推进的过程中，社会的"品质"有所改善，社会进步得以一定程度的实现，公民权利的扩展正是其中的成果。在此，达伦多夫着重引介了英国社会学家 T. H. 马歇尔在其 1950 年著名演讲《公民身份与社会阶级》中的重要论述。 在

---

① ［德］达伦道夫.现代社会的冲突［M］.林荣远，译.北京：中国社会科学出版社，2000：52.

《公民身份与社会阶级》一文中,马歇尔结合英国社会近两个世纪以来公民权利逐步扩展的历史,较为详尽地阐述了公民权利演变的渐进性与跳跃性。根据他的分析,英国社会公民权利的演进大体上经历了由作为国民意义上的基本公民权利(民事权)的确立底定、到民主政治权利的制度创建、再到社会民生诉求的权益保障三个不断拓展、依次提升的阶段。对于基本的公民权利(民事权),达伦多夫予以了很高的重视。"无论如何,公民的基本权利过去是、现在也是现代世界的一种战略性变化。基此,对于所有那些后来才走上现代化发展道路的国家来说,公民的基本权利仍然是第一需要。"①

当然,达伦多夫也看到了公民基本权利的内在不足,进而提出创建"公民政治权利"的重要性,"法律虽然应该作为游戏规则发挥作用,但是有时游戏规则对一方比对另一方更为有利",因此,"只要不是一切公民都有机会把他们的利益纳入制定法律的过程,法治国家就会对一些严重的应得权利的差异不加触及"。可见,仅仅基于基本公民权利即民事权意义上的社会公平,对于切实维护社会正义秩序还是远远不够的,缺失充分意义的社会平等尚不足以支撑起现代社会的公正秩序和持续发展。由此便有了公民权利扩展的第二阶段,即公民的政治权利的出场。"有鉴于此,政治权利是对公民基本权利的一种必要补充。其中不仅包括选举权,而且也包括结社自由、舆论自由和约翰·穆勒在他的论文《论自由》里十分深刻地描述过的一套名目繁多的权利。政治上的公开性与经济中的市场性相适应;它们的结构类似地不完善和类似地复杂;然而首先是政治的公开性也好,市场的敞开性也罢,但都必须是人人都可以触及的。"②

公开性、开放性,政治权力应该说是"人人可触及的",这里着重指向于现代社会公共领域的建构及公共生活的培育,包括大众的政治参与、政治表达、政治监督、政治协商,以及民主公开、公正透明体制机制等。

在此,达伦多夫对法治秩序的首要前提性还是较为重视的,法律意义的平等是扩展更为充分社会平等的基础保障。同时他也意识到,法治秩序之下要推进政治权利的平等并非易事,"有些人认为,基本权利就足够了,政治是一种少数优选者的事情",为此他进一步强调,"法治国家和普选权是实现自由的条件。因此,大多数人不想再前进一步。时至今日,自由世界中的最大国家都还没有完全接受公民权利的历史并未就此终止的观点。"③

---

①②　[德]达伦道夫.现代社会的冲突[M].林荣远,译.北京:中国社会科学出版社,2000:54.
③　[德]达伦道夫.现代社会的冲突[M].林荣远,译.北京:中国社会科学出版社,2000:54-55.

在现代政治文明的语境下，"法治国家"的实质就是建立完善的制度体系，由公民选举产生国家权力机构，并限定国家公共权力的边界，防范公共权力部门的任意妄为，同时也规定和约束社会层面的公民行动，防范不讲规则的暴民行动。其最为直接的意义就是将政治国家与社会公民双双推进到一个理性规范的时代，国家权力的"power"与公民权利的"rights"各归其位，在特定的制度体系下规范运行，国家与公民之间、社会内部成员之间，当发生矛盾冲突时能够有章可循、就事论理、以理服人，而非"争于力气"的残酷博弈，尤其是在作为社会管理与统治的政府运作上，要予以严加规定和形塑。也正是在这一意义上，达伦多夫多重申明："关键在法治"。

法治秩序下的公民政治权利将逐步得以坐实，其意义事关重大。因为有了民主法治这一基础平台，民众的利益诉求就可得以一定的表达，并且是相对温和、理性的表达，同时公民还可以借助普选权利创生的政府选举、议会选举辩论等制度机制，在政治对话与协商的博弈平衡中实现一定的利益。而作为统治阶级来说，其相关利益亦可借助法治平台与民主通道得以有效输送，在一定程度上缓解社会冲突与阶级对抗的紧张压力，最终双方达成一定的妥协。在此不难洞见，现代民主政治的重要实质在于提供利益矛盾相关方的协调化解的制度平台及路径。一定意义上说，民主政治就是政府管理社会冲突矛盾的产物，而政治实质上就是摆平矛盾的艺术。当然，其阶级属性同样不容忽略。

应该说，法治与民主制度体系的创构，既是社会力量抗争的结果，同时又改变着社会冲突抗争的行进方式，在客观上对社会内部的阶级利益关系起到了调和的作用。某种意义上说，现代西方国家确实有一个规模庞大的"政治工厂"，其政治运作较为精细而复杂，也具有一定的成效。尽管马克思对资本主义民主国家制度予以了严正的批判，其民主制度的虚伪性与阶级统治的根本实质等的确需要阐明。但客观上说，现代西方的民主法治与社会管理体系对于社会矛盾冲突还是有着一定的协调、包容与化解能力，对于维系社会基本秩序也起到了一定的作用。这对于我们这样一个正处于社会结构分化、利益关系多元、社会矛盾错综复杂的社会来说，在注重法治公平正义、建构政治参与表达的公共平台方面还是有所启示的。

接下来看看达伦多夫关于公民的社会权利扩展的思考。何谓社会权利？依据 T. H. 马歇尔的界定，社会权利指的就是能够满足人们实际生活需要的各种条件和机会，就是公民所享有的民生福利状况及水平。在政治权利推广之后，达伦多夫为何还强调公民的社会权利的扩展呢？他首先瞄准了美国的社会分化与分配不公问题："在美国，一种机会（公平）的概念曾经长期占优势，它从限制性角度可理解为公民的平等的起始条件，而从扩展性角度可理解为公民的选择可能性。公民的基本权利、政治权利和开放的边界，加在一起成为美国的自由概念。……穷人应该得到帮助，如果他们自身积极自助的话。"在此，从机会公平的美国自由制度到客观存在的个人发展起点差异、再到事实上最终选择的可能性的严重落差，达伦多夫认为美国的自由是不充分的，还需要更为"开放的边界"来予以弥补。对此，他还进一步引述了马歇尔的观点："一个充分意义上的公民的身份地位最终包括'一种对实际收入的普遍权利，这种实际收入将不按有关人员的市场价值来衡量'。这就是一种在我们的意义上的应得权利。"①

通过对美国社会不平等现象的反思，达伦多夫表现出对普及社会权利的关切与呼吁，更多地着眼于民生实际的重要层面。与此同时，达伦多夫还论及了欧洲国家公民个人的社会权利的推进方式："在 20 世纪的欧洲是另一番境况，至于促进该进程向前发展的，是公民身份地位的逻辑、阶级斗争，还是包揽一切的国家的传统。"欧洲国家的情况与美国不同，文化传统、政治治理、劳工状况等方面均存在不小的差异，相较之下，美国更多倡导"个人的自由竞争"，而欧洲则相对注重"社会的均衡秩序"。因此，欧洲人的社会民主运动就较为活跃，而美国人对于社会分化则稍显淡定，德国社会学家桑巴特（Werner Sombart）的"为什么美国没有社会主义"的论析较为翔实地印证了这一点。

总体来说，面对现实社会的问题挑战，达伦多夫对于公民个人社会权利的扩展实现寄寓了较高的期望。"公民的身份地位在历史舞台的崛起发挥了一种极富保障的作用。其原因肯定不在于与这种身份地位结合在一起的各种义务上，而在于它的应得权利上。争取充分的公民身份资格，成为现代社会冲突的伟大主题之一，理想社会有朝一日成为现实之时，它将仍然是伟大的主题之一。"②

当然，在这一事关经济效率与社会公平的重要问题上，达伦多夫还是较为谨慎的，他也意识到社会权利的扩展必将是一个更为复杂的过程，其中涉及经济增长、政治民主、社会管理等一系列问题。因而他首先强调指出了实现社会权利的艰巨性："公民权利和政治权利本身可能被确立下来，而且可能通过法律、宪法和法院给予保证，而要广泛实现社会权利却是更艰难的问题。"③达伦多夫的分析还是较为清醒和客观的。并且因此围绕社会权利的扩展，不同利益

①②③　［德］达伦道夫.现代社会的冲突［M］.林荣远，译.北京：中国社会科学出版社，2000：55.

群体之间的纷争也是持久的,而这一持久纷争却又是影响深远的,事关经济的
持续高效增长、社会人口结构、公共服务的供给能力等。"需要关注的是,对改
善社会状况的要求往往被提升为对提高供给的要求。……社会权利的思想由
于转移支付和作为公民身份地位因素,搞混了机会平等和结果平等之间的界
线。"基于此,在社会权利扩展的推进力度与实现程度问题上,达伦多夫的态度
不像其对于公民政治权利那么坚决,而是有些犹豫甚至于退守。同时,他也并
不认为公民的社会权利的扩展就一定意味着"绝对"的、充分的社会平等,而是
一种恰到好处的平衡。正如他所引介的马歇尔的论述:"社会的公民权利会不
会超出其原先的意图太远——原先只'想把社会大厦底层的地板抬高'——会
不会是已在开始'改建整座大厦',以至于他们最后可能'把摩天大厦变成为一
座小平房'。"①

　　由此可见,达伦多夫出于对现实问题的忧虑,他既殷切期望社会公平的推
进,但内心又明确意识到市场经济竞争下的社会不平等将无可避免,只能予以
容忍和调适。

　　总体说来,在公民的社会福利保障与基本公共服务问题上,达伦多夫还是
偏重于有所节制、居中调停的立场,与马克思更为坚实、更为深厚的社会关怀相
比,其维护市场经济秩序与既得利益阶层统治的倾向还是较为明显的。

　　通过上述论析,可以看到,公民个人社会权利的扩展大概是阶级分化与社
会抗争运动历程中较为复杂的一个阶段,对于其未来的演变趋势自然难以预
料。但就发达国家福利政策水平的现状来说,仍然存在着不少的问题和矛盾
(这其中既有相关国家经济发展水平与民生社会包袱的原因,也有各国劳工权
益的法治保障水平的原因),但就社会冲突、矛盾调节与社会民生建设的层面来
说,马歇尔、达伦多夫等学者的致思方向还是值得慎重对待的。"福利国家"毕
竟是现代国家建设成长的一项成就,体现了当今时代政治建设与社会文明发展
提升。当然,西方社会旧病未除、新病又添,矛盾冲突依旧重重,正如吉登斯对
马歇尔的评析:"社会权利并没有完全解决阶级不平等问题,而且在未来也不可
能解决。在他看来,在未来仍然存在着等级的社会中,社会权利将构成其关键
性因素,它将缓和阶级冲突所导致的张力。公民身份权利与资本主义体系之间
的战争将导致一种妥协的休战状态,这不论对哪一方而言都不是一种完全的
胜利。"

　　① [德]达伦道夫.现代社会的冲突[M].林荣远,译.北京:中国社会科学出版社,2000:56.

3.应得权利扩展的动力机制

(1)应得权利扩展的基本动力：冲突与秩序之间。

围绕应得权利的扩展，达伦多夫首先从阶级冲突着手，因为在他的论析中，应得权利扩展的进程也就是阶级冲突演变的历程。这样，把握了阶级冲突的逻辑也就相应地把握了应得权利的扩展机制。当然，在其具体的分析中，由于内在的相互关联性，而达伦多夫又往往是在对其彼此观照下展开分析的，也即透过冲突的"主题"看权利的扩展，同样透过权利的"效应"看冲突的演变。"因此在这里，我们的第一个主题是这样一个问题：对于阶级结构来说，扩大公民的权利意味着什么？首先我们假定，这个过程本身是阶级冲突的一种结果。发育不良的无财产者们组织起来，强调要求他们的政治权利，最后要求他们的社会权利；有产者们不情愿地做出让步。就此而言，公民权利的进步从司法领域，经由政治领域，进而转向社会领域，也是一种"阶级抑制"的过程，即缓解阶级冲突的过程。"①

从"阶级冲突"这一起点出发，到"阶级冲突的抑制"的最终结果，冲突与秩序，相辅相成。这的确在一定程度上反映了近代以来西方社会变迁的基本特点和趋势。下层阶级为了"平等"而抗争，借助"公民权利"的逐步扩大和落实，这样的斗争既渐进积累了"战果"，又在"已有战果"的基础上拉开了新的抗争，表现出极为明显的递进性，最后在利益博弈的平台上拥有了一定的主动权，进而也相应地维护了自身的利益。而与此同时，资产阶级作为社会的主导者、利益的主要享有者，随着社会财富总量的扩大，为了秩序也被动地做出了妥协，结果各得其所，冲突被抑制。并且在此过程中，社会结构与阶级结构也得以优化，因而阶级冲突的特点和趋势均发生了重要的变化：一是阶级对抗性下降，二是对抗的方式渐趋理性，暴力性大大减轻。但是，这一基于公民身份的"平等运动"究竟能够达到何种意义的平等？是否就意味着"无阶级的社会"的到来呢？先看看达伦多夫的论析："公民身份地位的实现对一个社会阶级和它们的冲突已经有多种多样的影响。它们无疑是深刻的，而为人人都拥有平等权利所允许的，甚至是带有其烙印的不平等，可能不再是该概念应用于过去社会的意义上的阶级差别。于是，它们仅仅是更多地表现为经济上的平等，经济上的不平等服从于市场的条件，而不是更多地表现为社会的不平等，社会的不平等要求采取政治行动。那么，无阶级的社会到来了吗？"②

显然，达伦多夫并不这么认为，毕竟自由竞争格局下的平等尤其是实质平等还是有限的。在此我们看到，达伦多夫的"公民身份"理念主要源自马歇尔的

---

① ［德］达伦道夫.现代社会的冲突［M］.林荣远,译.北京:中国社会科学出版社,2000:56.

② ［德］达伦道夫.现代社会的冲突［M］.林荣远,译.北京:中国社会科学出版社,2000:57.

"公民权利三阶段论"，有着极为重要的理论意义，它大体上可以解释近代以来西方社会的重大变动，也即所谓的"渐进的革命"。尽管也有学者批评马歇尔的观点，认为他主要是基于英国近现代以来的经验做出的总结，并不具有普遍性，而且三大权利之间也还有着极为复杂的交织，因此很难说是呈阶段性的递进运动，但总体而言马歇尔的观点还是较为合理的，对于当下的中国实践有着一定的参照作用。

当然，如果我们站在马克思的理论视角来考量这一平等的运动，那么可能又是另一番景象。吉登斯是这样说的："马克思倾向于将公民权利看作理所当然，批评它们是因为它们有助于认可资产阶级的统治。马克思在后一方面的批评有正确性，但我们今天不能对其积极的一面熟视无睹。在当今时代，公民权利的保护和进一步发展已成为民主社会主义议程的重要组成部分。假装通过马克思对自由民主国家批判的传统路径就可以直接而完全地实现这一目标，这毫无用处。"①

对此，我们认为可以试着做一综合，就如马歇尔的分析："在过去近200年时间里，资本主义社会存在着两种相反的影响力：一是阶级分化，二是公民身份权利。阶级是社会不平等的根本源泉，'公民身份'则正好相反，指向平等化——因为成为一个国家共同体的公民，也就意味着享有整个共同体成员都能享有的普遍权利。在他看来，在我们的时代，公民身份的含义及其实现获得了一种巨大的动力，一种为现代社会所独有的动力。"②

公民身份是社会发展的动力，这一判断极其重要，从中我们不难读出达伦多夫的"冲突、秩序与进步"的社会分析进路。正如吉登斯所言，"与其说公民身份权利的扩展钝化了阶级分化，不如说阶级冲突是公民身份权利扩展的媒介。马歇尔所区分的三种公民身份权利都具有双刃剑的性质。它们的确可以用做斗争的杠杆，以扩张西方社会内部可能获得的个人自由的范围；但同时，它们也继续成为冲突的焦点。但是，在批判马克思或者当代马克思主义方面，马歇尔的叙述并没有失去其当代重要性。马克思和后来的许多马克思主义者都对西方资本主义的所谓"资产阶级自由"嗤之以鼻。马克思非常强调其空洞的本质，认为其无非是强化了资产阶级的统治规则。他完全没有预料到本文所勾画的发展，即公民身份权利在自由民主框架下的实现，而不是唤起了社会主义革

---

① ［英］吉登斯.阶级分化、阶级冲突与公民身份权利［J］.熊美娟，译.公共行政评论，2008(6)：19.
② ［英］T.H.马歇尔.公民身份与社会阶级［M］//郭忠华.公民身份与社会阶级.南京：江苏人民出版社，2007.

命。"①在此,吉登斯的论析既精当但又有着严重的偏失。在公民身份作为"双刃剑"的重要论断上,吉登斯是对的,但是否由此就可认为马克思的批判错了呢?或者说马克思忽略了公民身份运动创下的进步秩序吗?其实不然。首先,公民权利的扩展历程尤其是第三阶段的社会权利的实现并非完全意义上的"公民身份",尤其是基于"契约平等"原初意义上的身份平等,某种程度上已经发生了由"契约到身份"的反转,比如福利立法、劳动立法究竟是契约意义的平等还是"身份差异"的"纠偏中的平等"呢?其次,在此是否也可以反过来说,公民的社会权利的扩展正是对长期以来的"自由竞争"市场机制的反拨呢?倘若如此,是否正说明马克思对资本主义市场竞争下的法律意义的"公平与正义"的"拒斥和超越"的先见之明呢?换言之,劳工阶级社会权利的获得并非资本家主动让渡的,而是工人阶级的流血斗争换取的,这一点吉登斯应当也是能够接受的,只是他一再抱怨马克思对资本主义的"公民权利"的"成就"视而不见。但事实是,马克思并非漠视公民身份的"正义"价值,只是认为这一"正义"还远远不够,还将复制出新的正义难题及更为深重的社会问题。这其中也是马克思对现实资本主义的"根本性"批判的意义所在。退而言之,尽管马克思的革命浪潮在当代西方有所衰退,但资本主义"公民身份"的社会改良则恰恰印证了马克思当初的"严正警告"。

　　(2)阶级冲突的效应:"社会—政治"的结构变动与功能调适。

　　由于深受马歇尔公民身份思想的影响,达伦多夫在对公民身份运动的历史性影响的考察中,他着重剖析了这一伟大运动的两重后果:新型的社会建制即现代社会,同样新型的政治建制即民主政治。并且在这两大建制的相互联动之下,公民身份所孕育的"平等"的精神气质得以彰显,同时还借助"民主政治(平等的政治参与)下的社会结构"与"现代社会(自由多元的个体)里的政治表达"的两相呼应,共同铸就了"福利国家"的出现,也就是公民身份的经济维度即经济利益上的相对平等。

　　在此指出这一点十分重要,因为这与达伦多夫所提炼的现代社会冲突的基本命题即"应得权利与供给、政治与经济、公民权利与社会阶级的对抗"有着根本性的提示作用,这也正是我们准确把握其基本命题的根本"入口"。在这一命题中,我们既可以获得对于近代以来西方社会公民身份运动进程的伟大成就或者说历史进步的生发机制的重要理解(阶级冲突诱致社会进步),同样也可以准确把握到这一伟大文明进程中阶级冲突的演变态势(社会进步规制阶级冲突)。

---

　　①　[英]吉登斯.阶级分化、阶级冲突与公民身份权利[J].熊美娟,译.公共行政评论,2008(6):15-16.

二、现代社会的生成、品格及意义

在达伦多夫看来，由英国引领的近代西方工业革命和以法国大革命为标志的西方政治革命，两种变动力量的汇合开启了西方经济社会转型发展的新时代。基于这一重大变革与转型，就政治社会的层面而言，围绕"公民身份权利"的基本主题，历经几个世纪血与火的历练、幻想与幻灭交织的努力，西方民族国家得以建构，形成了相对开放而有包容性的社会环境。其间，经济增长与公民权利均在一定意义上得以推进，社会福利与民生状况有所改善，法治制度得到了一定的建构实现。与此同时，现代化语境下的"自由个人"的价值观念、行为方式也都发生了重要的变化。在这诸多力量的共同作用之下，原有的"社会"自然也必定发生重大的变革而步入现代，社会的组织形式、运作机制、价值底蕴等一切方面似乎都在与传统告别。新的社会因素在发育成长，而新的社会组织形式与制度规范也正在萌生，一个全新的"社会"行将登场。面对这样一幅逐步展开的历史画卷，达伦多夫结合社会结构的多元分化与一元整合、现代国家与社会的互动关联，以及个人的自由发展与社会平等秩序的和谐共生，充分揭示了现代社会的生成逻辑、优良品格及历史意义。

在当今西方思想界，有关现代社会的理论研究层出不穷。当然，由于理论分析的意图及具体语境的不同，往往有着不同的维度、指向和内涵。在达伦多夫的论述中，他是从历史变迁的大视野来考察现代社会的，他的理念有着抽象意义和实践存在意义两个相关联的指向，前者主要指基于身份平等意义上的个人所组成的社会，这是相对于前现代的等级社会而言的，是平等对等级、民主对专制、契约法治对宗教神权的统治，是时间意义上"传统社会—现代社会"；后者主要指社会的具体建制，即与国家相对应的多元的社会组织和差异化的个体存在，是在现代化进程大背景下从原有的统一社会体系中分离出来的"社会"，指的是空间意义的相对于经济、政治领域独立存在的领域。显然，结合其阶级冲突、现代国家建构及社会的转型彼此之间复杂的联动的历史分析视角来看，达伦多夫这里的"时间意义"与"空间维度"的社会建制是互为依存的，是现代社会同一历史进程所呈现的两种面貌。

前面的内容中实际上已经涉及抽象意义上的现代社会的一些重要方面，诸如民族国家的建立与公民身份的确立、公民的身份平等属性、公民权利与义务的平等性、均衡性等方面。在这一节里，我们将结合达伦多夫的论述展开进一步的探析。

（一）现代社会的历史生成

在近代西方，新的社会建制是伴随着公民身份理念的普及、现代国家制度体系的建构及社会组织结构的嬗变这三大因素的"历史合力"作用之下得以形成的，其生成演进与公民身份下的权利运动、法治国家的打磨定型息息相关，其中观念的突破是前提，具体的历史实践则是关键，正是在漫长而复杂的社会运动中，现代国家与现代社会在相互建构中得以生成。在此，我们将循着达伦多夫的思考来洞悉这一伟大历史进程中的内在逻辑。

1. 现代社会生成的理论逻辑

显然，现代社会是从传统社会中脱胎而来的，这一生成过程是在与同一政治形态的两个彼此共处一体但又相互对立的力量的复杂关联中实现的。"社会"既挑战着"专制政权"的强势地位，又在这一过程中促发了旧的专政体系下的新生力量，这一新生力量的精神气质总体上又与现代社会有着重要的相通之处，因而彼此之间甚至成了"可靠联盟"。而在此进程中的新生因素开始成长也就是现代国家因素开始积累，等到时机成熟，现代社会的力量便与现代国家的"因素"合谋行动，将旧的专制政权赶下台去。就此而言，"现代社会"的充分生成恰恰与现代国家的确立共生于同一历史进程。换言之，资本主义市民社会与资产阶级国家是互动生成并互为依托的，自由市民对应"公民的国家"，"公民的国家"捍卫"市民的自由"。因此，考察现代社会的生成逻辑在一定意义上也就可以通过追溯新兴市民阶级的力量与现代国家因素以怎样的互动最终克服了专制政权这一历史进程来获得理解。当然，除了这一视角的理解之外，还存在其他的视角，诸如市场经济下的多元文化与更具包容性的社会生成等。

而达伦多夫正是基于其一贯的"社会—政治"的综合分析视角，对现代社会的形成机理进行探析，首先从讨论社会建制与政治国家的关系变动着手，"现代社会和专制的关系不可以普遍化为社会和国家的关系。对约翰·洛克来说，不存在政府和社会的关系问题；二者属于一体。凡是自由的宪法占统治地位的地方，社会便是人们日常生活的媒介物"。

显然，他的这一论析与前面做出的现代社会生成史的追溯是基本吻合的，也即现代社会的生成首先源自城市市场经济的交往自由，在公平交易中促成了社会公正观念的凝结，进而将这一观念扩展到政治治理与社会生活的广泛领域，这一社会建制的形成，同时也意味着传统专制国家的终结、现代公民国家的建构。他进而讨论了市民社会与国家的分离及相对独立的地位，"它（市民社会）恰恰不是国家的一大支柱；形形色色的自治机构总是要注意避免与统治者们缔结过于密切的同盟。但是，市民社会也不是处于反对国家的地位。把公民的倡议运动看作反对民主政府的集团，是一种毫无创建的误解。"①

这其中还阐明了社会并非一定就与国家完全对立，其中有防范国家权力"作恶"的对抗性，也有基于社会治理需要的合作性。"自由也意味着要让人们自己去处置其生活的广阔的领域，因此他们既不必开展反对国家机构的斗争，也不必开展支持国家机构的斗争，他们最终会与国家机构一起借助市场经济共同促进生存机会。"②在此，"共同促进生存机会"展示了达伦多夫对社会与国家实现良性互动的期望，即所谓的"国家有作为，社会有活力"。

在此，张静的相关分析很是值得参考："公民身份的发展不是要毁坏国家，相反，它需要现代国家的角色转型和强大功能作为公民权利伸展和保护的条件。显然，这是一个双面过程：一方面是结构集中化发展，经由组织和制度建构，统一的原则、规则、标准和程序扩散，从而整合了分化的社会，致使社会成员的归属中心由基层的政治共同体转向现代国家；另一方面是社会成员的个体化并异质化发展，经由公民身份及其权利的确认，构造了各个社会集团/组织间基于合约基础上的对等社会关系，从而创造了新的整合秩序。这种历史变迁预示着国家和社会成员的身份及其关系的现代性转变，以及在新规则下的社会整合。"③这一论析的关键在于，社会与国家的"相互塑造"与"一体整合"，较为准确地展示了现代社会的重要面相。

就现实社会的现实发展而言，正如没有一个以市场经济和公民权利为根本的现代社会，就难以建构一个现代国家一样，没有一个现代法治国家，现代社会也难以巩固。在美国，联邦宪法将联邦政府与州政府之间的关系，以及州政府在政治权力层面的行为做了清楚界定，宪法中对州政府要求的互惠条款和不得作为条款，界定了州与州的关系及联邦政府对州政府的控制能力；在特殊情况下的授权和应急法案，给了政府官员和职能部门在危机事件发生时必要的自由裁量和应急权力。而对公民权的界定和保护，则设定了政府行政权力的边界。从历史上看，这部宪法得到了一定的执行，也就是说，美国的国家建构过程，既是一个联邦政府集权与地方政府分权不断实现均衡的过程，也是一个政府权力与公民权利不断实现均衡的过程。民主政治的开放性，使得民族—国家与民主—国家建构的均衡是动态的。这也是当代政治思想家提出"国家重构"（state-rebuilding）的背景。

总之，达伦多夫从公民身份运动的历史进程理解现代社会的思考有着重要的启示，揭示了现代社会形态如何在一次次历练中得以成长。

---

① ② ［德］达伦道夫. 现代社会的冲突［M］. 林荣远，译. 北京：中国社会科学出版社，2000：60.
③ 张静. 身份：公民权利的社会配置与认同［N］. 光明日报，2009-10-28.

2.现代社会生成的实践考察

达伦多夫认为,现代社会的生成极为复杂,各国具体的历史条件和机遇均有所不同,因而很难找到一条绝对的道路。为此,他着重提到了两类差别较为明显的国家。第一类是英国、美国和瑞士等国家,先社会后国家,或者说在市民社会中组织其现代国家,"建国"乃全民的"大业"。"基于不同的原因,在这三个国家,建立中央集权国家是真正的问题。"①社会太强,而国家尚未成型,因而谈不上国家压制社会,相反还需要社会的"权力让渡",共同建构国家。"在那些地方尚未存在中央集权国家之时,社会力量业已存在;中央集权国家不得不费了九牛二虎之力,去强行剥夺公民的某些权利。《联邦党人文集》并非联邦制度的辩护词,而是阐明(美国的)中央集权国家的权力的一种尝试。"②显然,这些国家的社会力量与中央集权的交融性、依赖性及斗争性同时表现得较为突出。

而第二类,"在大多数国家里,这个过程恰恰是反其道而行之。在这里,为建立公民自主社会的斗争,实际上是一种反对专制国家的霸权要求的斗争。""有时,善意的君主们也允许社区或者大学享有某种程度上的自治;更为经常的是把这种自治强加给它们。市民社会为争取资本主义的权利条件的斗争,就属于社会史的这一篇章。"③

从中可见,社会与国家之间的互动关系极为复杂,各个国家的历史和现实均有着较大的差异,这也决定着它们的道路大为不同。而且往往还是一个较为漫长的历史过程,"公民权利的扩展并非一蹴而就,而是往往需要经历一个较长的过程"④,因此需要一步步地成长、一点点地突破,直至发展成熟。也正因此,还要防范各式各样的损害,国家权力的过多介入往往阻碍了社会的自主、自治与成长;而社会自身的利益集团纷争,也破坏了社会内部的团结,侵蚀了现实社会的根系联结与基础。

(二)现代社会的品格

前面已经论及,在达伦多夫的论域里,现代社会有着抽象意义与现实实践的双重指向。就抽象意义而言,现代社会指的是一种全新的社会形态,代表着人类社会文明发展的新阶段。随着公民身份的逐步普及和公民应得权利的渐进扩展,它既意味着人类告别了以往历史上的种种社会等级制度诸如阶级制度、种族制度、性别制度等,同时也在相当程度上克服了过去的野蛮残暴的专制政治。前者意味着某种程度的社会平等得以实现,后者则带来了一定范围的个

---

① ② ③　[德]达伦道夫.现代社会的冲突[M].林荣远,译.北京:中国社会科学出版社,2000:60.
④　[德]达伦道夫.现代社会的冲突[M].林荣远,译.北京:中国社会科学出版社,2000:61.

体自由权利。就现实实践而言,这一社会建制通常表现为一种新的社会结构与
治理框架,即多元分化的社会组织及其自主性、自治性,其中即意味着社会与国
家的历史性分离,摆脱国家的政治控制,分享政治权力并规制国家的行为,也意
味着社会的自我组织、自我管理和自我发展,具体表现为经济、政治、文化、社会
各个领域的重新组合。

在建立基本的政治法律体制之后,公民身份得以普遍确立,原有的社会建
制开始松动,新的"公民"社会得以萌生、发育,不断地成长。在这样一个全新的
时代,社会又该是怎样的结构呢? 达伦多夫认为:"作为自由的媒介物的社会体
系,有其专有的特征,在此可以归纳为三个主要的方面。"①

1. 多元性

在达伦多夫看来,现代社会的多样性首先是一个多元分化时代的客观反
映,基于不同职业、区域、民族、种族等因素形成的多样性并存格局正在形成,社
会是个大熔炉,在这个熔炉里,"有很多的组织和机构,人们能够在其中实现他
们在各方面的生活利益"②。

在此,达伦多夫所强调的"多样性"的实质在于尊重差异,而不是"一刀切"
的整齐划一,毕竟社会是由无数各具特色的人群构成的,有着各自的利益诉求,
也有着自身的生活方式。而且面对近代以来的民主政治可能出现的"多数的暴
政"的风险,强调多样性尤其重要。他引用詹姆斯·麦迪逊对"多数人的暴政"
的担忧来说明保障社会文化与信仰多样性的重要性。"一方面,一切统治将从
社会中派生而来,并且保持对社会的依附,另一方面,社会本身将分为如此之多
的部分、利益集团和公民阶级,以至于个人或者少数人的权利几乎不会受到多
数人出于利益而形成的联合的危害。""因此,唯一的一个国教与公民的社会毫
无关系;与此相反,若干独立于国家的教会则属于公民的社会。"③

在此,达伦多夫实际上讲的是尊重社会的多元性,尤其是文化价值观的多
元性。这在西方社会是极为重要的一项自由。约翰·凯克斯认为,多元主义是
由四个命题构成的:①实现美好生活所必需的价值具有不可通约性;②这些价
值是彼此冲突的,而实现某些价值就会排斥其他价值;③价值冲突的解决缺乏
权威性标准,标准是多元的;④价值冲突仍然存在合理的解决路径。而一般来
说,多元主义意味着存在多种合理的价值及关于共同的善的合理观念。这些价
值是无法比较不可通约的,甚至是相互冲突的。个人可以自由地采纳多个价值
中的任何一种,或者把任何不同的价值结合在一起,个人也可以自由地形成自

①②③ [德]达伦道夫. 现代社会的冲突[M]. 林荣远,译. 北京:中国社会科学出版社,2000:58.

己关于良善生活的观念。①

所以，面对自由、正义、幸福和爱等价值，以及不同价值发生冲突时，人们应该平等地对待每一种合理的价值，而不是将任何一种特定价值置于优先地位。也就是说，不存在一种在所有情境中都具有优先地位的价值，任何单一的或复合的价值都不具有这样理性的、道德的权威。多元主义的结论是：主张某一个价值永远具优先性的论点是不合理的，虽然人类的基本价值是普遍、恒久不变的，但是在如何享有这些基本价值的问题上，则会因历史、文化和个人的不同而产生差异。

人们在价值观念、文化、习俗、道德理念及行为方式等方面都存在着普遍的、深刻的冲突。这些差异、分歧、冲突，甚至没有明确的方式、路径及实践能够使其走向融合。在当代社会，它们具有的持久的特征也是政治制度无法消除的因素。

虽然多元的社会事实是随历史的变化而变化的，但是，在大多数民族国家中，不但是宗教，在文化上也都存在着差异。这些文化差异及其发展现在已经产生了普遍的分歧或冲突。

多元的视角能够促进提出要求的人表达其作为公正诉求的建议，而不仅仅是自利或偏好的表达。不同视角、利益和文化之间的冲突能够使其他人了解到不同的经验，尊重不同的视角。

2. 自治性

关于这一点，达伦多夫强调的有两个方面：一是相对独立于国家的社会自主性；二是公民理性联结下的自治性、自治性。

"组织自治首先意味着独立于某一单一的权力中心。"诸如社区与乡镇的行政管理、大学的内部管理，以及一些基金会、协会和联合会，等等，都应该以其较多的自治性而成为现代社会的组成部分。"社会团体自治的渊源和形式是创建现代社会的一个中心主题，创建现代社会总只能是创造一些使这类社会能欣欣向荣的条件。"②

"我宁愿把现代社会想象成是自由宪章（包括其经济成分）的抛锚地，它和国家两者都不可缺少，但他们各有自己存在的理由，也各有其独立的现实。"③

---

① Kekes J. Pluralism and the value of life[C]//Paul E F, Miller F D, Paul J. Cultural Pluralism and Moral Knowledge. Cambridge: Cambridge University Press, 1994.

② ［德］达伦道夫. 现代社会的冲突[M]. 林荣远, 译. 北京：中国社会科学出版社, 2000：59.

③ ［德］达伦多夫. 新欧洲四论：寄给华沙的信[M]. 杨纯, 译. 香港：商务印书馆, 1992：131.

公民身份平等的社会是实现自由的基础,人的追求和制度的建构最为根本的依托还在于"社会",在于社会的精神气质和结构与功能。但是社会力量要有所作为,就需要防范国家的不当干预(当然并不否认必要的合作),这样社会就要与国家保持适当的分离,维护自己的边界,防范公权力的干预;同时激发社会的活力,社会力量才是好政府、好市场、好治理的决定性因素。在此,达伦多夫与一些较为保守的自由主义者并不相同,他更注重各种力量的开放性,国家、市场与社会并非完全对立的,这既是时势使然,也是现实发展的需要。为此,他十分关切如何创造一个自主自立又能担负起责任的公民的"公共生活"。他与哈贝马斯还是较具共同语言的,那就是:以公民的理性自主撑起社会的大厦,创造一个富有活力的又秩序井然的好社会,"问题的关键是:怎样用自治性质的活动创造出权力的社会根源,从而消除政府与人民之间的鸿沟……没有市民社会,自由宪章、市场经济之类,都不过是纸上谈兵而已"①。

3.文明性

除了上述现代社会的多样性和自治性这些事关社会基本构造和组织形式等重要方面,达伦多夫还关注公民的另一重精神气质,即文明性,进而察觉到社会发育成长的长期性。首先,他认为社会与人的行为举止有关系,也即公民意识,具体而言就是"有礼貌的、宽容的和无暴力的",但首先是"资产阶级的和文质彬彬的","在这个意义上的公民,并不问别人,尤其是国家能为他做些什么,而是自己能有所作为,诸如公民的自豪感、刚正不阿的气概等均是公民美德的必要成分"②。

关于现代社会的文明性,马丁·克里杰在《礼仪的品质》中也探讨了两种与其有关的条件。第一种是社会得以存在的最低条件,即"社会联系有可能,并确实独立于国家权力"。第二种是社会健康运作和不断发展的条件,即"礼仪""社会信任"和"法治",礼仪以它的宽容和社会信任为不同利益的竞争,以及"在陌生人中建立一种非弱肉强食性的关系"提供了可能。"礼仪"可以理解为一种有别于"忠诚"的社会维系力量,礼仪依靠的不是忠心、义气和奉献,而是"在社会决策时坚持对话"。礼仪就是"治理多元,保护独立和坚持宽容"。究其实质,理性意识与合作精神乃是所谓的"礼仪"抑或现代社会文明的基础条件。

对此,达伦多夫当然是认同的,但他并不止步于将公民精神简单地区分积极(参与公共事务的热情与责任)与消极(分享权利与服从法律义务)两面,而是更为注重公民的权利和义务的绝对性,主张公民的全身心的社会参与,"除了致

---

① [德]达伦多夫.新欧洲四论:寄给华沙的信[M].杨纯,译.香港:商务印书馆,1992:134.
② [德]达伦道夫.现代社会的冲突[M].林荣远,译.北京:中国社会科学出版社,2000:59.

力于形成公共事务的风气外，还需要一种精神状态。现代社会是平民的（civil），也是文明的（civilized），它要求人们互相尊重，更重要的是他们能够自觉地办事，如果需要与他人组成行动团体，大家也都有自信心，用不着害怕"。"它（社会的文明化）是一个积极投身于政治进程、投身于劳动市场、投身于社会的大好时机。要充分发挥这个机会，某些公民的美德是不可缺少的，包括文明和自信。"①

简言之，达伦多夫所期待的社会就是一个文明人的社会、理性的社会、对话的社会、友善的社会、团结的社会。应当说，这个要求是"高位势"的，他之所以如此不厌其烦地"定义"现代社会，根本原因在于对之倚重过多。用他自己的话说，就是"关键在公民身份的社会建制，关键在公民的参与"。他的这一努力固然值得尊敬，但其实践中的困难是超乎想象的。

也许正因为此，他也意识到了现代社会建设的复杂性，尤其是要充分实现现代社会的文明化，这不可能是短时间内所能成就的，而是需要较长时间精心培育，甚至需要几代人的持续努力。在谈及东欧社会主义国家的转型时，他说："政治变革只要6天，政治制度建设需要6个月，经济复苏需要6年，而社会建设则需要60年。"②

应该说，达伦多夫的分析还是有些见地的，社会的变迁不只是制度上的架构，还需要社会组织自身的分化、蜕变与更新，更需要社会意识、文化精神的支撑。况且，就所谓的"文明社会"的发育成长来说，它本身也有一个不断自我扬弃的过程。在市民社会出现之初，公民的"经济理性"与"政治理性"影响深远，但影响最为深远的还在于社会的文化联结，即社会文明的传承。

在此，就如学者徐贲的论析，现代社会是一个稳定的、具有凝聚力和合作性的社会，它体现在人们有序排队的时候，体现在电影院、公园、教堂里的人际相处之中，体现在他们在慈善和别的社会活动的参与之中。政治制度、公民权利和责任、公民素养、道德习俗、文化倾向、分配关系或人际关系（包括社会和谐），这些都是好社会的必需因素，但是好社会却并不等于这些因素的简单相加。涂尔干在他的社会理论中提出，社会是一种综合，一种本质转化的融合，"黄铜的硬度不来自于铜，不来自于锡，也不来自于铅。这三种金属都既柔又软。黄铜的硬度乃是来自它们的融合"③。

（三）现代社会的历史意义

客观说来，西方社会在经历了近代以来的大转型之后，无论在经济、政治方

① ［德］达伦多夫.新欧洲四论：寄给华沙的信[M].杨纯，译.香港：商务印书馆,1992:130,135.
② ［德］达伦多夫.新欧洲四论：寄给华沙的信[M].杨纯，译.香港：商务印书馆,1992:127-128.
③ 徐贲.公共真实中的社会和谐[J].开放时代,2005(5):109-115.

面,还是社会自身,各个领域都取得了巨大的成就,显然,这一成就主要因自由主义浪潮所带来的个人自由思想与自主进取的效率与繁荣、民主法治制度下的社会有序运作的两相结合,既实现了个人的自由,又达成了相当的秩序,而随着这些成就的汇合,社会的"精气神"也大为改观,并集中体现为社会结构的巨大包容性和平衡性:既尊重多元、包容差异,又坚持核心共识下的必要秩序;既相对自主,又有机协作;既鼓励个人的积极进取,又富于社会关怀。基于此,达伦多夫对这一全新社会建制的历史进步意义给予了高度的评价,也对未来充满了信心。

1. 现代社会:"一切可能世界中最好的世界"

对于现代社会的理解,达伦多夫首先是在比照过去专制时代下展开的,因为现代社会首要的也是最为根本的意义就在于"创造平等",有了"平等"的屏障,一切专制权力的暴政也就戛然而止。伴随着现代国家的建立,世界步入了"讲法和讲理"的时代,也由此进入了政治交往的"理性对话"与经济交往的"利益均沾"的时代,"不平等"的格局得到管束,尽管还未彻底地消除。

他首先论道,现代"社会"是一切独裁权力的眼中钉、肉中刺。专制的领主们充其量是允许它作为个人的'内心流亡地'。……这也许是唯一有效反对专制和极权统治的源泉"①。

从中可见,现代社会首先意味着摆脱一切专制权力的不正当干预,维护基本的自由秩序。当然,又还不止于此,不满足于"消极的防范权力",它还意味着可以积极有为地推动"社会进步",这主要是借助于"公民的身份资格"来实现的。

在此,达伦多夫的欣喜是可以理解的,因为这样的努力的确值得我们去追求——平等的社会、富足的社会、和谐的社会。并且他还赋予了现代社会独特的气质,那就是有着巨大开放性和无限能动性的"社会架构",这一点应当更具历史意义。

告别专制,推进平等,共享繁荣与富裕,这样的社会自然十分难得。但同时,历史前进的步伐是永无止境的,人类社会的未来还有各种可能。在此,达伦多夫也予以了极度的关切,并且是立足于现代社会的"开放性"和"能动性"(尽管晚近两个多世纪以来的成就也得益于此,但其意义绝不止于现有的成就),进一步展望了未来社会的发展。

现代社会以其巨大的包容性和能动性增强了利益平衡能力,也因此有了更

---

① [德]达伦道夫.现代社会的冲突[M].林荣远,译.北京:中国社会科学出版社,2000:59.

大的管控冲突、创造秩序的能力。"现代社会的冲突应当已经凭借公民的身份地位、经济增长，创造了一个基本架构，在这个基本架构里，几乎所有众所周知的问题都能得到把握和处理。"①"所有众所周知的问题都能得到把握和处理"，这一"架构"究竟指的是何种意义上的社会品质？达伦多夫还是基于社会冲突的"视点"来考量现代社会的。他是这么分析的："毫无疑问，公民身份已经彻底改变了现代社会冲突的性质。也许原有意义上的阶级剩余还将伴随我们甚至在未来某个时刻还将给我们留下社会和政治抗争的隐患，但总的说来，那都不会成为我们时代的主题。"②

显然，随着经济社会的发展进步，尤其是物质条件的改善，阶级冲突的强度有所下降，即使阶级抗争运动还将存在，但总体来说还是发生了较为深刻的变化。基于此，他进而想象了未来社会的结构，认为边界明显的阶级结构将随着社会平等的进一步扩大而渐趋消失，尤其是社会对抗意义上的"阶级"意识将逐渐淡化。换言之，一个"和谐社会"即将到来。"阶级也许还将是一个有用的术语，毕竟，不平等和权力的存在依旧是利益分化和角逐的最具分量的影响因素。通常，告别阶级的宣言恰似一幅田园诗般的美妙图景。但是，倘若谁要是仍然论及公民身份之后的阶级概念，那他就必须对其重新定性并予以全新的解读。"③

正是基于上述论析，达伦多夫对现代社会充满了信心："但是，所有人的基本公民资格、政治资格和社会资格的普遍建立，却标志着实实在在的进步。要是能伴随着较快的经济增长和日益丰富多样的供给，那么这将为我们创造一个让人更加心满意足的文明和自由的生活状态。这样的社会，即使不是最完美的，那也至少是最好的。"④

2.现代社会："一项未竟的事业"

需要指出的是，达伦多夫并没有因为现状而忘乎所以，身处当今这样一个尚为混乱的时代，他依然充满了忧虑，有着极强的紧迫感和使命感。

（1）现实社会内部的不平等现象依然严重。

当今社会还有许多的不足，贫困、饥饿、犯罪、战争，等等，各种现象依然存在，因此，他认为"尽管收入水平和社会地位的严重分化可能渐趋缓和，但一些老的篱笆也还存在，而且新的篱笆又已经形成。就世界的总体而言，我们还需要为了公民权利而奋斗"⑤。

---

①②③ ［德］达伦道夫.现代社会的冲突[M].林荣远,译.北京:中国社会科学出版社,2000:64-65.

④⑤ Dahrendorf. The mordensocial conflict: the politics of liberty[M]. 2ed. New Brunswick: Transaction Publishers, 2008:45,47.

(2)现代社会的世界日程还遥遥无期。

"最为重要的是,这个进程还远未完成。为公民身份和应得权利奋斗的日程表上依旧还有三大挑战。其一,源自经合组织各国社会里所有成员的公民身份尚未全部实现;其二,现代社会已经出现了新的社会问题。那些在社会竞争中被落下的人,以及那些被弃置于社会边缘的人,他们的贫困和失业问题,由于被抛洒到各个角落,他们也许不会导致传统意义上的阶级斗争,但是却意味着契约社会里部分人的生存困顿,而这并非就不会影响到其他人群。也许,法律与秩序的社会主题正道出了故事的全部谜底。其三,所有问题中最为紧要的,是努力构建公民身份平等的社会体系只有当全人类的公民身份有朝一日得以全部实现之时,才能宣告完成。"①这是达伦多夫的致思方向,也是他的社会理想,当然是自由主义的社会理想,因为他并未将社会主义国家的实践纳入现代社会的行列。但其实马克思的"世界历史"构想又何尝没有此种意蕴呢,而且马克思的社会理想的"公民"底蕴还更为深厚。

(3)现实社会还尚为脆弱,尤其是公民精神的底蕴还不够。

放眼当今时代,还很难说这是一个美好的时代,公民理性与非理性交织、共识与分歧纠结、文明与野蛮同在、秩序与冲突共存,因此达伦多夫不由感慨:"某种意义上说,公民的世界应当是一个完美的世界。步入公民世界是艰难的,也是代价沉重的。这一进程充满苦与痛,有时甚至让人难以忍受。即使我们已经历过极权主义灾难对现代性的中断,但也还面临着马克思和托克维尔所说的文化联结的衰落问题。"②

在此,达伦多夫深切感受到现代社会建构培育的艰巨性,尤其关注马克思、托克维尔论及的文化联结问题,在如今"经济向前、文化退后"的消费主义时代,实属不易。试看晚近西方社会思潮的涌动,从西方马克思主义的主阵营德国法兰克福学派的生存意义的批判,到自由主义内部政治哲学的正义反思,从后现代的文化批判,到宗教伦理的有所复兴,无不显示了文化意义的重要性。因此,他呼吁更多的努力、更多的公民理性的养成,以创造更大的成就。

现实社会的问题重重使达伦多夫充满忧虑,而且面对"现代社会"这一全新社会结构与精神气质,达伦多夫也不乐观,而是充分意识到未来社会发展的艰巨性和长远性,因而极其反感将现代社会理想化、神圣化并终极化,进而陷入"乌托邦"的迷思之中。在他看来,现代社会搭建了一个社会发展进步的平台,

<hr />

① [德]达伦道夫.现代社会的冲突[M].林荣远,译.北京:中国社会科学出版社,2000:66.
② Dahrendorf. The mordensocial conflict: the politics of liberty[M]. 2ed. New Brunswick: Transaction Publishers,2008:45.

并开辟了新的发展空间，因而是值得去追求的，至于具体的每一步如何走，则还需要努力创造。

总之，对于这一全新的社会形态，达伦多夫倾注的关切是颇深的，感情也是极为复杂的。正如欧洲著名的政治思想史家意大利学者马斯泰罗内的评析所说的："达伦多夫属于为数不多但却极其伟大的自由主义思想家之列，他们不把自己封闭在仅仅对政治原则做出描述或对政治与经济、国家与市场之间关系进行分析的狭小范围内，而是认为，更加重要的是理解现代社会、现代社会的多元性质，理解该社会所具有的动力，以及社会共同生活中那些不可避免的冲突可能采取的形态。"①

综观西方社会近代以来的发展演进史，某种意义上说，的确就如达伦多夫所论析的，在"公民身份"自由与平等的价值主导下，现代市场经济的建构发展、民主法治体系的生成历练及社会体系的发育成长，这一深刻的社会转型运动极大地推进了人类现代性文明的建设，对于社会矛盾冲突的调适及民生社会建设的推进均有重要的价值意义。尽管因为其所立基的启蒙理性与自由主义的基本立场还存在种种局限，但毕竟实现了社会发展的重要突破。作为"体制中人"，达伦多夫较为深入地审视了这一历史进程，其中关于现代社会的一些思考也颇具启示意义。

第二节　民主建构与国家成长

如前所述，在达伦多夫的视域下，基于公民身份的阶级冲突的历史演进，既引起了社会结构的转型，使得新型的社会建制得以生成，同时又引起了政治结构的转型，促进了现代国家制度的建构。因此，本文将循着达伦多夫的理论进路，着力剖析其在公民身份运动这一历史向度下政治变迁的逻辑及其社会反应，探析近代西方政治转型的根本动力与路径是什么，现代民主政治的内部逻辑又是怎样的，现代民主政治秩序确立之后又引起了怎样的社会反应，对于阶级冲突产生了何种影响等重要议题。达伦多夫在回顾总结近代西方社会历史演进时，着重考察了英、美、德三国的政治现代化道路，展示了现代自由民主政治的复杂面相。同时，对于西方现代民主政治发展演进中的问题和困境，达伦多夫也做出了较为深入的思考并指出了政治改革路径方向。

---

① ［意］萨尔沃·马斯泰罗内. 当代欧洲政治思想［M］. 黄华光，译. 北京：社会科学文献出版社，1996：98.

一、现代民主政治的生成逻辑与内部构造

（一）现代民主政治的生成逻辑：阶级冲突、民主建构与历史进步

就历史进步的政治之维而言，阶级冲突的演进与民主政治的推进及其相互建构发挥着根本性的作用，冲突、秩序与进步互为生成，互为一体。

1. 公民权利的发展史既是阶级冲突的历史，也是现代民主政治的生成史

在上一章里，我们谈到达伦多夫考察了公民身份运动历史，即公民权利扩展三个阶段的演进，并且从中把握了现代社会的新型建制，这样社会的整体品质也就得到了较多的改善。那么，这一历史性的跨越之所以得以实现，其根源或者说根本动力在哪里呢？毫无疑问，底层民众为了"平等"的奋起抗争是先发的原因，也是根本的动力。但是，这一下层的社会抗争究竟是以怎样的方式、怎样的渠道最终改变社会的结构，并因此形成了多元平等的社会呢？换言之，是什么将社会抗争的冲击力有效地转换为历史进步的动力呢？在达伦多夫看来，这就是"政治行为"或者说"政治的介入"的作用。

（1）历史视域下的社会与政治。

第一章中我们已经谈及，达伦多夫的早期社会冲突研究即政治发展研究的基本进路主要表现为"社会形态"与"政治形态"①的相互"对视"，这当然是一个

---

① 这里的"社会形态"和"政治形态"借鉴了林尚立的相关论析。林在其《当代中国政治形态》（2000年，第38-41页）一书中着重分析了马克思的相关论析之后认为：马克思提出的"社会形态"是经济基础、政治上层建筑与意识形态三者的有机统一在一起的"活的机体"。循着马克思的理论启示，林进而提出"政治形态"是政治权力、政治结构、政治过程和政治意识的有机统一在一起的"活的机体"的基本观点。我们在第一章的研究中尚未明确意识到达伦多夫的这一类似的分析方法，而在这一章里则发现其关于阶级冲突的历史观察与马克思的社会分析有着某种程度的亲近性，可否由此认为，这正是达伦多夫在早年研究马克思社会思想时的一个"调适性的继承"呢？我们认为，大体上存在着这一可能。当然他与马克思之间还存在着实质上的根本差异，达伦多夫的社会形态是居于资本主义内部的"阶段性"变迁的分析，而马克思则是居于人类社会全部历史的分析，"资本主义"只是其社会分析的"一个重要的阶段"。进而言之，达伦多夫主要致力于通过对资本主义的不同时期的"阶段性"变迁的考察来论证资本主义的合理性，借用林尚立的说法，属于"静态中的动态性"（或者说是"死而未死"的"机体"，基于资本主义体系内部的各个因素之间的互动演进），其根本的理论进路是关于社会改良的"政治学分析"。而马克思所致力研究的是资本主义的历史合理性与最终被扬弃性，是基于更长历史的，因而也是外部的批判立场来考察资本主义，其主要的理论进路则是社会革命的"政治经济学批判"，属于动态性的静态观察（着重研究资本主义社会，并以此洞观人类社会形态的一般逻辑）。在此，"政治学分析"与"政治经济学的批判"有一个共通点，那就是不可或缺的"社会基础"。当然，由于各自视域所及的"社会基础"存在根本性差异，也即达伦多夫是"小历史"下的"资本主义社会"，而马克思的社会基础则是"大历史"下的人类社会，因而其主要的理论范畴和根本的理论旨趣又是截然不同的，在达伦多夫看来主要是前述的市场经济、民主政治与现代社会"合作"之下的自由主义社会改良的道路，而在马克思那里则是生产力、生产关系（经济基础）与上层建筑"合力"之下的社会形态的历史变革的通道。需要提及的是，达伦多夫的分析范畴和理论进路大体上也是当代西方诸多自由主义学者社会分析或者说现代性研究的"模型"，基于此，我们也得以略微更进一步地领会到"达伦多夫们"的"改进资本主义的努力"与马克思的"超越资本主义之展望"在理论形态上的对照。

极为重要的理论视角和方法。并且,更进一步的是,达伦多夫还基于近代西方历史变迁的大视野,将"政治形态的发展"与"社会形态的演变"关联起来,也即在"公民身份运动下的历史进步"的视域下,展开对阶级冲突与政治变动的同时、同步并统一的考量,这一兼具历史维度与社会维度的"政治之思"自然有其独到之处,并且在此,我们也领悟到一个重要的"切入点",即公民身份运动或者说公民权利的扩展,其中既引起了社会结构的变动,也塑造了全新的政治结构,这也是达伦多夫理解政治与社会的核心议题和主要依托。因此,达伦多夫对现代民主政治的理解大体上就是基于公民权利的扩展史下的阶级冲突与社会应对这一根本性场域,也即"政治"就是游走于"冲突与秩序"之间的实践,并且在这一实践中积累起了自身的价值、制度和行为等系列文明成果。"社会阶级的结构和由它们所展开的、为争取公民权利的冲突,经由政治的途径,进入一般人的生活之中,写进史书。也许同一般人相比,这甚至还更适用于史书。"①

如果说,阶级冲突一次次拉开了人类历史进步的"口子"的话,那么我们也可以说,正是"政治"将这道"口子"一次次缝上,如此人类社会才没有处于永无止境的争斗与动荡之中,而是在一定的时期内实现了相当程度上的秩序。那么,这一历史进程具体又是如何在"政治"的变革中进行的呢?

第一,历史变革的基本原因。达伦多夫认为,阶级冲突源自社会的不平等,而为了实现阶级地位的平等,就不可避免地要爆发冲突与抗争,而社会抗争的结果往往促进了社会品质的改善。"人们在其公开表示之前很久,对于不公正和特权,就有敏锐的感觉。他们从自己的利害关系出发,采取行动,不管是否有政治党派来组织他们。也就是说,社会力量比社会学幻想的发明要来得多。"②重视和彰显现实"社会力量"的作用与地位,达伦多夫的这一论析还是值得肯定的。

关于冲突的方式或者变革的路径,他认为只有当它们(冲突)表现在政治辩论和决策中时,它们才变得看得见摸得着,首先是变为有用的。也只有在进入"政治"的场域下,这一系列抗争努力的成果才能得以积累,并乘势演进。

关于社会冲突的其他影响因素。当达伦多夫看到"政治"的介入对阶级冲突的影响时,意识到社会冲突问题的重心或许将不再是"社会结构"了,而是可能转换到"政治的场域"中来。换言之,就是以"政治的发展(即制度建构和功能扩展)"来应对来自于"社会的冲突(对立结构下的紧张)"。就如达伦多夫的分析:"但与此同时,也还存在其他更为复杂的力量和影响因素,因而阶级归属并非政治利益的唯一基础。会有一些事情,它们把多数的注意力从公民权利的话

---

① ②　[德]达伦道夫.现代社会的冲突[M].林荣远,译.北京:中国社会科学出版社,2000:68.

题引开。尤为重要的是，政治进程的逻辑会给阶级斗争的论题增添意想不到的内容。"这也就是说，一些政治因素（不仅仅是基本的政治制度）比如战争、重大的政治改革，等等，促进了不同阶级之间的利益均衡，调节了紧张对抗的社会关系，这样原本极为剧烈的"斗争"也就得到了一定的抑制。如此，阶级对立冲突就可能不再是最为凸显的主题了，社会秩序问题的重心就可能被转移到"政治"这一端了。简言之，为了秩序的必要，"政治行为"介入社会矛盾问题，政治治理的积极建构，或将影响并改变阶级冲突的进程。客观地说，这一理论分析既是达伦多夫观察历史的视角，也是其内在理想所系。

既然如此，那么要深入把握近代以来的阶级斗争运动史，就应当而且也能够从"政治变迁"的逻辑中获得一些不同的理解。

达伦多夫极其重视现代公民身份运动这一历史演进下的"政治行为"的变迁，其成就、其不足尤其是这一全新的政治建构所引起的社会后果，都是达伦多夫的研究主题。正如他所强调的："因而，就极有必要来考察政治的进程，透过政治的进程来考察阶级斗争的演变。"①在此，达伦多夫这一研究进路还是颇具启示的。在此，也可以从另一侧面来提供支持。吉登斯在论析阶级冲突的变迁时，也指出了"马克思对西方'民主政治'的严重忽略是不尽合理的"。而哈贝马斯在反思苏东社会主义剧变时也一再强调指出"左派缺少一个重要的法学传统"。② 事实上，马克思主义当然有自己的"政治理论"，只不过言说的方式较为独特而已。

透过当代学者的种种反思与论争，不难发现，政治治理对于现代国家发展的极端重要性，民主法治体系对于处理经济社会发展中矛盾冲突的重要意义和作用。因而如果将关注的"视点"由"公民身份运动"转移到"政治变迁"中来的话，那么，社会冲突的主题及其可能的演变趋势也就在相当程度上取决于"政治—治理"能力的水平和状况了，"要涉及这种进程，通过这种进程，冲突的主题及其社会的形象就转变为政治的行为"。"政治的行为"，就是以何种方式来包容、调节及应对社会发展中的矛盾冲突问题。在此，不妨做一粗俗的解释：近代以来西方社会的公民身份运动历史中，首先"阶级斗争"是主角，是先发的，而"政治行为或者说政治建构"则是"配角"，是被动的；然而同时，随着"政治建制或者政治行为"的成长并"主动自觉"地介入于历史发展的场域，尤其是"干预"着阶级冲突的进程，政治制度体系就有可能主导阶级冲突的发展演变。在此，甚至可以推导：近代以来的阶级冲突史也就是"政治治理史"，市场竞争越深入、社会矛盾越复杂，那么"政治治理"的介入也就越频繁，公民权利、阶级冲突与政

---

① ［德］达伦道夫.现代社会的冲突［M］.林荣远，译.北京：中国社会科学出版社，2000：68.
② ［德］哈贝马斯.社会主义今天意味着什么？［J］.新左派评论，183.

治建构形成一个互为联动的整体,并且相互作用、相互规制。换言之,由于"公民身份"观念的确立,近代以来阶级斗争的逻辑机制较之以往历史上的斗争就有了较多的不同,而其社会后果及其引发的政治制度建构也大为不同。

接下来,就循着达伦多夫的基本思路,着重评析其如何演绎近代以来的阶级冲突与民主政治的互动关联的复杂历史,尤其是现代民主政治在这一进程中是如何"化被动为主动"的主要判定。达伦多夫首先回顾了从19世纪早期到20世纪70年代的公民权利的进步的历史,并从中总结出了以下两个结论。

其一,应得权利的扩展是"阶段性的平衡"与"总体性的突破"相互作用的结果。他是这样论析的:"越来越新的应得权利的发展总是跳跃式的。它不是一个循序渐进的逐步过程,而是往往分为很大的阶段。每一次重要的应得权利的改变都与一个值得缅怀的事件相联系。这尤其适用于那些在宪法和法律中确立下来的强硬的应得权利。在此,正是阶级抗争运动推动下的应得权利扩展,并且这些权利以法律的形式得以巩固下来。"①在此,社会抗争运动与民主法治建设是互为一体、同步演进的。为了充分论证,他还以英国历史上的扩大选举权等重大政治现象为例:"1832年……1968年选举年龄降至18岁。类似的现象还可以列举:如实行和扩大普遍的义务教育,实行和扩大福利国家的各种核心制度,还有最低工资制度等。"②这其中,每一次的权利扩展都意味着政治社会改革的重要推进。

应该说,达伦多夫的分析还是颇具穿透力的。而且,鉴于历史发展的复杂性,他还发现了影响历史进步的一些潜在因素的重要意义:"一些较软的应得权利不能这么容易与某些特定的契机相联系。然而,在通往实现了的公民身份地位的道路上,最重要的步骤是可以明确确认的。它们往往表示着立宪的、政治的或者社会的变革的庄严年代。"③

由此可见,公民应得权利的扩展,在一定程度上协调了社会各阶层之间的利益关系,提升了民众生活的福利水平,进而优化改善了社会的结构与品质。同时,任何一项应得权利的扩展又必然依托于相关政治法律制度的保障,这就推动了政治法律制度的完善,从而使得阶级抗争的成果得到制度层面的巩固,而制度文明体系的积累与拓展则又将深刻影响着之后的矛盾化解,这也就是达伦多夫将要凸显的"改变阶级冲突的逻辑"。

其二,应得权利的扩展改变了阶级冲突的进程与方向。

循着前一分析,达伦多夫在追踪公民权利的进步时出现的第二个结论是:"总体而言,确实是进步了……则一般都是一种改善。抹杀从前成果的事情,在

---

①②③　[德]达伦道夫.现代社会的冲突[M].林荣远,译.北京:中国社会科学出版社,2000:68-69.

任何方面都是不正常的。德国纳粹制度不仅意味着取消公民权利和政治权利，而且减少了所有公民的某些特定的社会的应得权利；这是一种巨大的、持续长久的、最终成为戏剧性的宪法危机的结果。"①

阶级冲突与历史进步的成果，最终都汇集到公民权利的法律制度的层面，公民权利既源于阶级冲突抗争的推进而不断得以扩展，同时又不断地以政治法律制度的有力保障与巩固（同时表现为政治的包容性增强及权威秩序的巩固），而社会本身也就只能处于这一"冲突与秩序"之间。正如达伦多夫所谈到的："一般而言，公民权利是'富有刚性的'。……倘若公民的身份地位达到某一个特定的高度上，那么极有可能，它不会再往下掉；倘若它真的往下掉，那么在此之前，会有政治的持续性的中断。"②

在此可见，政治抗争运动的"冲击力"与法律制度规范的"整合力"双向互动、相互建构，这样，现代社会的总体品质得到了切实提升，历史进步也尽在其中。

其三，达伦多夫综合上述两个结论并做了总结："应得权利的历史有别于供给的历史，尤其是有别于产品和劳务的供给的历史。"③为了印证这一论断，达伦多夫接着讨论了经济增长（供给）与应得权利之间的关系。他说："经济的增长和应得权利的扩大之间不存在简单的平行关系。在两次世界大战之间，应得权利的结构发生了重大的变化，而经济的增长充其量是缓慢地向上发展，整体而言，特别是围绕1913年的水平上下波动……而在1944年和1950年之间，公民权利却取得了决定性的进步。"④

在此，他着重强调了公民权利扩展中的"政治因素"，也即政治改革的推进动力，进而批评了那些过分倚重经济增长来推进公民应得权利的观点。"供给派津津乐道，没有增长就不可能有结构的变化。马克思主义者们和资本主义的意识形态专家们十分奇特地在经济高于政治占第一位观点上不谋而合，意见一致。"⑤在此，权且撇开达伦多夫对马克思的误解不论，毕竟马克思对现代政治与经济的理解与其截然不同，不在"同一个频道"上。但若仅就其关于"政治改革"与经济增长两大因素对社会发展进步的实质影响来说，其论述至少是发人深思的。事实上，现代社会的公平正义，的确需要同时在经济发展的持续增长与民主政治的权益保障中协同推进，任何单一方面的努力均难以奏效。应当说，在市场效率至上的基本背景下，需要更为积极主动的政治变革以促进社会公平，达伦多夫的这一取向还是值得肯定的。

2.民主政治的成长史既是公民权利扩展的历史，也是阶级冲突的规制史

既然民主政治的推进与阶级冲突的演进既相互作用又相反相成，成为影响

---

①②③④⑤　［德］达伦道夫.现代社会的冲突[M].林荣远,译.北京:中国社会科学出版社,2000:
69-70.

社会发展进步的互为依托的两大要素，那么在具体的历史变迁中，它们又呈现出了怎样的内在逻辑呢？

（1）社会进步的历史契机：战争引起社会的平等运动。

回顾 20 世纪的历史，达伦多夫强调了战争或者重大的政治改革推动着应得权利的扩展，这其中包含两方面信息：一是战争年代的"平等权利"在观念上的突破，二是战争环境下的"平等权利"在实践中的推进。

对于前者，他引介了米德尔马斯（K. Middlemas）的《工业社会的政治》一书中重要观点来说明。"至少有两个原因，使得战争政策导致改革。一个是意识形态的，它与观念相关联。20 世纪的战争不是由一些小的局部的群体进行的，而是要求全部居民都参加。这就导致在统治集团当中形成这样的信念：必须为那些没有正式的社会权利和政治权利，而又把他们的生命孤注一掷的人做些事情。他们必须得到公民权利，正如温斯顿·丘吉尔早在第一次世界大战结束时就表示的那样。"①

与此同时，达伦多夫认为战争经验和社会变革之间的关系"更为实际一些"，这也就是其中的第二个方面。"至少在大不列颠，《战时社会公约》是以组织和协调经济决策过程的主要参与者为前提的。政府恰恰是对强大的工会感兴趣的……英国保守党人的领袖们认识到组织的优越性。政府同时提倡建立雇主协会。于是，三大角色即政府、工会和企业之间的同盟就产生了'社团主义的偏好'，社团主义的偏好决定着（英国的）政治生活长达 50 年之久。但是，只有当所有的参与者都至少能部分地实现他们的利益时，这种偏好才能得以保持。这首先意味着承认从前处于不利地位的人及其组织的利益。"②

在此，达伦多夫所论及的"社团主义"的自由竞逐，的确在一定程度上促进了不同利益群体之间的互动，推动着利益分配的均衡化。而当强调指出"所有的参与者都至少能部分地实现他们的利益时"，这一点充分显示了达伦多夫对现实政治与社会的理解，那就是不要"胜者通吃"，而应当"适度共享"，只有利益相对均衡了，社会秩序才能获得。而要做到这一点，首先就意味着"承认从前处于不利地位的人及其组织的利益"。可见，在利益关系问题上，达伦多夫予以了弱势群体较多的关注，尽管其根本目的还在于均衡与调和社会秩序。

在此，达伦多夫展现了较为"务实"的姿态，面对现实社会的利益竞争与阶级冲突，要主动地去干预、去抑制、去管控冲突，实现社会进步与秩序稳定。这既是达伦多夫的良善意愿，也一定程度上展现了现代民主政治的合理价值。正如一些学者所论析的，民主政治的根本实质就在于包容差异和调和利益。

---

① ②　［德］达伦道夫.现代社会的冲突［M］.林荣远，译.北京：中国社会科学出版社，2000：70-71.

(2)社会改革的关键:政治家的勇气、智慧和运气。

达伦多夫不只是理论上的"评头论足",而且以其丰富的从政的阅历,深刻而敏锐地洞察到历史进程中政治家的"非凡表现"及其产生的重要影响。在现代政治学理论视域下,关于政治家的角色与功能也是一个较为重要的课题。

他首先讨论了政治家的两种做法:一是维护秩序,政治家主动发起改革,并推进社会进步;二是面对严峻形势,政治家只好被动地应对挑战,防止崩盘。显然,这两者之间的差别既细微又很重要。为此,他强调了政治家在重要时刻适时推进改革、积极有所作为的重要性。当然,要完成这项任务,还得取决于其他一些因素,诸如政治家的睿智远见、经济学家的努力谋划,以及社会发展的运气。他还列举了英国的政治家劳埃德·乔治和丘吉尔,经济学家威廉·贝弗利奇和约翰·凯恩斯,认为他们的卓越努力是"战略性变革",他们的改革计划铸就了伟大的成就,"这些计划的实现提高了很多人的生存机会"①。

当然,达伦多夫并没有将应得权利的扩展全部归功于政治家的行为,而是同时关注于其他一些社会因素。因为,并非所有的应得权利的改变都是由战时联合政府实行的,或者哪怕仅仅是由那些特别对受歧视的和被剥夺权利的人负有责任才当选的政府实行的。那么,推动社会变革的其他动因是什么呢? 或者说,其根本的推动力又在何处呢?

在此,达伦多夫又重新回到"阶级斗争"的思考场域。从根本上说,政治变革的内源动力还是社会内部的阶级矛盾与纷争,但发起和承担社会变革责任的则主要是政治家。达伦多夫首先从其较为重视的政治家谈起,面对严峻的阶级对立形势时,他强调政治家要主动承担起治理社会的历史责任。在此,不难窥见,基于"改革"与"革命"的基本取向的不同,达伦多夫将社会发展的希望更多地寄希望于政治家的精英作为,而马克思则更多地倾注于无产阶级这一先进性群体的觉醒与成熟(当然马克思并不否认政治家的历史作用)。进言之,这背后的根本分歧还在于其深层的社会历史观,抑或说启蒙史观与唯物史观的本质分殊。而这一基本史观的深刻差异投射并弥漫于达伦多夫对马克思政治思想的严重误解与偏见,凸现于现实实践的就是他以社会改革的政治理论来对抗马克思的科学社会主义理论。

回到达伦多夫的政治视域,毫无疑问,社会总是需要秩序的。但是,谁更需要秩序呢? 上层精英,还是下层民众? 也许,大家都需要秩序,要双赢,不要零和。那么,谁才能创造秩序呢? 是精英阶层的主动让步,营造和谐,还是下层民众投身革命的"推倒重来",当家做主? 显然,为了赢得一个相对较好的结果,上

---

① [德]达伦道夫.现代社会的冲突[M].林荣远,译.北京:中国社会科学出版社,2000:71.

层阶级应该担当"主角"。但是，精英们是否愿意做出妥协呢？并且即使愿意妥协，这一妥协又将以怎样的方式呈现呢？达伦多夫自有他的看法与论析。

1）社会变革的动力机制。

社会改革并非轻而易举的，往往涉及诸多方面的因素。就改革的动力而言，是缘于既得利益者或者说上层精英的主动让步的"顺势而为"，还是下层民众的激进抗争？

达伦多夫首先评析了一些学者各执一端的论调，即所谓的"精英论"或"大众论"的偏颇之处。"对于两者来说，都提出了绝对的要求，但是这些要求很少把目光投向变革的现实进程。绝对驳斥一种理论或另一种理论于事无补。"①

对于社会精英阶层，达伦多夫基本肯定了其价值立场并提出了期望："不缺乏关于精英的局限的调查研究。精英产生于一种狭窄的社会领域；他们的成员有着类似的生活历程和生活经验；大多数受过大学教育，毕业于一些相同的大学和一些相同的专业，在很多方面有共同语言。"②精英们因为内部的一致性很可能结成各式各样的"精英联盟"甚至利益集团危害其他群体的利益，对此，达伦多夫并不担心，反而较为乐观。在他看来，精英还是能够担当起改进社会的责任的。"尽管如此，这类研究总是在某种形式上忽视政治进程的核心。在社会特性方面表现出均质的精英阶层的成员们，在某些特定情况下，完全能够做出一些非正统的和激进的决策。实际上，因此极为一致地行动。人们在其归属上越是富有自觉意识，就越少会采取守势，就越加能够公开坚持利益，就越能成为社会力量的推动力。作为演变载体，同类的精英可能比多元主义的精英更具有作用。……但这种先知先觉绝不会自动地产生于一场轰轰烈烈的运动所提供的支持。"③

在此，达伦多夫进一步指出了大众的需要或者说阶级运动决定着时代的变革，而社会精英的角色就是整合社会层面的需求并做出改变，"好社会"正是大众与精英互动的结果。当然，达伦多夫这里的"精英"并非完全是指"政治精英"，而是宽泛意义上的"社会精英"，期望各行各业的精英分子都能够在他们自身的领域里承担起社会改革的责任和使命。基于此，为了积极有效地推进社会改革，他还认为动荡不安的"革命"环境无法为改革提供支持，改革的推进首先需要秩序、需要共识，而不是过多的纷争与坼裂。换言之，精英的责任意识与情怀也需要温文尔雅、文明理性的社会氛围，社会有"爱"才有团结的可能，仇恨与怨愤必将于事无补，用今天的话来说，就是要积极弘扬正能量。

---

①②③　［德］达伦道夫.现代社会的冲突[M].林荣远，译.北京：中国社会科学出版社，2000：74-75.

2)政治家的责任与使命。

精英阶层的努力并不能自我表达，而是需要通过政治家的组织发动才能奏效，因而政治家应当积极筹划，改善治理，统筹协调好"精英的利益"与"大众的诉求"。在组织力量推动变革的方式方法上，达伦多夫也有自己的思考，"阶级也许决定着社会演变的能量和方向，是无法总体把握的。他们为了谋求某些利益才得以形成，利益的内容会给人以了解事物是向何处运动的启示。因此，某个人必然会把这些利益变为行动，并且将事物向前推进"。①

在此，面对大众自发运动的推动力及其盲目性，达伦多夫对精英群体的政治领导尤为重视，认为只有政治精英才能把握和引导社会运动的态势，才能整合好各方的利益关系，尽管他对于精英的远见卓识和博大胸怀是否完全可靠还存在疑问。"现在的问题是，开明的保守派和坚定的自由党人最终能否成为更有影响的运动组织家和变革家。"②但毕竟也只有依靠政治精英的努力了。在此，问题还是显示了很大的复杂性，政治家是否愿意顺应时势、及时改革，这是达伦多夫十分关心的问题。"这个问题（社会改革）产生于阶级理论和历史的现实的对比。在这里所述的时间里，在阶级冲突和社会的演变之间存在着明显的关系……俾斯麦本该拒绝《共产党宣言》……然而同时，他知道，他必须有所作为，才能安抚工业时代日益敌对的孩子们。他对社会的压力做出了反应。"③

可见，对于政治家而言，无论情况有多复杂，"权衡利弊""担当责任"与"综合平衡"，应当是其应有的选择和姿态。因为，来自社会"冲突的压力是存在的，事物的积极变化也是存在的；然而，两者之间的桥梁是由意想不到的物质构成的，而且有时只有费了九牛二虎之力才能找到这座桥梁"④。

作为执着于现实政治的政治思想家，达伦多夫充分关注到了社会问题的繁杂性与政治治理的艰巨性，但越是这样便越需要政治家挺身而出、不负使命。

3)社会改革与秩序建构：一个初步的总结。

在深入剖析社会冲突与政治治理互动关联的基础上，达伦多夫做出了进一步的总结和阐发，从阶级冲突到社会秩序，从客观形势到主体力量，从结构分化到政治行动，构成其关于现代西方社会发展进步的独特分析理路。

首先，他再次申明了社会矛盾冲突的客观性及其调节整合的必要性。"社会的冲突无疑是现实的。毫无权利者的群体的利益和那些代表现存特权的群体的利益相互碰撞，因此，最终有些让步。其原因并不在于整个国家处于熊熊烈火之中，甚或也并不在于无权利者在议会里赢得了令人不可思议的多数。在权力的走廊里，他们的多数仍然是看不见的，然而，那些长期抵御任何变革的人

---

① ② ③ ④　[德]达伦道夫.现代社会的冲突[M].林荣远，译.北京：中国社会科学出版社，2000：72-74.

们在改变他们的立场。立场的改变是勉强的,部分是基于想摆脱已经变成累赘的压力,部分是希望把抗议的能量转而引导到对自己有利的图谋上。"①

在此,达伦多夫提示我们,"政治"本身不是恒定不变的,而是适时而变的,是动态演进与建构发展的。"政治行为"的演变、"政治文明"的发展与社会文明进步是内在相通的。冲突与和谐,原本就是现实政治的"一体两面",只要能顺势而为,就必定能有所作为。

与此同时,达伦多夫对现实政治发展演变的复杂性多有观照。他认为政治变动通常是在多种因素的共同作用之下进行的,"因此,有若干政治演变的成分。其一是由或多或少组织起来的社会运动所产生的力量,政治党派可能属于社会运动,但并非必然如此。其二是一种情势,在这种情势下,发生变化的条件已经成熟,而且存在着某种隐蔽的、甚至是潜在的意见一致性。借助舆论研究工具也发现不了这种意见一致,但是,一旦决定改变,多数人会突然发觉,他们早就期望得到这个新东西。因此,那些做出决定的人是十分重要。难道他们不是他们自己的立足基础的叛徒吗?"②

面对错综复杂的情势,达伦多夫的"政治家情结"还是较为浓厚的。在他看来,政治家需要有自我超越的勇气、忘我奉献的情怀、坚定不移的意志。为此,他还列举了一些重要政治家在重要时刻的非凡之举,如英国首相丘吉尔的"社会主义之路"的福利国家改革、德国总理阿登纳的采矿冶金工业里共决制的发明创造、法国戴高乐总统的改革担当等,正是因为这些才华卓著的政治家的努力,才使得各方利益得以平衡,社会也得以安定。对此,达伦多夫极为认同,认为"这些'叛徒'团结统一了而不是分裂了他们的国家"③。

不难发现,近代西方的历史的确存在一个阶级斗争、政治建构与社会整合三方力量关联互动、历史合成的重要面相,这其中,阶级斗争是"动因",政治建构是"中介",社会秩序是"结果"。倘若原有的平衡秩序被打破,那么又将展开新一轮的循环更迭。因而,如何平衡好阶级冲突与社会秩序之间的张力,政治的因素就十分重要,尤其是政治家的行动,他们应当直面社会冲突,积极推进社会变革,努力构建社会秩序。

总体而言,对于近代西方社会的公民权利扩展、阶级斗争冲突与政治建构整合"相互激荡"的社会发展进步史,达伦多夫还是较为认可的。作为一名自由主义政治学家,在他看来,西方近代的这一"权利与正义"的演进历史,或许正是自由民主政治的价值所系。一方面,"公民身份运动"的强大冲击力推进了人类"自由和平等"的逐次展开;另一方面,政治行为的介入尤其是政治家们的远见

---

① ② ③　[德]达伦道夫.现代社会的冲突[M].林荣远,译.北京:中国社会科学出版社,2000:73.

卓识又精巧地整合了社会秩序，实现了一定的繁荣与稳定。在此，达伦多夫有些过分乐观自信，进而不忘对马克思"历史总体性"的社会想象给予苛评："对于那些寻求系统性变化的运动来说，这毋宁说是令人不安的历史。"显然，在他看来，资本主义并没有落入马克思"革命论"的宿命，相反社会改革运动却把资本主义维系了下来。

达伦多夫还进一步批评了马克思的"革命论"："但是，这类运动（革命运动）无论如何必须对形形色色的令人不快的经验有所准备。"①"系统性运动"（革命运动）的严重困境："人们只要想一想米歇尔斯的'寡头政治的铁律'的观点：任何寻求权力的人都为此向民主付出一种代价。对于那种不仅想要让他的良心无愧，而且想在政治上发挥作用的人来说，尴尬的窘境是相当明显的；他会发现自己面临双重的危险，或者远离决策的宝座，或者陷于决策的宝座而不能自拔。"②

在此，达伦多夫又陷入了目光短浅的陷阱，他将苏联的社会主义失败视为马克思的理论舛误，将马克思的"革命"视为"不过是打乱了权力的分布格局而已"，最终也不过是沦为"寡头的统治"。对此，我们需要为马克思做出辩护：

首先，在马克思的理论体系中，无产阶级专政是资本主义向共产主义社会过渡时期的国家。显然，马克思深入地批判了资本主义社会的民主、自由、人权，设想在作为人类解放之实现的共产主义社会，由于个人消费品实行"各尽所能，按需分配"，权力体系走向瓦解；而国家的消亡也就是民主的消亡，并且，以"消除整个国家因而也消除民主"为政治上最终目的。③ 他批判议会民主主义，并不是要退回到在此之前的专制、恐怖、独裁统治，而是要创设一种高于议会民主主义的形式。其次，恩格斯在《1891年社会民主党纲领草案批判》中更是明确地指出："如果说有什么是毋庸置疑的，那就是，我们的党和工人阶级只有在民主共和国这种政治形式下，才能取得统治。民主共和国甚至是无产阶级专政的特殊形式，法国大革命已经证明了这一点。"④

由此可见，这种达伦多夫所指斥的"系统性运动（革命）"内在蕴含的政治价值与达伦多夫所谓的自由民主情结不仅是相通的，并且还是更为合理的、健全的民主。达伦多夫的批评显然是"蛮横的"、情绪化的，不值一争。

对于现代民主政治的建构发展，达伦多夫最后总结道："在工业社会里的政治，其核心是与这些不同的因素的有效的斡旋息息相关的。在这方面，各种议会有它们的任务。它们集合有组织的社会力量，挑选领袖，给领袖以行动的机

①② ［德］达伦道夫.现代社会的冲突[M].林荣远，译.北京：中国社会科学出版社，2000：73-74.
③ 马克思恩格斯全集：第22卷[M].北京：人民出版社，1965：490.
④ 马克思恩格斯全集：第22卷[M].北京：人民出版社，1965：274.

会,但是也强迫他们听取意见。因此,社会力量、议会和决策精英的相互作用,也会受到某些附带因素的某些形式的干扰。"①这就是其一再主张的"混合得好的宪法"。

综合达伦多夫的相关论述,对于当代西方资本主义的发展演变,在此也可获得一个初步的认识:现代工业社会的政治是多元混合的,复杂的,而非单维度的经济利益的阶级政治、社会阶层精英政治、统治政治、参与政治,多种力量的综合、较量与相互塑造。政治的变迁或者说政治发展不是独立于社会其他因素之外的,不是自足的,而是处于不断的"建构"之中的,它既为其他社会因素所建构,同时又以自身的出场建构着社会的其他方面。

同时,在社会结构日益分化与问题领域相对分离的现代社会下,现代政治的确已经成为一个相对独立的系统,其内部的逻辑构造与运作机制极其复杂,并深刻地影响着社会各个领域环节的演进发展。因而,相对于深刻社会转型中的后发国家而言,达伦多夫的一些论析还是颇具启示的。基于此,下文将结合其对于这一主题的相关讨论,对现代政治及其发展问题做进一步的探索与思考。

(二)民主政治的内部构造

为了深入现代政治的内部逻辑,达伦多夫首先亮明了自己的基本理论路径:"我们还必须对这个主题稍加深入地讨论,在这方面最重要的作者是马克斯·韦伯,他的思想对我们有所裨益。"②在简要地交代了韦伯政治思想的"德国背景"(同为德国人这一点也使得他们较有共同语言)之后,他谈到了韦伯对德国"伟大领袖"俾斯麦的"尊崇",以及对俾斯麦之后的德国领导的"平庸"的不满,"并认为这是在这位帝国奠基者身上的弱点和强处的奇异结合的一种结果,这种结果比起其他的一切因素都更明显地给韦伯的关于现代政治的思考打上了深深的烙印"③。

然后,达伦多夫着重围绕韦伯对于现代官僚制的重要论述,认为韦伯对"官员的统治和合理化""统治和合法性"等问题的探讨,尽管抓住了德国政治最为重要的组成部分并取得了突出的成果,但对于德国政治的未来或者说德意志民族的未来而言,韦伯的"官僚制"研究还只是个"配件","官僚制"问题并非现代政治最为重要的思想主题。"在分析官僚制之前的结构时,韦伯的思想仍旧是特别苍白无力的。也许这是他的经验的德意志品质所表现出来的若干点之一。他对市场或者也对政治的集市,包括美国政治的粗陋的习俗和风俗,没有先知先觉的感知。因此,他集中到一个唯一的主题上,这就给他的问题以一种更加

---

①②③　[德]达伦道夫.现代社会的冲突[M].林荣远,译.北京:中国社会科学出版社,2000:75-76.

具有戏剧性的品质：'面对官僚体制化倾向的过分强大的优势权力,怎么还有可能去拯救在任何一种意义上的"个人主义"活动自由的残余呢?'"

针对马克斯·韦伯对民主政治所做出的"特定的理解",达伦多夫首先指明韦伯政治思想的实证性,而不是形而上学的超越性。"韦伯并不寻求文学的或哲学的答案;他的兴趣在于政治和政治的机构,因此,他把他的一般的问题变为两个较为专门的问题,我把它们描述为民主的问题和领导的问题。"①

基于此,达伦多夫顺应韦伯的思考进路展开了对民主和领导问题的探讨。所谓的"民主的问题"指的是相对于国家统治的民众政治参与和政治监督,既是国家合法性的来源,也是公民政治权利的体现;而所谓"领导的问题"则是指政治机构包括政治家对社会发展的领导和管理问题,两相结合构成了全部政治实践的基本内容,既有自下而上的"公民国家"创建,又有自上而下的社会治理。

1.民主政治的根本实质：民意表达与利益整合

通常来说,基于公民权利的政治参与是现代民主政治的理论基石,也是其现实实践的重心和关键。无论是源自个体"权利"的让渡而生成的国家"权力"机构的理论论说,还是"以权利（rights）制约权力（power）"的实践机制,都较为确当地指明了民众在现实政治中的地位和作用,也因此有学者认为"民主"的最基本含义就是人民统治,最基本的追求就是人民当家做主。人民当家做主,在不同的国家有不同的表现形式,重要的是人民能不能在国家事务的各个方面有发言权,人民有没有能力来决定自己的事务,人民能不能享受国家发展所带来的福利等。② 当然,这主要还是对其基本含义而言的,而现实政治的多维性、复杂性往往可以引发各种面向的理解、阐释与建构。

达伦多夫着重考察了马克斯·韦伯的民主理论。他认为,韦伯对民主政治的理解与多数政治学者不同,韦伯关注的首要问题不只是通常意义上的追问政治权力来源问题,而是政治权力如何运作及公民权利何以落实的问题。"韦伯从一个重要的、尽管受限制的视角,提出民主的问题。面对官员的日益不可或缺及由此产生的官员的权力,他问道:如何'才能提供某种保证,使得有些力量能够限制和有效监督这个日益重要的阶层的巨大的优势权力'?'仅仅在这种有限的意义上,从根本上讲,公民的民主权利将如何实现呢?'"③

对于韦伯的这一论析,达伦多夫予以了基本的认同,进而提出了自己的"民主观"。在他看来,民主政治的根本环节并不在于抽象意义上的"普遍意志"和"公意"等理念下的"人民的统治"政治主张,也不是基于近代西方社会契约理论

---

① ［德］达伦道夫.现代社会的冲突[M].林荣远,译.北京:中国社会科学出版社,2000:77.

② 林尚立.人民、政党与国家:人民民主发展的政治学分析[J].复旦学报,2011(5):1-10.

③ ［德］达伦道夫.现代社会的冲突[M].林荣远,译.北京:中国社会科学出版社,2000:77-78.

视域诸如洛克、卢梭等学者所专注的现代政治权力的生成与制度建构问题，而在于对政治运作实践过程的考量，其根本的实质在于现实政治能在多大程度上体现人们的意志并实现人们的利益，从而多大程度上得到人们的认同。为此，他也对启蒙意义上的民主观表达了不满，"从伯里克利到托克维尔，进而到其他诸多事件，如果人们采纳民主的词义，那么，这个词义就意味着一些也许是不可能办到的事情。人们甚至会问，人民拥有统治状态是否是值得希望的。所谓普遍的意志，当卢梭、康德和黑格尔用三种不同的方式对它进行阐释时，它首先制造了混乱。""谁想避免这类辩论的形而上学和感情冲动，他就得更加准确地和更加有分寸地来理解民主。"①

显然，较之前辈哲学家居于抽象理性世界的追问与深思，达伦多夫更偏重对具体政治实践运作的"实证性"分析，因为他要直面民主政治中的现实问题。对达伦多夫而言，民主政治"重要的是把很多人的利益和意见纳入政治的进程，重要的是合法性"②。

"合法性"是现代西方政治学理论的一个重要范畴，也是马克斯·韦伯政治社会思想的一个核心论题。学界关于政治"合法性"问题的探讨，大都是从韦伯的相关论述展开的。关于政治的"合法性"及其争论的问题，这是现代政治抑或说现代性政治才拥有的话语或议题。经典意义上，政治的问题总围绕"统治—服从"这条关系链展开，不管统治者（服从的对象）是一个人（君主政治）、一群人（贵族政治）或所有人（民主政治），统治（服从）的中介是法律还是纯粹的暴力，以及统治（服从）的根据为何，是神（上帝）、自然（天）、知识（道）、德行、武力或没有根据而仅仅依靠习俗惯性。

"合法性"究竟意味着什么？对于这一问题的探讨，吴冠军综合比照韦伯、哈贝马斯、施密特及凯尔森等现代西方政治思想名家的相关见解做了较为深入的论析。他指出，所谓合法性的问题，实质就是现代政治下政府公共权力对社会的"支配"与来自社会层面的"服从"的关系问题（古典政治并不存在所谓的"合法性"质问），是权力的赋予与认同问题。他还对西方政治思想史上有关"合法性"的重要讨论做了判别与区分：一是霍布斯与洛克等建立的现代自然法传统，这一传统彰显了公民个人在现实政治中的主体地位，人性与人道作为现实政治运作的道德基础，权力来自公民个人（社会）的让与，政府必须对公民（社会）负责，否则其合法性便丧失了，这是政治学的一般论析理路；二是卢梭首先开创性地从正当性角度来讨论"服从"问题，认为"强力"的支配并不一定具有道德的正当性，"强力并不构成权力，服从的义务只归属于正当权力"，就此，卢梭

---

①② ［德］达伦道夫. 现代社会的冲突［M］. 林荣远，译. 北京：中国社会科学出版社，2000：77-78.

实际上开启了关于政治"正当性"的新维度。在卢梭这里，统治的正当化与正当性的授予被一同处理了，普遍意志（general will）既是一种主权形式（大众主权），也是一种政府形式（民主制度），前者涉及正当性的授予，后者则事关正当（有效）的统治制度。显然，政治的"正当性（legitimate）"问题与政治的"合法性（legality）"并非同一方向的思考。①

而马克斯·韦伯的政治"合法性"理论则又独辟蹊径，他所关注的是政治统治的正当化问题，换言之，权力合法性最终必然表现为社会的认同问题，是来自社会层面的民意判别。韦伯总结了三种权力认同模式（传统型、法理型和克里斯马型），其关键在于"认同"，也即"权力支配与社会服从"的问题。韦伯的这一思路其实与前述的洛克模式、卢梭模式均有着不同程度的汇合，韦伯并非不关心政治制度的建构，也没有模式政治治理的成效，作为"后来者"，基本政治制度的问题早已解决并得以实践定型，因而他只是从社会学的角度做了相对独特的理解。

达伦多夫主要借鉴了韦伯的这一思想。首先，达伦多夫的"合法性"与近代西方的自然法学说和社会契约论的思想传统是密切关联的，一定程度上也体现了政治统治的"公共性"即"主权在民，人民做主"的原则。并且达伦多夫抓得很准，认为政治合法性的关键在于体现民意。而民意的反映又有两种方式：一是选举投票的"形式民主"；二是利益实现的"实质民主"。达伦多夫一再强调"要将意见和利益纳入"，与一般意义上的自由主义学者的"形式民主"立场相比，他更倾向于社会不同阶级之间利益关系的实质性均衡，这还是颇有些政治哲学的"正当性"意味的。在此，达伦多夫也就将政治"合法性"问题具体落脚并转换为政治治理过程的实际成效问题。进一步说，政治的关键问题就是如何在治理中创造更好的绩效。那么，具体的政治治理又是怎样展开的呢？达伦多夫也有着自己的思考。

2. 民主政治的关键环节：政治监督与精英变革

如上所述，达伦多夫认为政治参与是民主政治吸纳民意、整合利益的根本实质，也是其实践运行的重要途径。但这还主要偏重于理论层面，在具体的政治治理实践中，如何充分吸纳民意、积极变革、富于成效，则还是需要深入探讨的问题。达伦多夫素来重视政治实践与治理绩效，对于现实政治中大众民主与精英治理也都抱有较高的期望，希望各方力量主体均能给力支持、相互呼应、形成合力，促进变革和发展，而非仅仅偏于某一端的单方面的努力。

基于此，他概括点评了韦伯的相关观点："韦伯向我们指出，包括社会阶级

---

① 吴冠军. 正当性与合法性之三叉路口——韦伯、哈贝马斯、凯尔森与施密特[J]. 清华法律评论，2005(5):46-94.

在内的、有关决定着演变的能量和方向的社会力量的模型和有关把他们的利益与眼下的要求协调起来的精英的模型,过于简单。"①

论及马克斯·韦伯的民主政治主张,其关键要义在于大众的政治参与与精英的卓越领导的双双结合,并且他尤其重视政治精英的作用,热切呼吁政治家们要"以政治为志业",以超强的气魄和非凡的勇气及娴熟的政治智慧来驾驭时局、创建伟业。

不过在此,达伦多夫却认为韦伯的看法太过简单而粗略。他认为,政治精英也好、官僚体系也罢,甚至于民主政治的另一重要的依托——议会,都还存在种种不确定的因素,都很容易趋于平庸和保守、僵化而失去活力乃至"腐化堕落"。"精英的本质绝不是模型唯一的、必要的限制条件,神经质的精英们一般都胆小怯懦……改革的勇气是以自觉意识为前提的。然而,官僚体制的危险更为严重,于是,议会就变为纯粹空发议论的场所……但却毫无结果,一事无成……议会也可能变成一个半社团主义的和半官僚体制(乱线团)的一部分,在那里,一切倡议都让人看不透,因此也就没有什么革新。到处都有这样一种议会的管理体制化的危险。这种官僚体制化吓坏局外人,即'人民',使他们疏远政治的机构,并导致形成新的社会运动,而社会运动很快就会发现自己也面临着类似的问题。"②

由此可见,达伦多夫对于政治精英不像韦伯那般充满期待(其实韦伯也意识到了官僚制的弊端,也颇为无奈但别无选择),甚至于抱有戒备,认为他们在一些利益集团的绑架或现代官僚制的僵化机制下难有作为,容易陷入保守和不思进取的庸碌无为,既无法充分回应来自社会的呼声,也缺失积极革新的动力和勇气,这就势必削弱民主政治的进取心,既不能实现充分的发展,也无法安抚民众的情绪。而且更为严重的问题是,当普通大众面对政治精英阶层的不作为、无作为时,自然难免陷于心灰意冷,不再愿意对未来寄予多少期望,而是疏离于政治之外,经营起自己的既得利益,而无视公共责任关怀。其实,达伦多夫的这一担忧并非多余,当代西方国家普遍出现的民众政治参与的衰退,日益弥漫的政治冷漠,即可说明西方民主政治的沉闷乏力与踟蹰不前。

面对现实的情势,达伦多夫对于日渐平庸无能的政治精英和政治机构自然是极为失望的,为了突破国家机器的僵化,提出了加强社会层面"政治监督(督导)"的主张。他试图重新唤起公民理性的批判精神与创新动力,并以此作为大众"民主的补给"。概言之,达伦多夫就是要聚集社会各方对现实政治的批判压力,以便激活政治创新的动力源泉。在此,需要对其有关"政治监督"的论析做

①②　[德]达伦道夫.现代社会的冲突[M].林荣远,译.北京:中国社会科学出版社,2000:78.

出探讨。

如前所述，达伦多夫虽然极为重视政治参与中的民意表达与利益整合，但基于现实政治的衰败，他不得不转向民主政治的"权力制约和监督"问题，着眼于进一步发挥诸如议会、公民投票和公民决策的政治监督功能，以及新闻媒体和社会抗议行动的政治监督、改进社会的作用。对于议会，作为"被官僚制的手段统治的人的代表机构，不管是在纳入人民的利益方面，还是在监督执政者方面，这种语言是现实主义的。然而，也有另外一些宪法工具。公民投票和公民表决既可能被保守派滥用，也可能被蛊惑人心者滥用，但是，它们不失为把舆论纳入决策过程的方法。对统治的监督除了议会的程序外，还要求有法律的和其他的机制，以审查决策，包括审查行政行为。媒体具有一种现实的意义，有朝一日，这种现实意义也会得到宪法的承认"。在此，来自市民社会的监督、宪法层面的审查、决策过程的审议、法律规范的制导、媒体舆论的督导，等等，均是改进官僚政治平庸乏力的重要途径。

在此，达伦多夫提出的"政治监督"是较为宽泛意义上的监督，而非局限于西方民主政治"三权分立"的相互监督与制衡，而是从社会力量主体的层面对一切拥有"政治权力"（含政府、议会、官僚制下的公务员等"权力行使者"或者说统治阶层）的监督。在此，关键是要充分发挥民众方面对"社会权力"的督导作用，这也是民情民意的重要体现，其根本实质主要还在于平衡社会阶级阶层之间的利益关系，促进经济社会的良性发展。应该说，达伦多夫的这一思考颇富启示，也有一定的进步意义。

为了推进政治改革，达伦多夫甚至还倡导一定范围内的社会抗争，给政府施压以促其行动、有所作为，诸如"一种包括社会运动和特殊的利益群体、大学里的活泼的讨论和大街上激动的人群的示威游行，等等，似乎是没有秩序的"。虽然抗议难免产生混乱，但"民主按其定义是没有秩序的，谁要不能容忍这种情况，不需要很长时间，他就会等到一种更坏的政体"。①

对于达伦多夫谈及的"民主"，本来就意味着"没有秩序"的说法，耐人寻味。仅就自由主义政治本身而言，尊重差异、包容多元、理性对话是其基本的原则导向，而达伦多夫在此提出的"没有秩序"一说，看似有些偏颇乃至"矫枉过正"，但其实若从现实发展的需要来说，达伦多夫的这一主张自有其道理，那就是：以必要的社会冲突压力来倒逼政治家的改革进取，"抗争—冲突—改进"既是达伦多夫一贯的理论逻辑，也的确反映了当代西方社会的一些重要事实。正如学者赵鼎新的相关论析所谈及的，"有序的社会抗争"是西方发达国家排解社会矛盾、

① ［德］达伦道夫.现代社会的冲突［M］.林荣远，译.北京：中国社会科学出版社，2000：79.

消解严重冲突、释放社会压力的一种常规途径。①

　　3.民主政治的困境出路：克服官僚制、重返自由

　　前面已经提及了达伦多夫洞察到的官僚制问题，官僚体系的僵化已然成为现代西方民主政治的重要难题。那么，如何克服官僚制的困境呢？

　　对于现代官僚制的问题，达伦多夫基本承接了马克斯·韦伯的相关思想，既基本肯定了现代官僚制（又称科层制）的合理性，又深深忧虑其内在的困障。基于韦伯的现代性论述，现代政治管理中的官僚制问题是现代社会"工具理性"运作的必然结果，也是人类社会现代化下无可避免要遭遇的"铁笼（iron cage）"。事实大体如此，西方近代以来代议制民主制度的普遍确立，公共权力得以展开对社会的"合法化""规范化"治理，及其所形成的较为系统完整的组织体系和管理机制。客观地说，西方国家的这一严整规范的官僚制体系曾经发挥了重要的作用，对于现代市场经济的自由交易、公共服务的维护保障及日常社会较为秩序的规导均取得了一定的实效。但是，官僚制毕竟源于"形式理性"下的"科学设计"与"管治需要"，因而存在着诸多的不足，产生了所谓的"合法性危机"，以致阻碍了西方现代民主政治的发展。

　　面对这一现代性的严重困境，马克斯·韦伯较为悲切，并试图唤回人们"价值理性"的出场，并热切期待政治家们"职业精神"与"信念伦理"的复归。对此，达伦多夫也有所思考。

　　第一，呼唤政治家的"职业伦理"，力图改变困境。

　　对于官僚制的困境，达伦多夫已经深切地感受到，并且是"痛心疾首"。而对于由此引发的民主原教旨主义及民众对现实政治的失望和疏离，他渴望精英的出场来实现革新。但如前所述，精英往往并不可靠，"专制的旋涡"并不容易摆脱。对此，他选择了再次返回自由民主的基本起点即"自由宪法"，求助于新的政治"想象力"。也就是说，要走出"彻底民主与官僚制的'双面夹击'，唯一的道路就是回归自由宪法，辅之以政治家的积极革新"。

　　第二，重返自由宪法的革新之路，开启现代民主政治发展的新空间。

　　达伦多夫对于现代官僚制所可能引起的社会反应较为明了，也警觉到了诸如较为严重的"民主诉求"的反弹，因此，在民主的原教旨主义的诉求之下，随着公众对政治问题的参与讨论，其中的对抗程度与性质已是扑朔迷离，难以捉摸也难以估量，或将危及现有官僚体系的有序运行及基本的政治稳定。因此，达伦多夫念兹在兹的"民主和革新如何才能相结合？如何才能不必进行革命而又可能演变？"②

---

① 赵鼎新.社会与政治运动理论：框架与反思[J].学海,2006(2):20-25.

② ［德］达伦道夫.现代社会的冲突[M].林荣远,译.北京:中国社会科学出版社,2000:82.

在此，达伦多夫的考量是双重的：其一，官僚制的危害已然显现，若不及时处置必将引发严重的社会冲突；其二，这种严重冲突一旦形成，必然危及基本的政治社会秩序，任何改革都将无从谈起，并且这已经突破了达伦多夫的政治底线。换言之，政治改革如何既保持现实基本秩序，又能较为有效地治理社会，是达伦多夫政治思考的基本立足点。因而，当遭遇官僚制困境时，达伦多夫表现出两难困境："对现代政治问题的一切回答，都是有争议的。民主的原教旨主义者的一代人，对马克斯·韦伯所发挥的，而且也在这里所建议的对政治阶级的分析中所发挥的独立的作用，特别感到为难。他们最乐于把身居高位的代表人物想象为一种蒸汽，蒸汽从喷泉升腾而起，又深深渗入人民的土壤之中。自从19世纪和20世纪初以来，公众对政治问题的讨论，已经大大丧失了难以捉摸的微妙性。"①达伦多夫的这一论析颇为费解。概略地说，其主要意思大约是：随着现代政治的日益世俗化，人们对政治的理解不再似以往那般的神圣与神秘，面对现实社会阶级阶层的变动、利益集团的竞逐博弈，似乎已经很难形成确切的、神明般的"政治共识"，曾经的相互信任与鼎力支持已不复存在，因而对"何为政治、政治又何为？"的问题无法给出有力的解释；而且价值信仰与现实实践开始脱节，政治精英变得乏力，民众关怀退场，曾经富于活力的国家已然不再，所有的"精气神"几近消耗殆尽。

对此该怎么办？达伦多夫回到了"自由宪法"，力图重新唤起民众的自由民主精神，"自由的宪法必须给这些问题一个回答。它必须在响起警报声的极端民主化和专制之间的进退维谷的境地中找到一条航线，又不致翻船陷入官僚体制的无底深渊，这种深渊处处都阻碍着进步的行程路线"②。

应该说，达伦多夫对自由宪法寄予了无限的厚望，但问题是现代西方民主政治的官僚制困境能否克服呢？马克斯·韦伯对现实的悲观失望及其对未来的殷殷期望，似乎也是达伦多夫必然遭遇的困顿。那么，问题的根源究竟在哪里呢？其所做出的期望将根基何处呢？对此，不妨先来参考马克思对现代官僚制的批判。在《法哲学批判》中，马克思首先是从批判黑格尔的国家论着手分析的，因为"现代国家"的建构生成就已然蕴含着现代"官僚制"问题困境的全部答案。

一般说来，在黑格尔的法哲学中，国家体现的是具体的、普遍的伦理精神，是伦理理念的现实。而市民社会体现的是有差别的、特殊的伦理精神。国家代表的是普遍利益而市民社会代表的是特殊利益，从国家与市民社会二者分离对立的基础上出发，黑格尔引入了"官僚政治"这一从普遍向特殊推移的特殊性的

①② ［德］达伦道夫.现代社会的冲突[M].林荣远,译.北京:中国社会科学出版社,2000:82.

环节，它维护国家的普遍利益和法制，是把特殊利益纳入到普遍利益和法制之内的职责的承担者。黑格尔从国家和市民社会之间、特殊利益和自在自为的普遍物之间的分离出发，而官僚政治的基础的确就是这种分离。①

根据马克思的政治观，国家是一种为了维护统治阶级的利益而自居于社会之上并且日益同社会相脱离的力量，它有一种表面上的代表普遍利益的形式，而隐藏在这种形式之后的是国家的阶级本质。所以说，国家与市民社会的确是分离的，但不是黑格尔所说的那种思辨性的分离，并不是国家就代表了"自在自为"的普遍利益，黑格尔这样说在马克思看来是颠倒是非，是扭曲的理解。恰恰相反，马克思认为所谓国家利益的真正本质是统治阶级的特殊利益，是与社会大众的普遍利益相对立的利益，正是在这个意义上，马克思认为资产阶级的统治必然产生官僚政治。因而，官僚制正是作为维护这种对立的利益，压制社会冲突而存在的。所以马克思批判"黑格尔完全没有考察官僚政治的内容，只是给官僚政治的'形式'的组织做了某些一般的规定，而官僚政治的确只是在它本身以外的一种'内容'的形式主义"②。所以官僚制具有形式化的特质，但在实质内容上打下了严重的折扣。

至此，相照之下，便不难理解韦伯、达伦多夫等自由主义者的思想困境了。综观达伦多夫的"民主论""官僚制困境论"及其"重新返回自由宪法"的改革主张，其基于自由主义基本立场的现代民主政治思考，始终面对"多数派"即大众参与与"少数派"即精英治理的紧张对立，其最终的结局也只能是左右徘徊：一方面，基本政治经济制度的私有制基础决定着现代官僚体制下"政治精英"很难出场也难有作为；另一方面，现实政治的困境又呼唤政治家有所作为以调和矛盾，这样就形成了无法解开的"死结"。进言之，当代西方的官僚制问题恰恰是内蕴于其自由民主政治的"少数人主导"的根本实质（是马克思意义上的"少数人"的阶级统治而非韦伯、熊彼特等人意义上的"精英"—"大众"），而现代民主政治"蜕化"的根源又在于"精英的主导"（是熊彼特意义上的精英也是马克思意义的"少数人"）下社会民众的分裂与对立，最终政治共识也就无从谈起，改革自然难以进行。

综观达伦多夫的民主思想与改革立场，应该说，作为一名追求进步的政治学家，其情怀与担当自是毋庸置疑的，但其所处的时代境遇却是难以超脱的。著名学者马斯泰罗内对达伦多夫政治思想也做出了这样的定位："他坚持的是自由民主主义，是以自由主义包容民主，而不是以民主来包容自由主义。"③"自

---

① ② 马克思恩格斯选集[M].第4卷.北京：人民出版社，1995：300.
③ ［意］萨沃尔·马斯泰罗内.当代欧洲政治思想[M].黄华光，译.北京：社会科学文献出版社，1996：109-110.

由优先于民主",康德的政治开放优先于黑格尔的伦理切问,这是达伦多夫政治想象的原点动力,但也是其困顿忧思之根本源头。

二、美、英、德三国民主政治发展道路的比较

达伦多夫曾经谈到现代民主政治的生成与发展是一个极其复杂的历史过程,往往有着多种因素多重力量的交织作用,并认为现代民主政治发展的关键就在于"混合得好的宪法",因而他较为重视现代社会转型下经济发展、政治建设与社会治理的动态性与多维性,并且认为各国政治现代化的道路通常取决于其特定的历史文化、时空环境、现实机遇及政治家的卓越努力等重要因素。

为了进一步把握现代政治的演进逻辑,达伦多夫着重考察了美、英、德三国的政治现代化道路。在此,其基本的视角与方法,主要还是从民主政治与市场经济的关联互动、公民权利与社会阶层地位的内在逻辑、阶级冲突与社会秩序变迁等问题层面做出分析,进而从中把握各国政治建设与社会发展的实践逻辑。其经验考察与理论分析的着力点也主要集中于相关国家的经济结构、阶级结构、政治基础、历史文化传统等要素上,较为侧重于宏观历史的视角,注重战略性的分析。

(一)美、英、德三国政治发展道路的经验考察

基于前面达伦多夫对现代社会冲突基本理论的分析,在此将结合其对于当代资本主义发达国家的实践经验贯彻思考,以便更为完整地把握他的政治思想。

1.美国经验:"公民权利与开放边界相结合"

关于美国民主政治的发展道路,达伦多夫从以下几个着眼点做出了剖析。

(1)美国的政治制度与社会结构:基于"自由与平等"之上的富于张力的政治结构。

他首先指出了美国民主政治制度的基本特征,认为美国的政治结构具有相当的张力,能够促进社会的自由流动,并且以"平等的身份"铸就了开放包容、自由竞争的社会结构。"种种迹象表明,在机构方面,美国的体制是对现代政治问题的一个可信的回答。"并认为,"两个多世纪以来,美国宪法运作得很好"。

同时,对美国政治的社会结构基础,达伦多夫认为:"流动性是美国的基本特点……种种流动性从一开始就与托克维尔意义上的民主联系在一起,也就是说,与生存条件的一种基本平等联系在一起,在这种基本平等里,引人瞩目地缺少传统的依附关系。"①如此,"自由宪法"及其捍卫下的"自由社会"就互为依托、

---

① ［德］达伦道夫.现代社会的冲突［M］.林荣远,译.北京:中国社会科学出版社,2000:83.

互相促进,进而使得美国政治在基本人权框架与社会流动机制的互动下,即在基本平等身份的政治前提与自由竞争的市场机制共为一体的情况下,构筑了开放包容的政治结构与社会结构。而正是这一制度平台,奠定了美国社会的多元并包的基本气质,既包容一定的社会冲突,又以其多重体制机制对矛盾冲突予以必要的整合。在此,社会结构分化的内在张力与政治结构整合协调平衡,互动演进、持续摆荡。当然这一特征的形成还有赖于其他相关因素的联动。

(2)美国的阶级结构与政党结构:天然的"对抗性结构"与"平衡性力量"。

理论上说,现代民主政治的基本特征与根本优势就在于其开放性、包容性和平衡性,即所谓的"大开大合"。社会转型下的分化可谓"大开",而秩序整合则意味着"大合"。对于美国政治社会的现代化,达伦多夫从两个方面做出了分析:一是政治领域本身,即社会冲突的组织形式和实现方式;二是调和社会冲突的经济因素,即利益分配的基本格局。

基于此,达伦多夫首先着力分析了美国的阶级状况与政党结构,从中把握"大开"社会里利益冲突的组织形式和实现方式,并以此考量美国政治的另一特质即"多元冲突与包容均衡",阶级对抗与利益平衡一体联动、相反相成、相互塑造。他说:"在美国,政治的冲突更早就遵循了阶级模式。早在美国的当代形式的两党制得到发展之前,使得社会分裂的政治论题在倾向上就具有阶级性质。"而与此相对应的是,美国的政党制度也在这一阶级结构中产生并反作用于社会冲突,"一个政党的目标在于限制人民的权力,另一个政党的目标则在于扩大人民的权力"。①

从西方政治学内部来说,现代社会政党政治的基本功能在于承认利益差别、容忍利益博弈并从中实现利益整合。达伦多夫认为,美国的两党制至少在相当长的时期相当大的程度上体现了这一政党功能。"政党制度为不同阶级的利益实现提供了博弈的平台,利益表达和利益协调得以进行,社会结构的冲突压力以政治的冲突得以分解。这应该说是比较成功的政治建构。当然,美国两党制的形成有其历史原因,而不是刻意建构的产物,要从其内部的社会历史传统与经济结构的分化等方面去寻找。"②

在此,美国以其天然的阶级结构与政党结构,为社会冲突的形成与解决提供了较为有利的基础,两党之间的竞逐代表着两大阶级的博弈,进而使得对抗性的社会结构得以一定的调适与平衡。当然增进社会均衡秩序的还不只是美国的"阶级—政党"结构,经济增长的因素也较为重要。

①②　[德]达伦道夫.现代社会的冲突[M].林荣远,译.北京:中国社会科学出版社,2000:84-85.

（3）美国政治的经济因素：财富增长中的分配优化。

接上所析，开放多元的社会结构要实现有效整合，仅仅提供社会不同阶级之间的公开博弈，是不足以充分调节社会矛盾的。经济增长、物质条件才是更为重要的基础。缺乏足够坚实的物质基础，充其量也就是低水平的社会整合，甚至因为"物质的贫乏"而导致更为严重冲突。对此，达伦多夫早已指明。在他看来，美国的现代化发展较为有力的优势就在于其经济繁荣增长与收入分配提升，这一发展的"红利"较多地缓解了美国社会内部阶级矛盾与冲突的紧张压力。在此，就如达伦多夫社会冲突基本命题中所论析的，公民的应得权利与社会供给之间的对抗对社会冲突的演变有着重要影响，二者之间的平衡或失衡均影响到社会的稳定秩序与持续发展。

概言之，在达伦多夫看来，美国政治现代化最为明显的特征就在于"公民权利与开放边界相结合的历史"，"这两个概念必须在一种特定的、仅适用于美国的意义上来理解。公民权利接近于托克维尔所称的平等或民主的基本条件，它们是一些基本上局限在法律和政治范围内的归属性权利"。①

当然，美国社会所谓的"自由与平等"的协调演进并非尽善尽美，其中较为值得重视的是美国社会的"开放的边界"，因为这本身即意味着动态性与不确定性，"在这样的平台上，也还仍然存在着应得权利与供给关系紧张的问题，但内部的发展逻辑不同"。②换言之，美国社会（美国人的社会心理）本身对于动荡失衡具有较强的包容力。

在此，达伦多夫还列举了美国历史上的三次较大的暴力冲突事件来予以说明。"18 世纪 70 年代的早期宪法斗争，19 世纪 60 年代的国内战争和 20 世纪60 年代的公民权利运动，正是争取实现公民身份地位而斗争的漫长历史的标志性阶段，其间制定的宪法和权利法案，1866 年的民权法案和宪法第 14 条补充条款，1964—1965 年的民法和选举法，这些都是实现人人拥有公民权利的永无止境的道路上的里程碑。"③这是对美国"天然民主"的集中刻画，同时他还从另一方面即应得权利的美国式反应来说明美国的特质，即崇尚机会公平或起点平等的竞争文化，这一文化特质也在很大程度上影响着美国社会的冲突逻辑。换言之，每个人较之于其他民族更容易接受"差距"，并因此而更少地发生冲突，也就从反方向增强了其社会与政治结构的包容性，这一点尤其表现在应得权利的扩展上。正是在此意义上，美国人较法国人更多地崇尚"竞争下的自由"，而更少地热衷"革命下的平等"。就如达伦多夫所论析的："如果涉及把这类应得权利扩大到社会的领域，美国人是犹豫不决、踌躇迟疑的。""因此，在美国，公民权利

---

① ② ③ ［德］达伦道夫.现代社会的冲突［M］.林荣远，译.北京：中国社会科学出版社，2000：84-85.

在一张狭义上与经济生活、社会生活和政治生活的入场券有关系，与此相反，与进入以后才发生的事情无涉。"①

在此，德国学者桑巴特在《为什么美国没有社会主义》中的分析极具启发性。他认为，美国的工人运动历来具有的传统就是在资本主义制度内争取工人自己的利益。在 20 世纪 30 年代"新政"期间，劳联和产联都不主张改变经济制度的基础，而只要求在原来的基础上提高工资、改善工作条件，并在更大程度上实行社会保险。尤其是新成立的产联，他们非但与社会主义运动不相联系，反而通过其政治组织委员会逐步被吸引到罗斯福和民主党一边来支持"新政"。②

秦晖在讨论"桑巴特问题"的文章《公平竞争与社会主义》中，也强调了美国资本主义的那种"纯粹性"：既没有专制主义的遗存（这就避免了共产主义运动），也没有封建主义的残余（也就避免了社会民主主义运动），美国工人阶级生来就有"免费馈赠的投票权"。正是这种所谓的"起点平等"，培育了美国工人阶级对纯粹"公平竞争"的亲和力，体现了"不患不均而患不自由"的美国精神。③

与此相应的是，美国社会的另一特质在于其"开放的边界"，即经济增长的因素。在这两大因素的合力之下，美国政治的发展逻辑便得以显现，那就是开放的边界提供必要的社会财富，这样社会供给与公民的应得权利之间的冲突就得到一定的缓解，甚至达到达伦多夫所说的"平衡"。"美国有一种其所特有的基本公民权利和似乎是不受限制的供给之间的平衡。这种平衡曾经是美国政治民主的秘密，而不是流动性本身，更不用说是普遍的富裕，或者是经济发展的某一个特定的阶段。"④

当然，尽管达伦多夫对于美国的政治模式或者说发展道路较为认可，但也并非没有质疑。他说："不过，20 世纪 70 年代的风暴并未使美国受到触动，安然无恙；倘若我们的分析涉及最近的时代，则美国强者的薄弱之处也就变得明显可见。"⑤事实上，美国经济在 20 世纪 80 年代的衰退，带来了许多严重的社会问题，这恰恰反映了其制度体系的严重局限与内在困境。而且还须严正指出的是，无论是达伦多夫的美国论述，还是秦晖的"桑巴特问题"解析，均存在过于漠视美国现实社会不平等的问题，而是止步于字面上的"平等"人权。

2. 英国的经验："发生没有经济成果的政治冲突"

论及英国的政治发展，达伦多夫同样注重发掘英国社会的一些特质，即政治因素优先于经济因素，相对有序的政治建制维系着英国社会的稳定。

学界通常认为，作为西方现代民主政治的发源地，英国人历来比较擅长"玩

---

① ② ④ ⑤　[德]达伦道夫. 现代社会的冲突[M]. 林荣远，译. 北京：中国社会科学出版社，2000：86-88.

③　秦晖. 公平竞争与社会主义——"桑巴特问题"与"美国例外论"引发的讨论[J]. 战略与管理，1997(6)：89.

政治"，其现代政治的自由平等、理性包容、秩序均衡等观念可谓十分深厚，事关利益纷争的公开博弈与对话妥协的政治传统也由来已久。对此，达伦多夫显然是极为认同的。在他看来，13世纪时，英国就确立了较为明显的对抗性的阶级结构，并建立了较为"理性"的政治制度，因而，英国的"政治"也就较为"发达"，经济发展与增长的因素反而不尽凸显。达伦多夫同样将英国政治的现代化纳入其相对社会冲突的基本理论框架下，并做出了具体的分析探讨。

（1）英国人偏好政治论争与博弈的社会氛围。

相较于美国，达伦多夫认为"在大不列颠，则有一种明显的倾向，人们更乐于把经济的向前发展置之脑后，而投身于罢工、竞选和公众辩论中去。因此，大不列颠为一切取决于政治的国家提供了一个楷模"。[①] 并进而赞赏英国基本宪法制度的"平衡能力"，"在国家的经济状况比较差甚至很糟糕的时候，英国宪法表现出了令人惊叹的抵抗力……即使在两次世界大战之间这段时间里，议会民主的机构任何时候都未曾受到严重的威胁。……虽然英国几乎贻误了普遍的经济奇迹，但是，它的政治机构的成就达到了新的巅峰"。[②]

在此，仅就达伦多夫所侧重的社会冲突与秩序建构这一理论视域而言，在英国现代化进程中，其政治的"能量"要大于经济的"能量"，对于社会发展的影响更为明显重要。

（2）英国人的政治竞争传统导致了公民权利意识的高涨。

事物的发展总是辩证前行的。既然英国人素有公开竞争的政治传统，那么对于公平公正的诉求自然也是极为强烈的。达伦多夫认为："英国的政治长期以来是一种应得权利的政治，而不是供给的政治。它的主题是公民资格和特权，而不是经济增长。"[③] 这一论析较为确当，由于较为倚重政治层面的协调整合，因而"政治生活"也就比较活跃，并且表现为国民对于公民权利的平等诉求日益上升，矛盾冲突亦不断涌现。但吊诡的是，频频发生的利益纷争反过来又倒逼了政治整合的发生，推进了英国政治的成长。尽管这其中不免有些理论的空谈，但的确有一定的道理，也揭示了英国现代化进程的内在思路，至少是一个比较重要的侧面。

（3）阶级观念、阶级结构与政党传统等重要因素对政治发展的影响。

一是关于英国的阶级观念与阶级结构。"很多英国人对他们的'阶级（成分）'习以为常，仿佛它们是前工业时代的等级，甚至是特权种姓。他们虽然抱怨自己的处境，但却为他们所处的'阶级'而自足自得，这尤其适用于带着很有特色的固有文化的工人阶级。""这种静态的、几乎是等级性的结构，也是维多利

①②③ ［德］达伦道夫. 现代社会的冲突[M]. 林荣远，译. 北京：中国社会科学出版社，2000：87-88.

亚时代后半期独特地改变社会和经济事物的结果。"①

在此，不难发现相对于现代政治自由平等的主流价值，英国政治的保守面相。因为历史上的"等级秩序"的重要前提，使得英国人的抗争意识既较为激进又善于妥协，与法国大革命的风暴比起来，确乎相对温和理性。而这一较为独特的文化传统也使英国政治的包容性、调和力相对更具优势，进而维系了一定的社会均衡与秩序。当然这一文化传统又还直接关联着英国政党制度的生成演变。

二是关于政党制度。达伦多夫认为英国的两党制对缓解阶级冲突意义重大。"两党制作为游戏，作为把社会分裂为上下两个阶层的戏剧演出，加上以改变应得权利作为主题，是现存状况的完美的表现。""英国的政治游戏有其社会基础……'让经济衰弱的政治'最终提出了一些是否能够由政府来治理的问题。"②

正如达伦多夫所论析的，英国政治的"成熟理性"同样基于其政党制度的特性，而阶级阶层关系的分化冲突同时又不断地塑造其政党制度的结构与功能。"让社会和谐的政治"与"让经济衰落的政治"居然并行不悖，这个英国民主政治的逻辑，让人颇费思量。

最后，为了更准确地把握英国政治发展的特征，他还将英国与美国做了简要的比较。"在美国是公民权利和经济增长相结合，在英国是革新的政治和疲软的经济相结合，都证明是稳定的和可以接受的……两者都认识到公民权利的原则，也认识到演变的必要性。这两种混合宪法发挥了作用。"③

在此，达伦多夫再次提及了"混合宪法"并认为英美两国的政治发展均有自身的内在逻辑，也强调指出了现实社会政治发展的多因性、多维性、多变性。当然这其中达伦多夫的自由主义民主政治的基本立场是极为明确的，对此暂且不多做评论，需要提及的是，英国社会的政治气质，诸如注重协商与对话、崇尚温和理性、偏于审慎保守等文化理念，还是具有一定的启示意义的。

3. 德国的经验："没有公民的应得权利而有经济增长的后果"

对于其祖国德国的政治现代化进程，虽然达伦多夫个人因政治迫害而寓居他国，但身处异国他乡的他依然给予了深切的关注，倾注了较多的热情。他首先从政治制度方面分析了德国的政治传统。

他说："德国把一种'几乎始终是中世纪的制度秩序'，并且无论如何把一个'王朝组织的国家'及其所属的各种价值，同一种十分迅速、至少在其技术的基础方面从其他国家接受的工业化结合起来。""德国提供着第一个自上而下的

---

①②③　[德]达伦道夫. 现代社会的冲突[M]. 林荣远，译. 北京：中国社会科学出版社，2000：90-91.

工业化的重要范例,如果愿意,可以说它是专制的工业化的重要范例。""工业化的推动力量既不是建立在公民权利基础上的自由的劳动契约,也不是在市场上发挥作用的、有革新精神的企业家,而是封建领主——臭名昭著的家族领主——及其臣仆的顺从。"①

在达伦多夫看来,拥有深厚悠久文化传统的德国似乎在"政治"问题上难以与时俱进。封闭的政治结构、僵化的社会结构、缺失公平的经济增长、平庸保守的社会气质,这一系列因素让关注政治并积极从事政治活动的达伦多夫叹惜不已、痛彻于心,但他仍然寄予了厚望,并试图为德国人的政治现代化指明出路。为此,他急切期待新的精神元素注入甚至于借助社会大变动来重建德国的现代政治。

在他看来,新的精神元素就是现代社会的自由、民主、平等等基本价值理念,因而公民身份权利的平等运动必不可缺,唯此方可冲击等级秩序。"公民的身份地位证明自己是更为强大的力量;阶级斗争并未长期被福利的宗法制度所抑制。"②同时,鉴于传统政治秩序之坚固,必须以极其强大的力量方可彻底摧毁,方可构起全新的政治格局。

而为了德国现代精神的新生,他甚至认为"希特勒的国家社会主义是必要的。等级的和教会的归属性,没有公民参与的专制制度的善意、不流动性,传统主义等现代之前的残余,被一个政府制度野蛮地破坏了,这个制度为了保持其极权的权力,需要全面的总动员"③。在此,唯有激进的政治变革,方能撼动原有的保守秩序。正所谓不破不立、大破大立。其实对于达伦多夫这一深受希特勒法西斯主义之苦的人而言,为了德国政治的新生而做出这般选择,既令人费解又合情合理。因为他心中十分明了:"德国通往自由的道路比起大不列颠和美国的相对顺畅的道路,无疑是一种令人痛苦的转型方式。"④

通常认为,德国人是一个擅长于哲学思辨的民族,思想文化成就极为出色,但在政治建构与国家治理这一偏于经验实践的领域却显得迟钝,较之于英美两国似乎不太善于"经营政治"。但事实也许并非如此,关键还要看如何来定义"政治"。

(二)美、英、德三国政治发展道路的总结审思

前已论及,"混合得好的宪法或现在(现有)的自由"是达伦多夫对西方发达国家现代社会转型与政治建构发展的多因性、多维性与复杂性的基本论调,概括指出了政治现代化进程的复杂面相。对此,达伦多夫在深入剖析美、英、德三国政治发展的经验基础上,做了简要的总结思考。

①②③④ ［德］达伦道夫.现代社会的冲突[M].林荣远,译.北京:中国社会科学出版社,2000:93-95.

1.坚持自由主义政治的基本原则

达伦多夫认为，"自由的、开放的共同体需要三件东西：政治的民主、市场经济和市民社会"。尽管这三大自由支柱之间的关系是错综复杂的，而且往往是不能加以组织、轻易摆弄的，它们既互为支撑、共为一体，又各自独立，有着自己的领域和边界。因而片面地抽离、凸显抑或粗暴地替代、铰合均不可取。

"人们可能会说，市民社会是自由的最可靠的制造，民主则是自由的最明显可见的表示。不过，民主仍然是一个闪闪发光的概念。人们可能会理解我们的讨论产生了为阐明这种宪法所必需的东西。必须有一些规则，争端中的群体和不同的利益可以依此进行辩论（法治国家，宪法）；必须有一些方法，必须有一些规则，使得争端中的群体和不同的利益可以依此进行辩论（法治国家，宪法）；必须有一些方法，把被统治者的偏好，不过也包括其更深刻的需要变为对执政者的有效的监督（'最低限度的民主'），而且必须有一些中心，但是也包括一些创议的载体，他们准备探索一些新的解决办法（领导）。"①

在此，达伦多夫强调了"民主"之于现代政治体系的独立地位与重要价值，民主的建构亦有其自身的逻辑机制，民主的现实运作也需要相应的组织来保障，因而不能因为凸显公民自由的根本性而忽略民主政治的课题。

与此同时，达伦多夫还意识到民主政治的建设与发展绝不是一劳永逸的，应当顺势而为、与时俱进，因而就要保持政治体系的开放性、拓展政治变革的空间。"对于自由的宪法来说，再也没有什么东西比教条更具危害性了，教条可能通过任意专断的权力产生，但是，也会由于官僚体制的故步自封、停滞呆钝而形成。"② 在此，政治秩序的包容开放与政治家的开拓进取，二者缺一不可。

2.接受各国政治现代化道路的差异性，强调政治治理模式的多样性

"如何去完成必要的事情，这完全取决于特殊的条件和传统。不存在理想的通往自由道路的康庄大道。不管在机构的结构上也好，也不管在政治文化上也好，不同的国家找到了通往自由的不同道路。"③ 这与其在后面将要论及的"开放社会"主张是内在一致的。

3.坚持"混合的宪法"，主张以多元综合的方法途径推进社会治理

达伦多夫是一位注重经验实践的政治学家，在考察欧美主要国家的政治历程中，"某些特定规则形式上的存在不能向我们说明多数关于执行规则的现实。现实存在的自由总是有些不规则的。""现代政治所得出的结论：要颂扬混合的宪法，更要颂扬混合得好的宪法。"④ 因此，就要充分尊重各国历史文化传统的差异性与现实情境机遇的多样性，在坚持自由民主基本政治方向原则的同时，

---

①②③④ ［德］达伦道夫.现代社会的冲突［M］.林荣远,译.北京:中国社会科学出版社,2000:95-96.

更要注重具体方法策略的灵活性、多样性。

三、"开放社会"与民主政治的创新发展

20世纪上半叶，西方发达国家的民主政治制度逐步建构形成，推动了经济社会发展与政治治理，对于社会矛盾冲突的调节也起到了一定的作用，民主政治的内涵与价值得以显现。但在二战期间，自由民主制度也遭遇了极权主义政治的挑战和重创，巨大的政治灾难引起了西方思想界的深刻反思。卡尔·波普尔、哈耶克、汉娜·阿伦特等诸多学者先后对此做出了反思式探讨，其中由科学哲学家波普尔提出的"开放社会"政治理论影响颇为深远，并引发了许多争议。前文已经谈及，达伦多夫早年曾师从卡尔·波普尔研习哲学，且受其"开放社会"理论影响较多。面对现代自由主义政治发展道路中的问题困境时，达伦多夫基于"开放社会"理论的提领，坚持自由主义的内部路径对现实政治发展做出了新思考。

（一）"开放社会"理论的背景内涵

论及卡尔·波普尔的"开放社会"政治理论，通常都从其所从事的科学哲学研究领域谈起。的确，波普尔的政治思想是其关于自然科学的哲学创建——"证伪主义"理论并运用于社会分析的结果。"证伪主义"理论是波普尔在批判归纳主义与证实原则的基础上建立起来的，是其整个哲学思想的基础。他从反对逻辑实证主义关于科学理论来自对经验归纳的观点出发，把科学理论看作普遍命题，认为科学理论不断通过有限的、个别的经验事实而被证实，但个别的经验事实都能证伪普遍命题，即如果根据演绎推理得出的结论是假的，其前提必假。在他看来，一种理论所提供的经验内容越丰富、精确和普遍，它的可证伪度就越大，科学性就越高。这一理论被波普尔运用于社会科学领域之后，就形成了其"开放社会"理论。波普尔在《开放社会及其敌人》一书中提出了"开放社会"与"封闭社会"的区分。他将"开放社会"定义为政治上多极性（pluralistic）和文化上多元性（multicultural）的社会。波普尔认为，没有人知道完美的政府是什么样子，于是次优的选择是一个可以和平更替权力的政府。文化多元不仅是开放社会的特点，也是开放社会不断改善、进化的活力源泉。而其所谓"封闭社会"则是政治单极，文化单元，权力更替常常只能用暴力革命完成的社会。他在批判法西斯极权主义的同时，也将柏拉图、黑格尔及马克思的社会理想指斥为"历史主义的贫困"。波普尔的这一政治思想虽不乏洞见但并不可取，不少学者均予以了严肃的批判指正，对此需要明确其立场及边界。

达伦多夫基本承接了波普尔的政治思想，并结合自身的观察与思考，坚持自由宪法的"开放社会"政治道路。当然，他的这一思想的形成，同时也还有着

较为深刻的社会背景，在此略做分析。

1.20世纪初期西方国家民主政治运动即社会民主主义的兴起

马克思逝世之后，欧洲国家经济社会发展形势发生了较为重要的变化，工人运动也出现了新特点、新趋势。一方面，"第二国际"的领袖们对于马克思经典理论的不同理解，出现了各式各样的对马克思主义的"修正主义"，马克思主义的原初意识形态遭到了削弱，革命风暴也渐趋衰退。而基于政治合法性层面的议会斗争、工会抗争等成为工人阶级运动的新形式，劳工的政治权利、利益诉求得到一定落实，缓解了严重对抗的社会形势。另一方面，资产阶级出于维护现实秩序的需要也做出了某种程度的让步，社会政策改革举措也让工人阶级的生活状况有所改善。为此，部分欧洲国家步入了所谓的"社会民主主义"时代，经济、政治与社会各方面发展均有所推进。对于这一系列的社会变动，达伦多夫欣欣然地提出了马克思无产阶级革命运动的"乌托邦理想"幻灭的说法，并沉迷于自由主义的"民主之思"。

依他之见，两次世界大战引发了欧洲国家在政治领域的重要突破发展。"战争摧毁了希望之光，现实问题的紧迫性引起了各个阶级的思考，过去的阶级对立似乎因此而发生了改变。"他进而从一般人性的角度来洞悉其中的变化："米歇尔斯深刻钻研了人的本质和社会的要求，来说明这样一种简单的观察：一个政党就是一个政党。他是否对一般意义上的社会或者对社会的真正特征的刻意避免的弱点感到恼怒不安……无论如何，他们得出结论，认为工人运动已经变成了一般的、政治的进程的一部分，这就是社会民主主义的诞生。"①

与此同时，工人无产阶级的利益状况与政治立场也发生了所谓的"积极的"转变："现实的社会发展对于剩下的无产阶级的信仰者恰恰没有什么帮助。在经济上，新的中产阶级的成长、大资产阶级的妥协，缓冲和阻止了严重对立的发生。""显而易见，迅速增长的新的中产阶级——以及独立的手工业者、小企业家和农业主的'旧式的中产阶级'的顽强生存——驳斥了这种假定：全人类中一个压倒一切的多数或早或迟都将会过着一种在很大程度上没有差别的无产阶级的生活。"②

2.20世纪中晚期社会主义国家的建设发展遭遇较为严重的挫折

达伦多夫对于社会主义运动的解读较具特色，他认为有两种社会主义，"自从本世纪20年代以来，就有两种社会主义。一种是作为执政党的社会民主主义……另一种是基于苏联经验社会主义，它提出了一些更严肃的问题……"③而他更为认同社会民主主义的路线，因为这是以温和的而非暴力的方式展开的

---

① ［德］达伦道夫.现代社会的冲突[M].林荣远，译.北京:中国社会科学出版社,2000:102.
②③ ［德］达伦道夫.现代社会的冲突[M].林荣远，译.北京:中国社会科学出版社,2000:103-105.

"自由政治"："自由国家的工人运动的分裂越来越深刻,首先是共产党人毫不留情地攻击社会民主党人,这就引起了人们更深的怀疑。"①

达伦多夫还引述了卡尔·伦纳尔的观点,更加确信于政治社会改革对于公民权利扩大的推进及其对于阶级运动的消解作用,甚至认为这些改革依然改变着资产阶级经济统治的社会属性："它不仅大大地改善了它自己的生活地位,而且'在重大的方向上根本改变了资产阶级经济的性质'。"②

不难看出,达伦多夫有些过于乐观了,以至将欧洲社会的"革命"政治意识形态与极权主义混同一体,可见其自由主义的偏执还是较为严重的。

3.极权主义政治的危害及其与民主政治的冲击

法西斯极权主义政治是一个沉重的话题,无论立场如何,许多思想名家都对其做了各式各样的反思批判。而深受其害的达伦多夫,自然做出了极为严厉的政治批判,但问题是他将斯大林模式的社会主义也视为极权主义政治,这一点尤其需要指正和批评。

他首先探析了极权主义政治的形成机制,"全面的社会动员"是其中一个较为重要的环节："它是从传统的统治向理性的统治的进步的画面中脱落下来的。……希特勒的德国的国家社会主义和斯大林的苏联的共产主义,尽管两者有这种种的矛盾和差别,其通过动员进行全面控制的共同目标是显而易见的。专制的政府制度企图进行控制,但是允许在广泛领域里的隐私和漠不关心;民主政治也进行动员,但是这样做是为了进行非集中控制。在极权主义的政府制度里,动员是集中控制的工具。"③

同时他又认为,极权主义的根本实质在于"文化的断裂",属于落后国家居于国际竞争压力与困境中的"非常之举",因此便显得尤为异常,导致了政治的"变态",这种异常首要地、集中地表现为文化观念的异常"紧张"。

传统社会与现代社会之间的"文化意义的断裂""纯粹的破坏""紧张状态""灾难"和"战争",这就是达伦多夫组合起来的"极权主义"画像,对此究竟该如何理解?属于落后国家或"异端国家"迫于形势的压力而做出的疯狂之举?属于现代文明进程中的"病症"?属于封建专制文化的遗留?属于现代民主本身的扭曲?

对于极权主义的严重危害,达伦多夫认为,"是对无组织进行组织的一种极端的可能性,是无政府状态的一种政府制度"④。简言之,是没有法律的约束,没有理性的秩序,就是"无组织、无纪律"下的"个人意志和权威"的全面控制和彻

---

① ② ［德］达伦道夫.现代社会的冲突［M］.林荣远,译.北京:中国社会科学出版社,2000:103-105.

③ 达伦道夫.现代社会的冲突［M］.林荣远,译.北京:中国社会科学出版社,2000:107.

④ ［德］达伦道夫.现代社会的冲突［M］.林荣远,译.北京:中国社会科学出版社,2000:114.

底摧毁。为此,达伦多夫再次强调了宪法的重要性,不能将国家的命运系于一人身上,要有公民民主参与和监督下的权力规制,要有政治秩序下的自由选择、自由表达,从而防范一切个人权威的专断;还要克服过于理想化的社会发展道路,要理性地谋划,审慎前行。"我们生活在一个带有不确定性的世界里;我们尝试着新的东西,而且我们也犯错误。谁也不能确切知道,哪一条路会引向前方,而那些自以为拥有这种知识的人也会犯错误。这种不确定性是难以忍受的。贯穿整个历史,对确定性的梦想一直陪伴着带有不确定性的现实。"①

在此,他进而对黑格尔和马克思的所谓"乌托邦工程"进行了批判:"黑格尔和在他之后的马克思,要求代表历史讲话,他们认为,合理的东西要么已经是现实的,要么在无产阶级之后变为现实。但是这是一些错误的预言家,他们不可能知道我们这些人不知道的东西。在现实的世界上,总是有不同的观点,因此就有冲突和演变。实际上,冲突和演变就是我们的自由;没有它们就不可能有自由。"②

最后,达伦多夫对于极权主义政治(也包括其所"认定"的苏联社会主义模式)做出了总结评价。他援引了波普尔的相关论述:"我们越是企图返回到部落共同体的英雄的时代去,我们就越加肯定无疑地落在宗教法庭、秘密警察和一众浪漫化的匪帮歹徒的手中。""倘若我们此时才开始压制理智和真理,那么,我们就不得不以粗暴和最猛烈地破坏一切人性的东西而告终。不可能返回到一种和谐的自然状态中去。如果我们扭头向后转,那么,我们就不得不走完整个路程——我们必然会变为野兽。"③在此,他基于自由主义立场的政治偏见是极为露骨的,对于社会主义的仇视也显示了其视域的严重狭隘。

(二)"开放社会"理论的政治主张

1.坚持自由民主政治道路的基本前提

综观达伦多夫的相关论述,他坚持自由民主政治道路这一基本主张同时观照于两种不同的社会现实,一是西方资本主义国家,二是苏东社会主义国家,当然其政治主张的精神实质是一致的。

首先,这是针对西方资本主义国家内部的改革与发展而言的。在论及西方社会变革的出路时,正如前面论及的,防范极权主义、摆脱权威主义,以及当下的克服官僚制的僵化,均须坚持基本的民主政治制度。当面对欧洲社会日益严重的体制僵化时,他说:"很难否定一些民族的式微和没落与它们没有能力促进

---

① [德]达伦道夫.现代社会的冲突[M].林荣远,译.北京:中国社会科学出版社,2000:122.
② [德]达伦道夫.现代社会的冲突[M].林荣远,译.北京:中国社会科学出版社,2000:115.
③ [德]达伦道夫.现代社会的冲突[M].林荣远,译.北京:中国社会科学出版社,2000:116.

演变、探索新的道路息息相关，与它们没有能力既通过增进人人共有的应得权利、又通过扩大丰裕富足的供应来增加生存机会是息息相关的。这（欧洲国家的僵化症）是应该由自由的宪法来完成的事情。"[①]在达伦多夫看来，民主法治秩序是西方社会改革与发展的基本前提和制度保障，因而是不可违背的。

其次，达伦多夫的这一基本主张还针对非自由主义政体国家的发展与变革，尤其是在1989年革命之后东欧国家的改革问题上，他坚称："断言不存在不可逆转的倾向，是历史主义的做法，然而，从一开始就对传播自由的宪法的任务表示绝望，则是不负责任的。……1945年之后，帮助发展自由的宪法是同样重要的，1989年之后，这种帮助又再次变得重要。"在此，达伦多夫试图将西方自由主义政治道路扩展到更多国家和地区，认为唯有建立"自由民主"才能对抗既有的"专制政治"。与此同时，他还认为，对于这些国家的民主转型，外部力量不宜介入过多，应当是"帮助"（这些国家改变现状）而非"推销"（自由宪法）。开放的、自由的社会能够既帮助其他的社会又尊重它们自身的特点。这就是在极权主义时代结束之际突然闪亮起来的希望之一。[②]

对此，首先必须指正达伦多夫的自由主义政治倾向是有偏误的，撇开社会制度的基本属性不说，仅就现代政治的本质内核而言，推进和实现民主化是各国政治现代化的必然选择，但民主政治并非只有西方民主一种模式，正如达伦多夫自身谈及的"开放性""多样性"。然后再把社会发展道路与基本制度的重要属性考量进来，那么西方自由主义的民主政治就更称不上"摹本"，社会主义国家的民主具有更大的优势和活力，因而他对苏东社会主义国家的评价是根本不合理的。

2. 反对抽象的"体系化"思维，主张政治发展道路的多样性

20世纪90年代，在苏东社会主义国家发生巨变之后，当代西方著名学者弗朗西斯·福山提出了所谓的"历史终结论"，认为自由民主政治已经抵达人类发展的制高点，未来的政治发展也只能完善现有的民主制度，人类历史的理想图景已经一览无遗了，自由主义意识形态已经成为人类文明发展的顶峰。对此，达伦多夫虽然同为持有自由主义立场的现代化学者，但并不认同。他批评福山思想中过于浓厚的"体系化"乃至绝对化色彩，而且这样做的风险将导致思想的封闭僵化与社会的停滞不前。在他看来，福山最根本的错误在于："他们明确地或半遮半掩地设想今日的美国、英国、德国或法国社会就是所谓的'体系'。如果这种理解正确的话，那就不免自相矛盾了，福山所谓的'历史'就仍然伴随着我们，我们还在进行体系的竞争。而事实上我们却不是这样。如果1989年革

---

① ② ［德］达伦道夫. 现代社会的冲突［M］. 林荣远，译. 北京：中国社会科学出版社，2000：121-123.

命的初步成功能够保留住的话，我们无论如何就不会处在这种斗争之中，因为我们今天所讲的共同语言不是那种西方人所讲并被东方人采纳的语言，而是一种真正的、普遍的语言，它不属于某些人，而是属于所有人。"①

强调西方资本主义发展道路的多元性，我们并不感到意外，毕竟时下已经存在着所谓英美的"盎格鲁-撒克逊模式"、德法的"莱茵模式"、北欧国家的"斯堪的纳维亚模式"。甚至，达伦多夫还认为东欧社会主义国家的现代化转型也将是一条不同于西方自由主义的"开放之路"："东中欧国家放弃它们的共产主义体系，并不是为了迎接什么资本主义体系，它们放弃了一种封闭的体系是为了创造一个开放的社会，更确切地说是那种开放的社会，因为体系可能有很多种，而开放的社会却只有一个。"② 在此，达伦多夫明确反对现代化模式的普遍性，但坚持认定自由主义政治的绝对性，可见其现代社会转型观的"开放"与"封闭"。究其实质，还是缘于其根本的思想方位与政治立场——启蒙史观下的自由主义的政治。

同时他还认为，即便是资本主义国家的民主制度也没有古典的模式，因而"体系的斗争不过是思想狭隘的荒唐之举。如果属于我们的资本主义是一种体系，那么我们也得像对共产主义那样与之对决。所有的体系都意味着奴役，包括有完整的'市场秩序'的'自然'体系，在这种体系里，所有的人除了保卫一些由故弄玄虚的经济顾问发现的游戏规则外，就无事可为了"③。在此，倡导政治发展道路模式的多样性，而不固守于单一的路径方式，还是有些道理的。

3. 反对顽固的教条主义，倡导灵活有效的常规政治（治理），主张政府适度干预社会发展

鉴于社会发展的现实实践性，即使在特定国家内部达伦多夫也十分强调要顺应时势，及时变革，以灵活的改革措施来应对复杂多变的现实实践。为此，他做出了"宪章政治"与"常规政治"的界分。他认为："宪法只不过为实际的政治活动提供前提。人们不会纯粹为了言论、投票、择业或购物自由的权利而去斗争，他们是要在合适的时候使用这些权利。常规政治比宪章政治更杂乱，不过它更接近日常生活，因而也更接近大多数人。"④

在此，其所谓的"宪章政治"，实质上指的是西方国家基本的政治制度体系，而"常规政治"则主要针对国家、市场、社会各方力量组合下的社会治理，抑或说政府管理的政治，他的这一明确界分旨在表明政治实践的多维性与复杂性。

表面看来，他反对过分局限于自由宪法的确定性，认为在自由民主原则的

---

①②③　达伦多夫.新欧洲四论:寄给华沙的信[M].杨纯,译.香港:商务印书馆,1992:45-47.
④　[德]达伦多夫.新欧洲四论:寄给华沙的信[M].杨纯,译.香港:商务印书馆,1992:40-42.

前提下,具体的社会治理应当保持相当的开放性,"如果把任何观点都提高到宪法的角度来看待,脱离常规政治中的日常争论,那么最终将会出现一种没有任何分歧的完全宪法,一个绝对的社会,即另一种极权主义"。

并且,对于如何划分宪章政治的准则与常规政治法则之间的界限,做出合理的定位与安排,探索有效的政治手段与策略,他认为相当重要,"这个问题的答案将是事关欧洲社会民主化前景的一个关键要素"①。

在此,达伦多夫的这一"政治"界分,其实不过是自由主义内部政治与社会变革的一种思路。事实上,在现实政治运作过程中,是很难完全区分所谓的宪章政治与常规政治的。所谓的宪章政治即基本的政治制度,其结构与功能均服从并服务于资本主义的利益统治关系,而所谓的常态政治也更多的是出于社会公共管理与规制的需要,究其实质,也只是建构秩序的必要部分而已。

---

① [德]达伦多夫.新欧洲四论:寄给华沙的信[M].杨纯,译.香港:商务印书馆,1992:40-42.

第四章 达伦多夫政治思想重要议题之三：
国家治理与秩序整合

通过对近代以来西方国家政治与社会的演进历程的深入解读与剖析，达伦多夫揭示了西方公民权利的扩展运动与阶级冲突斗争演变的互动关联，透析了西方国家经济增长与社会公平、政治民主与经济发展、公民权利与社会阶级诸多领域的对立统一与分化平衡的内在逻辑，具有较为重要的理论意义。在历史解读与理论探析之后，达伦多夫还关注当代西方资本主义经济社会发展的新情况、新变化、新动态，并从理论与实践的层面做出深入的探讨。

第一节 经济增长与社会正义

20世纪40年代至70年代，西方主要资本主义国家大都经历了一个经济增长较为快速的阶段，取得了较为明显的经济成就，同时政治社会领域也做出了必要的改革，社会利益关系、阶级阶层结构均有所改善，社会秩序相对稳定，对此西方学界有"黄金时代"一说。对于这一较为重要的社会现象，达伦多夫从阶级冲突与社会治理的视角进行了论析与思考。他认为，二战后西方发达国家的经济增长、政治改革与社会治理获得了相对均衡的推进，取得了较好的成效，有着较为重要的理论价值和实践意义。当然，他的这一理论解读主要还是居于西方自由资本主义的内部视域做出的，既有一定的启示意义，也有需要予以批判、指正的地方。

一、现代社会的分配正义

20世纪40年代末至70年代，主要发达资本主义国家的经济增长与财富积累较为迅速，政治秩序相对稳定，社会改革也有所推进，社会福利政策措施得到完善，劳工阶层的收入水平与生活状况有所好转，普通民众的生活质量得到了一定的改善，社会正义水平总体上有所提升，这一时期发达国家的自我调节与社会进步有着较为重要的价值意义。对于西方资本主义社会的这一新变化、新趋势，作为社会冲突理论家的达伦多夫主要聚焦于二战后西方国家的经济发展与政治变革、公民权利与社会公正、阶层分化与社会改革等基本理论问题，着力剖析了这一阶段经济社会互动关联、协同并进的逻辑机制及内在机理。

达伦多夫的论析首先从评介雷蒙·阿隆的"工业社会经济增长论"和西蒙·库兹涅兹（Simon Kuznets）的"经济学假说"着手，通过对相关理论学说的释读，分析剖解了二战后繁荣时代里经济增长与财富分配、政治改革与社会变迁等重要现象的理论内涵。

（一）财富增长与收入分配的新趋势："U"字形还是"Z"字形

雷蒙·阿隆是二战后法国乃至整个欧洲社会思想界的学术名家，其有关工业社会的一系列论述有着较大的理论反响，构成了当代西方社会理论研讨的一个重要背景，对达伦多夫产生了较为深刻的影响。阿隆的《关于工业社会的十八篇讲稿》集中讨论了二战后 30 年间西方主要国家的经济发展、社会结构和政治变革等重大问题，提出不少富有创建的学说观点。达伦多夫对战后西方社会变迁的解读主要基于与阿隆的"工业社会"理论的对话展开，他着重审视了阿隆的两个学说观点，在此先着重讨论其第一个观点。

首先，阿隆提出，二战后 30 年间西方社会变迁的主导因素在于经济增长，正是经济增长这一"领头羊"带动了其他相关社会领域的进步。"他们（阿隆等人）讲述着由于经济扩张而不断增长的供给的历史，从 20 世纪 40 年代末期至 20 世纪 70 年代中期，经济扩张是时代的主导特征。"①对此，达伦多夫基本认同，但又不止于阿隆的分析，而是试图做更进一步的研究，探讨这一时期的经济增长带来的供给扩大与以往时代下经济增长发展的不同之处，从中厘清这一经济增长与社会变动的内在逻辑，解析经济增长的资源供给与公民应得权利的扩展之间的有机关联与互动促进。"增长并非什么新鲜的经历。现代精神的历史从根本上讲是供给不断增长的历史。……人们可以说，工业革命表明一个民主增长阶段的开始。因此，这次革命是供给和应得权利的冲突和结合的一个范例。一般情况下，现代历史仅仅将其作为供给的历史来叙述。"②

接着他援引了经济学家沃尔特·罗斯托（Walt Rostow）关于工业革命以来的经济增长的相关分析，以及二战后 30 年来经济快速增长的奇迹等论调，明确指出了所谓的"经济增长论"的主流地位，"事实上，这是增长似乎能回答一切问

---

① ［德］达伦道夫.现代社会的冲突［M］.林荣远，译.北京：中国社会科学出版社，2000：126.
② ［德］达伦道夫.现代社会的冲突［M］.林荣远，译.北京：中国社会科学出版社，2000：127.

题的时代。增长不仅是一种普遍的信条,而且也是一种扎根于个人和机构的思想的出发点。凡是什么地方有差错,或者需要做点什么,第一个回答总是生产得'更多一些',而不是'干点别的'"①。

在指明多数学者"经济增长论"的简单粗略之后,达伦多夫又点评了著名经济学家西蒙·库兹涅茨的收入分配假说,并亮明了自己的看法和观点。库兹涅茨的倒 U 假说②在现代西方经济思想史上影响较大。对于西蒙的分析,达伦多夫也予以了一定的认同,但还不满意。他说:"西蒙·库兹涅茨是第一个研究经济增长和分配不平等之间的关系的规律性的人;在现代经济增长的过程中,财富分配里的不平等起初在拉大,随后出现拉平的效果,后来事情的发展就颠倒过来了。"③

为了进一步分析这一经济现象,达伦多夫还援引了彼特·贝格尔(Peter Berger)的相关论析:"认为只要技术现代化和经济增长长期持续着,财富和收入分配的不平等首先是垂直上升,不过随后就迅速拉平,并保持在一个相对稳定的水平上。贝格尔认为,发生这种过程的两个主要原因在于技术和人口,而不是社会和政治原因,虽然在增长和不平等的三个阶段中的第二个阶段里,政治干预可能在某种程度上会强行拉平不平等差距。"④

在此,对于同行学者的"经济增长论""技术论"抑或"人口论"等说辞,达伦多夫均认为他们都忽略了财富增长与收入趋向平等这一重要现象背后的政治因素,大体上都还停留于就经济论经济的层面。而在他看来,库兹涅茨经济学说所提出的"'U'字形的发展,看起来更像'Z'字形的发展。现代经济增长的一个前提是基本公民权利的存在。公民身份地位的力量必须发挥作用,以使资本主义能够繁荣昌盛,哪怕仅仅因为现代的劳动契约是以法律面前人人平等的假设为前提的。也就是说,Z 字底下的一笔表明人人共有的经济参与水平,因而也表明了同各种等级特权制度的基本区别"⑤。

从中可见,达伦多夫极为关注经济增长与发展繁荣的社会基础,即充分自由平等的公民个人,唯有足够的平等公正的机遇环境,才有可能创造经济增长的奇迹。这就是前面曾论及的达伦多夫的"政治—经济学"。在他看来,正是政治领域民主化、社会观念平等化强化激活了经济发展的创新活力。当然,这一平等也还只是其关于公民权利的基础底线,同时还伴随着诸多的不平等,"然而,公民权利的发展能够伴随以极大的不平等,在历史上,实际情况也如此。第

---

①③④⑤　[德]达伦道夫.现代社会的冲突[M].林荣远,译.北京:中国社会科学出版社,2000:127-128.

②　关于经济增长与收入分配的关系,库兹涅茨首次论述了如下一种观点,即随着经济发展而来的"创造"与"破坏"改变着社会、经济结构,并影响着收入发展的阶段,收入分配将随同经济发展而趋于不平等。其后,经历收入分配暂时无大变化的时期,到达经济充分发展的阶段,收入分配将趋于平等。

一,权利本身是不完善的;很长时间,公民的平等仍然是一种虚构"①。对此,达伦多夫当然是不满意的,但就现实条件而言,这一给予个人自由发展的时代机遇也还算不错,起码促进了国家经济的繁荣,也实现了一部分人的发家致富,"那些被吸纳到工业增长的新的进程中的人,要么事业有成,并因此达到相当的富裕;要么他们处于已经不再存在的过去和尚未存在的未来之间的真空地带,正如今天在第三世界大城市边缘的贫民窟和铁皮小屋里,这仍然引人瞩目"。②

在此,达伦多夫的这一解析颇有意趣,令人不由想起市场化改革下的中国社会与个人,国家政策放开搞活下的个人机遇、财富与秩序、活力,等等。其实,达伦多夫在此揭示了一个极其重要的问题,即经济发展的社会主体基础抑或社会发展的力量源泉问题,而这绝不是一般意义层面的问题。对此,尽管中西方社会制度存有根本的不同,但在现代化的某些重要议程上还是有着重要的相通之处的。在此权且不作详细讨论。

达伦多夫继续深入探讨了西方国家的情况:"在今天的经济合作组织成员里,发生了两件事情。第一件是,公民身份的病毒还在蔓延,公民权利的这种扩大是前几章的主题。第二件是,进程在于供给的增长。因此,在越来越开放的社会里,有着越来越多的东西可供分配。这是'Z'字斜向上的那一笔所指的进程。"③前面已经谈到,尽管学者们大都认可经济增长推进了收入分配趋于均衡的解释,但是更多地局限于经济学视角的观察与思考,并没有揭示这一现象的政治成因及政治机制,而达伦多夫则对这一经济现象的内在机理做出了剖析,即究竟经济增长是如何推进收入分配的趋平的。

为此,达伦多夫启用了其现代社会冲突理论框架,从公民应得权利扩展的角度展开了分析。在他看来,"应得权利的扩展"才是撬动"经济增长与收入分配"这一对立关系的"杠杆支点"。如其所述,正是政治地位的身份平等,"公民身份地位的病毒正在蔓延",形成了巨大的社会张力,资产阶级才不得不做出让步,因而也才有了工人群体收入水平的提高。贝格尔的"技术和人口"论析虽然有一定的合理性,而相较之下,达伦多夫的解释无疑更具力度。

当然,达伦多夫并不因此就认为应得权利的扩展诉求就必定能够带来供给的增长与实现,即政治平等并不必定带来收入分配的改善,只是倒过来说,充分意义上的供给增长往往需要凭借公民应得权利的扩展突破这一杠杆作用才得以实现。换言之,公民应得权利只是必要条件,而且还是受经济发展"供给水平"制约的必要条件,它本身只是一个中介要素,或者说是化学反应中发挥催化作用的"酶",一旦公民应得权利发酵,经济增长与收入分配的机体便必然做出

---

①②③ [德]达伦道夫.现代社会的冲突[M].林荣远,译.北京:中国社会科学出版社,2000:128-129.

反应,或失衡或均衡。在此,又回到了达伦多夫现代社会冲突的基本命题——经济增长(供给)与社会平等(应得权利)即政治与经济的矛盾关系中来了。

　　为了进一步阐明经济增长与收入分配的关系问题,达伦多夫还尤为重视政治领域的重大决策调整对于社会整体发展进步的推动作用。"必须再次强调一下这篇随感的一个中心论题:这里并不假定在应得权利和供给之间存在着因果的必然的相互关系,或者存在着替换的关系。与此相反,自由的胜利则存在于战略性的变化之中,变化会把这两者结合起来。"①根据其言下之意,政治领域的重大变革往往是牵一发而动全身的,事关经济社会发展的大局,富有成效的改革创新往往更能激发社会活力,带来巨大社会进步。

　　那么,哪些现象又可以称为"战略性的变化"呢? 在他看来,西方 20 世纪的历史是一个发生各种战略性变化的复杂历程。"但是,历史并未显露出十分自由的特征,尤其在 20 世纪。战争、经济危机和各种极权主义,导致了应得权利结构的明显变化。整体而言,它们是一些缩小不平等差距的手段。实际上,第二次世界大战隐含的一个主题就是平等。也是基于这个原因,民主的增长的条件,也就是对大多数人而且原则上对所有的人都有好处的扩大供给的条件,从未像 1945 年之后这么有利。这些还不是经济奇迹的充分条件,但是,它们为大多数人能够亲身经历这种奇迹做出了贡献。"②透过达伦多夫的论析不难看到,经历战乱之后的欧洲社会重建中,"政治的民主化"扩大了公民的政治权利,也促进了战后经济增长下个体公民的社会权益的改进,他的这一论析还是较为客观的。

　　而对于战后这一复杂的政治经济关联互动现象,达伦多夫虽高度关注政治因素的重要推动,但他并没有止步于此,而是同时还意识到经济增长、收入提升背后潜藏的不和谐因子,那就是收入分配关系虽然有所改善但依然存在着较为明显的不平等,社会矛盾问题仍然不少。问题是,如何看待这一新时段的收入差别呢? 它将诱发何种性质的冲突呢? 又将以何种方式演进呢?

　　(二)"量的冲突"与"质的冲突"

　　如前所述,物质丰裕的年代虽然拉升了社会福利的整体水平,但不同社会群体的收入差距依然十分明显,以达伦多夫的说法,"很久以来,按收入最高的 1/5 人口与收入最低的 1/5 的人口来比较计算,收入差距并没有明显变小,对于这个显然的事实,人们的意见仍旧是一致的"③。显然,历经经济较快增长之后的收入差距问题,其社会后果相对以往财富匮乏、物质紧缺的时代有较大的不同,因为社会整体的生活水平得到了较大的改善。但是,倘若这一差距问题处理不好,社会不公仍然会引发阶级冲突。

为此,达伦多夫进而探讨了这一新的收入差距或者说"量的差别"。面对一些学者过于简单处置"量的差别",诸如认为"社会差别的这种不变性意味着什么呢? 有些人认为,它表明深刻的社会对立是持续长久的,社会的对立只能从政治上化解;另一些人从中看到这些表明依然存在的收入差别是可以容忍的一种迹象,甚或断言,这种收入差异对于人们的上进和普遍的进步是一种必要的刺激",这其中既有过于漠视差距问题与激化差距矛盾的两种极端思维,也有默认差距、维持现状的消极态度,达伦多夫对此均不认同。他说:"倘若不平等设置了应得权利的藩篱,因而剥夺了大的群体的权利,那么,它们极有可能成为加剧纷争的契机。因此,关键的问题在于这些门槛的性质,是单纯的统计值,还是对于人的流动构成实际障碍。"①在此,实际上达伦多夫处于致力于公平正义的"政治思维"与强调容忍差别的"自由论"之间,如何调适? 既要尊重市场竞争下的财富分化,又必须有效地做出均衡化处置。否则,社会问题和矛盾将不可避免。

基于此,"公民应得权利""差别门槛的性质""社会流动机制"等社会冲突理论范畴便成为达伦多夫深入分析问题的关键词。换言之,这种收入差距是否缘于社会充分的自由竞争,如果是,那么"社会的对立"就不必定"只能从政治上化解了";如果不是,而是人为的限制所造成的,那么这种不平等现象就需要更加予以重视。

在此,达伦多夫提醒我们,面对新时期下的收入分配格局,一定要分清这一差别的形成原因,是基于特权垄断之下的社会限制导致的"绝对不平等",还是基于自由竞争的过度分化或者供给不足导致的"相对不平等"。换言之,是出于"机会不平等"的起点不公,还是整个权利体系尤其是财产权利的根源性不平等,以致底线的"机会公平"都无法保证,这确实是需要仔细分辨的。其实,当下西方政治哲学的研讨,关于"分配正义"问题的论争是相当激烈的,由此也足见当代西方情境下利益分配与社会正义问题的深层困境。

正因为不同的成因往往意味着可能发生的矛盾冲突的基本性质,进而引发不同的社会后果,所以达伦多夫就将问题重心进一步转移到"阶级冲突"的问题上来了。为了更为充分地把握收入差距所引起的阶级冲突问题,达伦多夫循着收入差别的形成机制进一步讨论了阶级关系"量的冲突"与"质的冲突"的转换问题。他说:"无疑,在一个没有藩篱的整体之内,程度的不平等也会造成问题;然而,这类问题可以用一般的政治手段加以解决。用 T. H. 马歇尔的概念讲,它们是'量的'阶级冲突,而不是'质的'阶级冲突。"②在此,所谓"量的冲突",就是

---

①② [德]达伦道夫.现代社会的冲突[M].林荣远,译.北京:中国社会科学出版社,2000:130.

指用一般的政治手段可以调节的，因为其成因不在于基本权利机会的不公平所引致；而"质的冲突"，则主要因少数人掌控的特权垄断所造成，以至于连最基本的机会公平都无法保证，这样就可能激发严重的阶级对抗，而这又将是刚性的、难以调和的。其实，马歇尔的这一区分并不清晰，在此仅能大体上从社会冲突的对抗性即冲突的强度和烈度上来把握，至于其根源的差别，如果就自由资本主义内部来说，也很难理清。正如马歇尔所言："在两者之间划分界限，并非总是轻而易举的。区分界限往往要看有关当事方做出的判断。"①

面对社会差别导致的冲突，达伦多夫也意识到，不同情势下的社会冲突性质是不同的，其解决的方式也不尽相同，但其中起主导作用的更多地取决于利益相关方的态度，尤其是基于社会上层的统治阶级的选择。

总之，面对经济增长下的社会均衡化态势，阶级关系与社会秩序的相对平稳，达伦多夫还是表现出了较为谨慎的乐观，他说："马歇尔的论点意味着，在现代社会里，曾经有过一种从质的不同到量的不同的演变。至于这种演变是否是现实的和持久的，这个问题还将伴随着我们。"②事实上也不难发现，达伦多夫与马歇尔一样，在面对收入差距引发的社会矛盾时，都对经济发展的持续增长较为倚重，企望以持久的繁荣来协调利益、消化矛盾对立。问题在于，资本主义私有制下的经济增长又如何可能获得长久的动力呢？

（三）政治与经济关系的新思考

前面我们已经谈到了工业社会经济增长的"红利"造就了社会福利水平的整体改善，并着力评析了达伦多夫突出强调的"政治"因素在经济增长与收入分配两个端口的重要影响。的确，"政治"因素或者说政治领域的改革行为于达伦多夫的社会分析而言，是至关重要的。当面对一些学者专注于经济增长带来的"社会红利"时，达伦多夫却从社会冲突与均衡机制出发一再申明其中较为关键的"政治因素"，注重挖掘经济收入分配现象的政治逻辑。

他首先引述了阿隆的观点："增长是现代经济学的中心问题，因为现代国民经济的核心是进步的"，"在大多数情况下，经济增长都伴随着某一种更好的分配"。③在此，阿隆对经济增长的确十分看重并因此对工业社会予以了极高的评价。面对阿隆的"工业社会"的"增长论"，达伦多夫予以了有限的认同，承认经济增长对分配正义实现的重要影响和作用。但他并不认为单方面的经济增长就一定能推进社会公平，而是取决于政治的因素或者说借助于政治的力量。"如果它应该针对历史的平行发展而言，那么在好些方面，它是对的；如果应该

①②　［德］达伦道夫.现代社会的冲突[M].林荣远，译.北京：中国社会科学出版社，2000：130.
③　［德］达伦道夫.现代社会冲突[M].林荣远，译.北京：中国社会科学出版社，2000：131-132.

为它确定因果关系，那么它是错误的。增长本身并不带来'更好的'分配，即并不带来更公平的或更公正的分配。"①应该说，达伦多夫的这一论析还是较为客观的。因此，相对于阿隆对"经济增长"的过度倚重与信赖，他却"不相信增长是一种绝对价值"，进而对阿隆的经济增长自发促进社会公平的论调予以了批评，"他（阿隆）认为增长在现代社会里是既定的，而且他喜欢用马克思·韦伯的'理性'概念，来强调这种假设。当然，这并不总是对的。在一个世纪以前，理性的自动实现还是不够充分的"②。

在评析阿隆观点的同时，达伦多夫也对技术创新的"红利论"提出了不同的看法。"在 19 世纪，'乐观主义在其核心是自由主义的；人们相信，财富作为科学、自由的首创精神和竞争的结果，将会增长'。那个时代的'悲观主义'是社会主义者的悲观主义。'与此相反，今天的乐观主义，例如福拉斯蒂的乐观主义，既非是自由主义的，也非是社会主义的；它基本上是技术性的。了解现代经济史的关键是技术进步。'"③他认可技术进步带来经济增长与社会公平提升的说法，还强调了政治的因素，指出即便是技术的进步也离不开有效的政治领导。"技术的演变并非是自动进行的，并非是孤立和自动的过程。至少在研究与开发中开发，即研究的开发，总是一种对现实问题的回答，而发明则必须得到应用才有意义。技术治国论者——正如官僚体制的人员——执政治理世界，既没有民主的后援，也没有政治和经济领袖们的明确的方向意识——这种情况时有发生。"因此，经济增长倘若缺乏政治的推动，那就无法想象。倘若要做出事关方向的改变，人们就必须找到社会的力量和行为主体，让他们负责应用科学和技术，或者也运用官僚制，由他们确立应用这类工具的目的。"仅仅依靠市场的理性、社会的理性是永远不足以勾画自由的道路。"④换言之，政治的理性是不可或缺的。

对于当代西方国家经济增长带来的收入分配、社会结构的相对合理化，达伦多夫援引了雷蒙·阿隆的论析："工业社会具有一种'向着中产阶级的形式发展和缩小收入差距的倾向。在生活水平得到提高的程度上，也许会有一种缓和专制主义的极端形式的倾向，而且要求增进社会福利的呼声会变得更加强有力。'"无疑，并非总是会这样继续发展下去。"所以，经济增长并非就是一切，并非就万事大吉"⑤。

在此，达伦多夫引介阿隆的论析，旨在阐明经济增长下社会结构品质的改善及其对于政治秩序的促进意义。但也意识到经济增长的局限性，并隐含着政治治理的重要性。概言之，经济增长、技术创新、收入分配等任何一个环节都不

---

①②③④⑤　［德］达伦道夫.现代社会冲突［M］.林荣远,译.北京:中国社会科学出版社,2000:131-132.

可缺少富有成效的政治领导和政治治理。"好制度"激发人的进取心和创造力,"好社会"安顿人心并提供精神支持。如此,经济增长才能获得持久,社会秩序才更趋于理性,"为了让一种经济能够持久向前发展,必须存在一些条件,让经济主体能做出增长所必需的决策。犹如要有技术进步一样,也需要有企业家;犹如要让行政机构来落实政策一样,需要有政治家"①。可见,政治治理行动与经济增长、收入分配的密切关系得到了充分的揭示,这也是达伦多夫社会思考的独到之处。

综上所析,面对二战后西方经济社会的系列深刻变化,达伦多夫从其社会冲突与治理秩序的理论视角做出了深度的剖析,发掘了经济增长与社会公正之间的政治因素,较一般意义的经济学的"线性"分析更为深刻有力,他抓住了"政治与经济"这一重要的问题,较为客观地把握了现代社会政治与经济互动关联的逻辑机制,其理论洞见还是颇有启示意义的。

二、现代社会阶级冲突的新趋势

如前所述,经济增长下的利益分配依然是个难题,相关主体的博弈冲突对国家的治理整合提出了更高的要求,如何应对新时期的利益矛盾与冲突,准确把握矛盾冲突的性质特征与演变趋势。达伦多夫基于西方自由资本主义基本制度的视域,对"黄金年代"下的利益矛盾关系问题予以了较多的关注,做出了"量的冲突"与"质的冲突"的区分,并分析研判了其基本动态。

达伦多夫关注政治因素对经济增长与社会正义的作用和影响,但政治因素又是如何介入其中并发挥正向的作用的呢?换言之,政治的力量介于经济发展分化与社会公平秩序之间吗?而需要更进一步确定的是,不同时期下的经济增长、社会结构及观念形态,又往往制约着政治机制的切入方式、功能形态与实际成效。事实上,二战后西方国家经济社会结构与文化观念的系列新变化,既受益于政治变革的调适平衡,也同时深刻影响了政治领域的建构发展,况且政治领域本身又还有自身的演进逻辑。因而这其中就必将呈现出极为复杂的逻辑关联。对此,达伦多夫进行了较为深入的考察。

(一)阶级冲突的新动向:"民主化下的阶级斗争"

现实政治的建构发展,通常是摆荡于经济发展与社会整合之间的。当经济的快速增长引发收入分配差距的新矛盾时,如何从政治上做出有效的行动予以应对,及时均衡社会秩序,是二战后西方社会面临的问题。达伦多夫首先做出了基本的研判,认为这一新的时代条件下的阶级冲突,主要是围绕公民应得权

---

① ［德］达伦道夫.现代社会的冲突[M].林荣远,译.北京:中国社会科学出版社,2000:132.

利的扩展而展开的,收入分配的正义导向是全部问题的焦点,已经不同于以往时代下的基本公民权利抑或政治权利的抗争了。在此,不妨简括为"基于分配正义的阶级冲突新主题"。他是这样论析的:"现代的社会冲突与在一个日益丰富多彩和日益富足的选择机会的世界里为所有的人争取公民权利息息相关。冲突要用社会的归属性来阐述,它在政治的舞台上展开,又以多姿多彩的形态出现,这些形态又打上了特殊的文化条件和历史情势的烙印。"①"在成员国里实现最高的和稳固的增长和就业水准,实现生活水平的日益提高。"因而,"在经济合作与发展组织的多数国家里,为争取公民权利的阶级斗争,是一种社会和政治现实"②。

对于这一基于分配正义的矛盾冲突问题,达伦多夫首先从价值观念的层面做出了分析。他认为,资本主义的经济交往体系对人们的平等观念的形成影响较大。"只有在这个时候,这种越来越不平等的分配,才被认为是非正义的,只有在这个时候,人们才开始从已经过时的事实出发诉诸所谓永恒的正义。"③

面对社会矛盾冲突现象的客观存在,如何评判社会矛盾的形成原因、性质特点及其演进方式呢?对此,达伦多夫论及了利普斯特、安德森和戴维森等学者提出的"民主化下的阶级斗争"的重要观点:"在任何现代民主政治里,各种不同群体之间的冲突都表现在党派政治里,政党原则上体现了阶级斗争的民主化转换……政党或者建立在下层阶级的基础上,或者建立在中层和上层阶级的基础上,这种情况在世界范围内可以说是基本普遍化的。"④

所谓"民主化下的阶级斗争",实质上就是政党政治的斗争,就是由相关利益群体,通过建立政党、组织联合起来,借助议会选举、政治竞选等政治路径,公开博弈、竞逐利益。对于这样一种阶级斗争的新形态,达伦多夫基本认同,因为这是一种"理性对立而不彻底决裂"的斗争形式,"有些社会对立会导致政治的冲突。然而,这种冲突并非变得日益诉诸暴力和日益具有破坏性,而是通过各种组织和机构得到抑制,通过组织和机构,冲突可以在宪法制度之内得到表现。政治党派、选举和议会,使得冲突成为可能,又不至于爆发革命"。⑤"理性的而非暴力性质的斗争",集中表明了达伦多夫的态度立场,面对矛盾,调适矛盾但绝不能以暴力的、不可掌控的方式来解决问题。

出于对政党政治斗争下的认同与倚重,达伦多夫进而认为,当代西方资本主义社会里并不存在"无法消除的斗争",与此相反,他认为,处境较好的人和处境不那么好的人之间可以是一种健康的"抗争",甚至认为民主政治的"内在优势"就在于"接受冲突,并非是为了平息冲突,而是为了避免让他们以暴力的形

---

①②④⑤　[德]达伦道夫.现代社会的冲突[M].林荣远,译.北京:中国社会科学出版社,2000:140-141.
③　马克思恩格斯全集[M].第20卷.北京:人民出版社,1971:163.

式来表现（冲突）"。① 在此，达伦多夫认为"民主是剂良药"，因为民主制度提供了公开理性的博弈平台，因为其一定意义上的包容与调和矛盾的功能，利益竞逐的"双赢"模式有可能取代马克思的零和模式。这当然更多的是达伦多夫的良善愿望而已。尽管他也还承认阶级冲突依然存在，"因为更深刻的对立的痕迹依旧清晰可辨，为了民主的抗争也还要坚持阶级概念，这仍然是非常有意义的"②，但毕竟已经时过境迁了，矛盾冲突的性质及危害已大为不同。也就是说，西方国家步入了"民主体系下的阶级冲突"新时代。

事实上，当代西方国家的政党政治、议会选举等政治运作，究竟对普通民众有多少的实质意义？又能在何种程度上维护他们的利益？且看西方政党政治的"利益集团化"及社团主义下的利益固化等现象的蔓延，即可知晓政党政治的"民主化"成色。

（二）阶级冲突的新形式："社会冲突的制度化"

基于阶级斗争"民主化"新动向的判定，达伦多夫进一步探讨了这一新动向下社会冲突的新特征。他首先评介了特奥多尔·盖格尔（Teodor Geiger）在《熔炉里的阶级社会》一书中提出的"阶级冲突制度化"的重要观点，"他的根本出发点是经济民主的进步。资本和劳动原先是不可调和地对立着的；但是后来，它们越来越多地建立起了相互关系。关于工资和劳动条件的谈判，包括关于调节和排解对立的程序的谈判，被纳入了一个完整的、由劳资双方协定的或者由法律法规规定的规则体系之中。资本和劳动之间的紧张关系被承认为劳动市场上的合法原则"③。谈判的吸纳、劳资协定的规则、劳动市场的合法原则，盖格尔指出了当代西方国家企业内部民主对话协商机制的一些新举措，并认为劳工权益的法制化保障、劳动市场合法原则的确立等因素，已经实现了"阶级冲突的制度化"管控，换言之，严重对立对抗的阶级斗争已经趋于消退了。

基于"民主化的阶级斗争"及"阶级冲突制度化"的重要趋势，达伦多夫进一步分析了其中蕴含的政治意义。"两个政治集团，抑或说两个政党，相互为争取多数的选票而搏斗着，人们对此已经习以为常。一方是改良派，而另一方则是保守派，一方是应得权利派，另一方则是供给派，但双方的任何一方在原则上都没有攻击对方的偏好，或者哪怕撤销对方的决定。"④在此，他还简要列举了英国、美国、法国和德国等国家的政党政治实践，力图表明这些国家内部的两党或多党，虽然利益取向与政策主张有着诸多分歧，但能在"权力更迭"中得以协调均衡，也就是说，现实政治运作的灵活性较为有效地调适和满足了各方的利益

---

①②③　［德］达伦道夫.现代社会的冲突［M］.林荣远，译.北京：中国社会科学出版社，2000：141-142.

④　［德］达伦道夫.现代社会的冲突［M］.林荣远，译.北京：中国社会科学出版社，2000：142-144.

诉求。

为了证明他的"阶级冲突制度化"愿望，面对一些质疑"制度化"成效的论调，达伦多夫极力为之辩护。例如，肯尼斯·阿罗(Kenneth Arrow)的社会选择理论即"理性选择理论"，从经济理性的角度探讨了政党政治现象，认为政治党派的所有活动都是"理性经济人"的选择，是彻头彻尾的机会主义者，"政治领袖们和他们的组织仅仅是一些企业家和企业，他们行动在一个特别的市场上，这个市场里的成就用选票而不是用美元来衡量"——"政治市场"抑或"政治市场化"，"舆论研究取代了思想的位置，政治龟缩为争取选票的竞争"——这样的政治竞争实际上只是徒有形式，并无明确的价值主张与切实的社会关怀，因而"缺乏群体团结约束即阶级约束的地方，还只有个别的主题，而把这些主题结合起来，则只是个实际效用问题，而不是社会内在需要的问题"。① 在此，作为经济学家的阿罗还是相当精准地把握到了西方政党政治中的一些深层次矛盾。其实，马克思早就指出了资产阶级民主政治的虚伪性，但是，达伦多夫对于这一理论却并不认同，认为它有失公允，并列举了美国政治的案例，认为美国政治尽管大多数情况下都是围绕经济的主题或者供给的主题展开的，但同时也有主张新政的民主党派或自由党人的强硬内核。并且还指出阿罗的"民主的经济理论有重要的副作用。它对控制旧的阶级冲突不得要领，而且夸大了新的情势的稳定性"②。对此，双方的这一论争还是颇为引人深思的，对于现代西方的政党政治，自由主义的经济学与政治学居然做出了不同的判定。而这其中，无论是经济学假说的"理性经济人"推演，还是达伦多夫政党政治学下的"利益代言人"构想，表象上它们各执一端，实则反映了西方资本主义制度下经济利益的分化争夺与政治机制的平衡调节之间的深刻张力。

在指陈阿罗理论的不足之后，达伦多夫再次返回盖格尔的理论视角，并试图驳斥阿罗的经济民主理论。他指出，"(盖格尔)断言道，那些把他们的对立关系制度化的人，不仅因此使得对立关系丧失锋芒，而且同时建立了一种卡特尔，以便捍卫他们的共同的利益"，"即他们断言，重要的新的冲突既不太触及所有的社会群体或者社会范畴，也不太触及一切人或者很多人的生活的方方面面。这就是一种涉及具体问题而不是涉及阶级基础的政治的社会基础"。③ 在此，达伦多夫稍稍改变了分析策略，他直接表明现代社会阶级论争的主题就是一些具体的社会事务问题，而不再是那些原则性的、大是大非的"价值与主义之争"的宏大课题。可见，达伦多夫避开了阿罗对政党政治"成色"抑或"价值底色"问题的质疑，而是主张就事论事，不要"奢谈"主义立场。

①②③　[德]达伦道夫.现代社会的冲突[M].林荣远,译.北京:中国社会科学出版社,2000:142-144.

　　再来看达伦多夫对政党政治下阶级冲突的进一步论析。他继续指出盖格尔的"冲突制度化"理论蕴含着阶级斗争的"社团主义化"，"伴随着阶级斗争的最大化或者民主化的事态发展，即社团主义的发展"。"民主的阶级斗争的基础就是组织，方法就是意见一致。人们不是作为单一的个人行动的"。①

　　"社团主义"是当代西方政治理论的一个重要思潮。社团主义，作为一个利益代表系统，是一个特指的观念、模式或制度安排类型，它的作用是将现实社会里不同的利益群体"有组织地"联合到国家的决策结构中去。这个利益代表系统由一些组织化的功能单位构成，它们被组合进一个有明确责任（义务）的、数量限定的、非竞争性的、有层级秩序的、功能分化的结构安排之中。这些功能单位得到国家的认可（如果不是由国家建立的话），它们被授予本领域内的绝对代表地位，作为交换，它们的需求表达、领袖选择、组织支持等方面的行动受到国家的一定控制。究其实质，就是社会群体的经济利益竞逐在政治组织形式上的反映，也是政治斗争的组织形式。针对"社团主义"这一政治斗争与经济斗争混合产物，达伦多夫既认可又不甚满意，因为这毕竟影响了其"民主化的阶级斗争"中"民主与平等"的政治展望。具体说来，还得提及肯尼斯·阿罗的社会选择理论与经济民主学说。

　　阿罗的"经济民主论"及其影响之下的社团主义竞争理论，对现代西方政党政治的民主化造成了不小的冲击。对此，达伦多夫很是不甘，他进而指出"社团主义"的两面性首先是弊端，"民主阶级斗争的社团主义的反常行为的风险在于，这种反常颠倒会带来僵化而不是激活常态下的阶级斗争运动。社团主义太过于容易同官僚体制进行结合，而二者的结合恰恰侵蚀了自由宪法的本质内核，亦即自由政治毋须通过革命而能实现自我变革与调适"。②这一点正是达伦多夫所担忧的，一旦政治组织与利益团体的自我固化，缺失对话协商的动力，就势必封闭了政治妥协与社会协作的通道，那么任何实质意义上的利益表达与均衡整合都将难以获得，这是他最不可容忍的。

　　与此同时，达伦多夫又肯定了"社团主义"的价值意义，"社团主义从民主进程中获得生命。协议取代了辩论，意见一致取代了冲突"。毕竟"传统的阶级传统退居幕后了，即使对它们的回忆，而且有些地方它们的现实还继续存在着"。显然，对于社团主义的公开博弈的竞争形式，达伦多夫退而求其次，认为其至少在斗争形式上略微跨出了马克思意义上对立阶级的激烈对抗。

　　（三）阶级冲突的新出路："多数派社会"的形成

　　二战后西方社会经济、政治与社会领域发生了一系列新变化，达伦多夫对

---

　　①②　［德］达伦道夫.现代社会的冲突［M］.林荣远，译.北京：中国社会科学出版社，2000：144-145.

阶级与阶级关系的演进问题也做出了新思考。面对阶级结构与利益关系的调适缓解，达伦多夫认为西方国家已然进入了所谓的"多数派社会"，而这一"多数派社会"的"社会融合"功能又将进一步消解原本界限分明的"阶级对抗"关系。

达伦多夫首先从阶级的构成及其抗争的逻辑谈起："阶级是一些范畴，其成员们在统治结构里拥有一种相同的地位。它们典型地或者当权掌政，或者没有，因此，它们相互间存在冲突关系。如果冲突涉及应得权利的话，这类冲突在政治上就有传染性。公民身份地位的历史同时也是阶级冲突的历史。这适用于资产阶级为争取法律平等的斗争，这同样也适用于最近为争取社会的公民权利的斗争。"①在此，他再一次重申了基于公民权利斗争的阶级冲突史，并认为在二战后的西方也仍然如此，只不过应得权利的重心已然落脚于民生福利的政策公平上。"公民的身份地位是进入这个进程的关键。在经济合作与发展组织各国的社会里，大多数人成为概念的充分意义上的公民的那一时刻，社会的不平等和政治对立就具有新的形态。人们再也不必同其他处于同样状态的人一起，去为他们的基本权利而斗争了。一方面，他们可以通过个人的努力，另一方面他们可以通过在派系林立的、然而混合在一起的利益集团的代表，扩大、至少保持他们的生存机会。"②在此，他特别谈到这一新的权利抗争之下的社会公平的推进，带来的极为重要的社会后果——"社会阶层"多元分化的"政党政治"，也将消解"政治阶级"的"同一性"——进而阶级冲突的原动力也将聚焦于个体自由的追求，而非群体性的平等诉求。对此，这当然是作为自由主义学者的"内部透视"。

当然这其中，不可否认的是，民主政治制度确有一定的协调社会矛盾冲突的能量——竞争、博弈，妥协、和解。也正如有学者所言："民主既是崇高的乌托邦式的理想，也是一种现实的社会安排。民主在历史上的发展过程，实际上就是通过妥协而不断演化的过程。有了妥协的程序，民主才会获得尽可能多的人的支持，从而形成民主认同的社会氛围，建立社会和谐。"③

基于上述论析，达伦多夫认为，经历较长时段的快速发展与激烈的政治博弈之后，西方社会的利益结构已经发生较大的变化，"不仅是旧的阶级归属性退居次要地位，而且产生了新的团结，这种团结囊括了三分之二，如果不是说五分之四或者更多的话"。尽管不同社会群体之间还存在差别，但总体上生活质量得到了改善，"在他们之间有很多的差别，包括财产和收入的不平等，但是，也存在着一种基本的获得应得权利和供给的进入平等"④。

基于此，他总结了这一阶段的政治社会发展："新的阶级是公民阶级，如果

①②④　[德]达伦道夫. 现代社会的冲突[M]. 林荣远,译. 北京:中国社会科学出版社,2000:146-147.
　③　韩震. 作为社会妥协机制的民主——关于民主的一种新阐释[J]. 学习与创新,2007(24).

允许有这种荒谬的措辞的话,不过,至少是多数派阶级。政治史和社会史的一章是以深刻的和潜在革命的阶级斗争为开端的,在经历了严峻和痛苦后,它导致了民主的或者制度化的阶级对抗的受到约束的冲突,结果是形成一个多数派阶级,那些属于这个阶级的人因此能够抱有希望,不必根本改变现存的结构,就能实现他们的很多生活意图。"①

显然,如果一个"多数派社会"得以形成,可能也就意味着社会阶层关系的融合、利益获得的均衡以及社会秩序的相对稳定。这自然是达伦多夫十分期待的局面。在回顾总结了第二次世界大战后西方资本主义国家历经经济增长与收入分配、"民主的阶级斗争"的实质之后,达伦多夫感觉到一个"多数派社会"的到来。所谓的"多数派社会",与现代西方社会学的"中产阶级"社会,成为西方国家20世纪将近半个世纪的相对安定的社会秩序的基础,应该说这也是资本主义自我调节的结果。但是,"多数派社会"事实上又是一个怎样的社会呢?

三、"后增长时代"的思想与文化冲突

在所谓的"黄金三十年"里,西方国家经济社会获得了较快的发展,社会秩序相对稳定。但正如雷蒙·阿隆所说:"经济增长并非万能,增长也不可能永远这么持续下去。"在经历一段较为迅猛的经济发展之后,欧美国家的经济增速下滑严重,并引发了一系列社会问题,新的社会思潮开始形成,社会不满与抗争随之发生,1968年的欧洲、美国等地区几乎同时发生了"文化革命",尤其是发生在法国巴黎的学生运动最为激烈,史称"五月风暴"。

法国的这一社会暴动,是由学生运动开始的,继而演变成了社会性危机,最后甚至导致了整个国家的政治危机。对于这一新的社会抗争,达伦多夫也予以了较多的关注与思考。

(一)"文化革命"的背景及表现

1."内忧外患"的政治乱象挑战了政治的合法性

20世纪60年代的美国和欧洲,在经济激荡发展、迅猛增长的同时,政治上也并不平静,问题和危机接踵而来。由美国挑起的越南战争历时长、消耗大、伤亡重并引发了经济的衰退,激发了美国国内社会各阶层的反战浪潮,尤其当深陷战争泥潭不得自拔之时,全国范围内的反战运动更是达到顶峰,其中又以青年学生的运动最为激进。他们以抵制征兵、拒绝战争为口号,通过游行、宣讲、静坐等方式强烈抗议政府的暴政行为,政府的认同度日益下降,国家面临着严重的合法性危机。与此同时,欧洲国家经济增长的势头开始下滑,利益分配的

---

① ［德］达伦道夫.现代社会的冲突［M］.林荣远,译.北京:中国社会科学出版社,2000:147.

矛盾冲突有所加重，一些人的生活水平受到较大的影响，社会运动开始抬头。美国的越南战争和欧洲的社会运动，都对政府的治理提出了严重的警告，基于合法性诉求的民意指向成为现实政治的焦点，自由民主政治又面临着新一轮的正当性考验。

达伦多夫敏锐地看到这一点。他说："对于很多人来说，合法性首先与对政治体制进行改革的能力相联系起来。在法国、德国和一些较小的欧洲国家里，这个题目首先被冠之为'民主化'。"①这一方面意味着要实现赋予所有人公民权利的许诺，另一方面也意味着人们迫不及待的固执坚持必须也能行使政治参与权利。因为官僚制体系僵化无力，难以启动有效的社会改革，也无法克服和摆脱当下的社会问题危机，来自社会公众层面的民主诉求自然也就凸显出来了。对此，达伦多夫引介了时任德国总理勃兰特的话说："我们必须敢于推行更多的民主。民主不仅是一种状态，一部宪法，而且也是一种生活方式，一种行为和美德。"②事实上，就西方政治文化的传统来说，政治的参与、民主的表达的确已经成为政治治理合法性的必要组成部分了。

2.大学里的骚动：要民主不要官僚制

而对于当时法国"五月风暴"，尤其是青年学生的抗议运动，达伦多夫认为，主要是政府刻板僵化的官僚制管理，严重压抑了人的个性自由，陈腐的权威秩序和价值观念扼杀了日益兴起的社会活力。同时，30年经济发展累积下的物质成果，又使得疯狂的消费主义、娱乐主义在西方国家蔓延普及，人们对生活的期望和要求越来越高，而一旦社会供给不足、民众需求紧张，许多人不满现状的心态就爆发出来，抗议呼吁并要求力图改进、有所行动。但这一青年抗争运作又不是传统意义上的政治革命，而是致力于批判政治权威与文化价值秩序的"生活革命"，即文化意义上的革命。其根本实质更多的是属于哲学意义层面的，诸如萨特的生存哲学批判，福柯对现代社会治理秩序的解构与反讽，其最终意义均指向于现有的政治经济秩序。因而，所谓的"文化革命"，并非文化自身的变革，恰恰是对现实社会生活的重新审视与超越。在此背景下，当时法国许多高校的大学生们还面临着"毕业即失业"的困境，而学校管理中陈规陋习的约束就更加激发起他们对现行教育体制的批评，进而主张大学教育的民主化。与此同时，国家经济发展的压力越来越大，人们普遍陷于迷乱而毫无头绪之中，社会氛围很是压抑而躁动，因此革命的暴风雨也就不可避免地到来了。

(二)危机的实质：对权威秩序与理性文化的不满

对于欧美国家这一时期下的革命运动，许多学者均表现出极度的关注与忧

①② ［德］达伦道夫.现代社会的冲突[M].林荣远，译.北京：中国社会科学出版社，2000：147-148.

思,达伦多夫援引了当时法国最具影响力的学者雷蒙·阿隆的观点:"1968年的革命是introuvable,即不易发现和捉摸的,难以作详细的描写,但是,它具有那些大雪崩的很多特征,一场雪崩如果开始发生,任何人都再也无法加以阻挡。"①前文已经多处论及阿隆的政治思想,他是一个"经济增长论"的乐观派,他一直认为,如此美好的时代下的经济增长带来阶级缓和、甚至"两种制度都在趋同",可现实却还是爆发了青年人的革命。阿隆为此困惑不已。

面对阿隆对学生革命的困惑,达伦多夫省思道:"它曾经确实有过什么样的含义? 它是经济奇迹所造就的、新的富裕阶级的娇生惯养的孩子们所进行的暴动吗? 它是公民揭竿而起,反对那些还不理解臣仆时代以及终于一去不复还的政府吗? 它是那种随后很快就席卷西方各国社会的价值演变的初次爆发吗? 它仅仅是使得太久保持不变的机构成为公众瞩目的中心的现代社会改革的一个阶段吗?"②达伦多夫的这一连串的自我问讯,透出其心中的不平不快。但他还是努力分析了其中的种种成因。

1.人们对生活的要求越来越多,不满情绪在积累

达伦多夫分析道,经合组织(经济合作与发展组织)各国社会已经变成为一些"要求越来越多"的社会。在20世纪60年代,很多人要求进行改革。社会变得"要求越来越多",主张"建设之后要改进"的呼声不断,这是当时的口号之一。"战后的时代是一个让更多人有更多选择的时代。倘若在为大家挣得的公民权利里没有一个可靠的基础,就不可能创造更多的选择机会;反过来,人人都拥有公民权利,这部分是从前斗争的遗产,部分是战后年代社会契约的结果,以及部分也是供给迅速增长的伴产物。不过,量的和经济的进程开始愈来愈甚地主宰着局面。"③

2.民众对改革的诉求没有更为合适的表达渠道

对于当时的情况,达伦多夫应该是看得比较准确的。要求社会改革的呼声越来越高,虽然并不总是很清楚究竟由什么样的社会力量来担当这种要求。而由于意识形态话语的消退,知识分子已经不再是中坚力量。④结果,最终在各种要求都集中到大学身上(这适用于很多欧洲的国家)。上述这种情况变得特别明显,而在涉及此前受到忽视的少数人的权利的地方(例如在美国)。这种情况起的作用是微乎其微的。公民权利的最后一次扩展,可能是20世纪60年代社会运动力量所实现的最重要的变革。

大学里的学生造反,其性质是相当恶劣的。"权力无比的教授们从他们的台座上被清了下来,取而代之的是平等者之间的协作原则。"教会,也发生了重

---

①②　[德]达伦道夫.现代社会的冲突[M].林荣远,译.北京:中国社会科学出版社,2000:148.

③④　[德]达伦道夫.现代社会的冲突[M].林荣远,译.北京:中国社会科学出版社,2000:150.

大的变革，"教会，尤其是新教教会，追随这一事态的发展，变成为辩论的场所，而不是教堂的布道。天主教的现代化改革对类似的压力做出反应，直至把圣坛从它的遥远的高处移到某些现代教堂的中央，以免忘却信徒们对教会主义的希望和困惑"。① 如此，一切神圣的殿堂都平庸化了，缺失了价值权威的意义主导与关切，名与利已经支配了整个时代，批判与否定成为时代的风向，这究竟是自甘堕落还是涅槃重生呢？

3. 社会管理担负着"不可承受之重"的职责

"在所有这一切的背后，隐藏着这样的思想，即认为个人是社会力量和社会环境的产物，因此，不能让他们个人来对他们的行为负责。人格化的统治丧失了它的光芒，对于很多人来说，它失去了存在的理由。"② 几十年的社会民主主义道路，经济增长、政治民主的背后是国家和社会为个人承担了太多的责任，而一旦情况有变，则又将所有的矛头指向于外部社会而不是反躬自省，社会共同体的集体想象已然垮塌。在此也折射出西方现代性文化的一个重要面相，那就是作为个体的人，如何在生活中恰切地安置好自身生存的意义。这是西方文化内部的一个困结，不容易解开。

对于这场运动，达伦多夫也给予了深刻的反思，他尤其专注于"打倒一切权威和不服从"的运动口号以及"建设以后要改进"的政治呼声，既然根源在于人们对现实的不满与诉求，因而"重要根源在于经济问题，供给的扩大十分紧要"。在此，这或许是达伦多夫唯一所能够做出的反思和应对。毕竟，时过境迁，西方社会经济已然步入衰落，辉煌难续，而其历史标志性意义也已显现，那就是："1968 年象征着社会民主主义的胜利，然而同时其是结束的开始。"③达伦多夫的沉郁与失落是显而易见的，其实这何尝又不是自由资本主义难逃的命运呢？

透过上述的诸多论析，不难洞悉，虽然 1968 年的这场"非暴力"的社会运动最终得以收场，但它反映了西方社会发展演进中的一些深层次问题。随着经济生产方式的转变即由工业社会向所谓的"后工业社会"的转型，经济发展的增长方式、空间维度及价值意义的问题不断涌现，政治治理的民主合法性难题、公民参与和官僚制障碍的问题，以及日常生活中的文化困顿问题等均成为现实社会发展的新课题。而这一系列问题的根源虽然大多由经济问题引起，这也是达伦多夫的研判，但从其深层实质来看，更主要的还是西方资本主义道路的主流文化与核心价值问题。其实，"革命"之后西方马克思主义批判理论的兴起有力佐证了这一点。"宁跟着萨特错，不跟着阿隆对"的话语流行，正是马克思主义的"坚硬"强势对阵自由主义"疲软"的鲜明体现。在此，通常意义的自由主义者是

---

① ② ［德］达伦道夫. 现代社会的冲突［M］. 林荣远，译. 北京：中国社会科学出版社，2000：150-151.

③ 达伦道夫. 现代社会的冲突［M］. 林荣远，译. 北京：中国社会科学出版社，2000：153.

不能够直面现实的,就如达伦多夫仅仅将其归结为经济增长的困顿与管理体制的不足,其实这只不过是问题的表象,1968年运动的真正实质,更多地体现于文化价值的意义层面,而这一文化价值的批判省思则折射出了社会生产方式、管理方式、生活方式等诸多领域的矛盾问题,因而有着极为深远的影响。甚至可以引申开来说,这一社会运动下兴起的西方马克思主义批判理论仍然属于马克思主义的阵营,尽管已经有了较多的不同。

四、社会民主主义之反思

面对30年经济发展的成效与随之而来的衰落,自由主义理论家达伦多夫试图重新回到历史的端点,转而对20世纪起落沉浮的社会民主主义运动做出总结省思与未来展望。前文已经论及了欧洲社会民主主义的渊源流变,作为对自由市场制度全面主导下的资本主义发展道路的一种"必要与合理"的纠偏与扭转,其在一定意义上克服了自由资本主义的一些重要缺陷,起到了"解围助困"的作用。因此通常认为,社会民主主义从根本上说是"姓资"而不是"姓社"的。[1] 指明这一点很有必要,因为下文将要评析达伦多夫的社会民主主义观。

上文提及,达伦多夫对于1968年的欧美革命做出了"既象征着社会民主主义的胜利,然而同时是结束的开始"的总结认定。显然,达伦多夫首先还是肯定了社会民主主义的历史作用及意义。一方面,这缘于社会民主主义运动以"民主化"的形式应对,在一定程度上"消解"了马克思主义的阶级斗争运动;另一方面,社会民主主义运动推动了政府治理变革的实践,国家干预经济社会发展也有所成效,尤其是二战后这一时段的发展。但与此同时,素来主张"关键在自由"的达伦多夫又深感社会民主主义的问题与不足,甚至明确宣告其"终结",这其中的逻辑值得探析。

(一)关于社会民主主义的成就

如前所述,20世纪的资本主义的变化转换至二战后西方国家的市场繁荣、物质丰裕及某种面相的政治民主促进了利益关系与阶级矛盾的调和,形成了一个所谓的"多数派的社会"的均衡秩序。对此,达伦多夫也从社会冲突的观察视角做出了阐释理解。他认为,这一成就的获得应当归功于社会民主主义:"然而,威尔逊在一种更深的意义上是对的,一切政府,不管它们的执政党的组成状况如何,有一个时期都显示出社会民主主义的特色。在国家、混合经济和从摇篮到坟墓的社会福利政策的行善角色方面,它们也统统都体现了多数派阶级的

---

① 徐崇温.社会民主主义与民主社会主义:历史、理论与现状[J].中国特色社会主义研究,2007(2):29-34.

意见一致。""这里所说的目标实现是社会民主主义的意见一致的实现。这种意见一致是多数派阶级的意识形态，为建立这种一致，持续了一个世纪，犹如形成这个阶级所需要的时间一样长。"因此，"体现了人们在普遍自由的状态下对平等的一部分普遍偏好"①。

在他看来，社会民主主义思潮的一些重要主张，都是事关如何在一个相对富裕的时代下如何增进公民的社会权利，而且其影响之所及，大多是社会内部阶层分化、利益竞争激烈同时政党政治又较为发达、社团主义比较兴盛的国家，这些国家既坚持以市场为取向的经济，但同时又能够不失时机地进行改革，并相对注重社会均衡。在此，达伦多夫的这一解读还是较为平实客观的。从西方尤其是欧洲国家 20 世纪社会民主主义的发展演进来看，的确在社会包容与政治整合方面做出了一些重要探索，较为注重不同社会阶层、利益团体的对话与协调，尽管并非如达伦多夫所描述的"意见一致、均势平衡，满足着很多不同的利益，多数派对它是满意的"等论调那般"甜蜜"。当然，面对西方发达资本主义国家自我调节的这一历史时段的重要演变，还需要深入其内部去把握深层次的问题与挑战，诸如增长之后抑或"后增长时代"怎么办？"少数派"的绝对弱势困境怎么办？多数派内部真的很"意见一致"吗？事实上，达伦多夫也一定程度上关注到了这些更为真切的问题。

(二)关于社会民主主义的困境

在确认社会民主主义变革现实成效与意义的同时，达伦多夫也着力探析了社会民主主义的重重困境。

1.政府治理中的社会福利政策措施阻遏了个人自由与创新活力

面对现实发展的困境，达伦多夫首先指出："时代精神(物质欲望)浸入其他的政治领域。在很多国家，社会政策又被继续向前推进一步，直至由对共同体承担义务取代个人的首创精神。"② 由于社会民主主义主张对自由市场经济的干预和调节，倾向于社会公共利益层面的改革建设，福利国家政策在一定程度上维护了社会层面的"公共利益"，然而这却破坏了市场竞争秩序下的"自由个人"，挫伤了一部分人的积极性，进而阻滞了发展的进程。如此看来，欧洲国家倡导的"从摇篮到坟墓"的经济社会政策确实存在不少的问题，这可以从很多层面做出解读。但归结起来，"社会秩序的均衡"与"个人自由的张扬"始终是贯穿资本主义发展进程中的一个根本性难题。究竟是该"保卫社会"还是"捍卫个人"？面对现实的情势，达伦多夫陷入两难："社会国家值得骄傲的大厦在日益不稳定的世界经济风暴威胁着它的基本结构之际，被涂上了最后一抹灰浆。

①② ［德］达伦道夫.现代社会的冲突[M].林荣远，译.北京：中国社会科学出版社，2000:151.

（目标）实现的岁月同时也是威胁日增的年代。""只有在少数国家里,通过 20 世纪 70 年代的试验,成功地挽救了 1968 年所推行的国家调节和系统性再分配的措施。"①对此,如何构建一个有机的社会共同体,确实是相当重要的现代性话题。

2.社会共识建构与社会整合较为困难,社会民主主义的基础薄弱

因为利益关系的相对协同,作为多数派的"中间阶级"的社会认同既因为"意见一致"而极为牢固,也可能出现共识的破裂,它是易受伤害的、脆弱的。随着资本主导下市场竞争的加剧、社会流动的变故,个人所遭遇的社会风险随之扩大,经济收入的波动、地位状况的沉浮均深刻地影响着个人的命运发展。因此,"多数派"内部的"多样化"决定着"意见"并不容易"一致",而社会阶层分化越厉害,这就意味着价值共识越单薄,因而政府的社会整合难度越来越大。如其所述,"仰仗多数派阶级和社会民主政治十分合理的意见一致来进行统治,被证明是不稳定的"②。

(三)关于社会民主主义的未来前景

面对社会民主主义业已取得的成就和存在的风险,达伦多夫的态度颇为犹疑。一方面,他认同肯定其一定的合理性,"社会民主主义的模式提供着一种人道的和合理的政治前景","它们可能还会伴随我们一段时间,在那些刚刚为自己获得自由机会的国家里,它们甚至是伟大的希望所在"。③另一方面,从未来社会发展的角度说,他又并不看好社会民主主义的有效维系。由于政治体制的僵化、社会结构的固化等趋势日渐明显,"自由"日益被侵蚀,达伦多夫对社会民主主义道路的前景极为担忧:"要阐明未来属于这种前景的一边,那就更为困难了。社会民主主义寿终正寝的命题,并不意味着多数派阶级的意见一致突然丧失其意义,更不是说,各国社会民主党再也不能赢得选举。毋宁说,这个论点意味着,一股历史的力量业已丧失了它的能力……伟大的社会力量死亡于它们胜利的时刻。"④

达伦多夫判定社会民主主义的时代将全面终结,若真如此,那么这一"辉煌时代"的终结又意味着什么? 在此只能说,面对欧洲社会的未来发展,达伦多夫的确一筹莫展。

---

①②③④　[德]达伦道夫.现代社会的冲突[M].林荣远,译.北京:中国社会科学出版社,2000:151-153.

第二节　滞胀危机与社会失范

一、滞胀危机与贫困问题

(一)滞胀危机:时代新课题

20世纪70年代末的西方社会,经济增长持续下降,社会福利政策的繁重负担带来难以承受的财政压力,个体的自由创造活力不再,失业难题日渐加剧,而政府管理的制度和机构问题仍然严重,效率低下而难有作为。与此同时,社会文化的意义危机也持续上演、步步逼近,资本主义经济社会发展陷于"滞胀"危机,遭遇着严峻的挑战。

对于这一时期的艰难转型,达伦多夫这样总结道:"几十年的经济增长和社会进步是在一个漫无头绪、扑朔迷离的阶段中结束的。过去的成就制造了一些新的困难问题,这些新难题不再能够采用那些久经考验的方法加以解决。外在的和内在的因素结合为一种不安定的综合病症,有些人开始相信,末日已经来临。"①

具体来说,这一时期的问题主要表现为经济、政治与文化三个方面的问题动向:

一是经济增长的极限与难题,国际大环境的变动引起了全球经济尤其是欧美国家经济的持续高增长的停止,与此同时,就业、贫困等问题开始加剧显现。

二是政治治理的科层制危机。负担日益加重的福利国家,日益庞大的国家机器,社会的活力遭到严重的压抑,社会治理的难度越来越大,各个领域的公共服务均陷入了僵化状态,等待着公共服务的革命。

三是"后工业社会"时代的文化价值危机。后工业缘于新的科技革命所引起的产业革命,进而影响到人们的生产方式、生活方式和价值理念的深刻变化。其中较为明显的态势就是人的劳动方式发生了较大的变化,比如技术改进下工人的劳动强度下降,有更多的时间可供休闲,但同时也意味着失业的风险加大;还有从业方式的变化也进一步影响到生活观念、价值追求等变化。

上述新情况的出现,主要缘于经济生产结构的变化。早在20世纪70年代初期,在经合组织成员里,就业结构的某些变化已经很大。在整个二战后时代,从事农业的人数在日益减少,1980年前后,经合组织各成员中,整个从业人员的50%以上是在服务行业的各种职业里工作。"如果工业(社会)意味着生产,而

---

① ［德］达伦道夫.现代社会的冲突[M].林荣远,译.北京:中国社会科学出版社,2000:180.

社会是以占主导地位的职业活动来表示其特征的话，那么，工业社会已经为服务社会取而代之了。"这些现象集中表现为就业结构的变化。科学家和技术人员业已变成了一种扎下根基的和不可或缺的社会范畴，并且成为一种"政治力量"，正如贝尔所分析的，"一种新的社会分层原则出现了"。

达伦多夫进而引用了贝尔的分析："社会结构虽然可以称作一种'技术—经济秩序'，但是，西方文化取向是一种完全不同的方向。勤俭节约、艰苦劳动和先苦后乐等新教伦理，决定了数世纪的资本主义的经济增长，最后却毁灭于一种直接消遣的文化。不是生产，而是分配，不是创造，而是销售，主宰着生活，而销售会鼓励铺张浪费。经济还建立在效益和合理性的基础之上，文化则是由松弛的乐趣和娱乐决定的；文化已经变成'基本上是享乐主义的，与玩耍、逗乐和炫耀性娱乐相联系着。'""当经济增长和社会进步同时受到压力之时，价值也受到了挑战，而且发生了变化。过去曾经多次要求要有某一种趋势的转折。在近代历史上，第一次出现并非来自左派，而是来自右派的关于政治和社会的创新性的思想。"①

随着社会各个领域变迁的加剧，繁荣时代的社会冲突依然存在并且还有了新变化，其冲突斗争所围绕的根本主题、基本特征均不同于以往形态下的阶级斗争，而是表现为普遍而广泛的社会排斥、社会分裂乃至社会失范。社会排斥首先由失业问题引起，失业率大幅上升是现时代的重大难题，并且其所引发的少数人陷于严重贫困的社会后果，又进一步导致了新的下层阶级形成；而多数派的封闭与保守，对下层阶级的社会排斥（以及种族宗教歧视），又引起了社会的分裂；最后，当面对强者的霸道而孤苦无助时，弱者选择了社会失范，以各式各样的越轨行为来表达不满。欧洲社会的危机显然在不断加深，达伦多夫对此深怀忧虑。

（二）失业与贫困问题

一般来说，解决就业问题的关键取决于经济增长的状况，经济增长的形势直接影响着就业率水平的高低。当然这也不是绝对的，在当年的欧美社会，也曾出现过"高增长、低就业"的怪象，原因在于，影响就业的不只是经济增长，还有市场竞争挤压下的社会排斥。"由于这样一些事态发展所造成的应得权利问题是严重的，它绝不简单。工作岗位作为劳动社会里生存机会的关键，很长时间不仅作为进入供应世界的入场券，而且也是公民身份地位的前提条件。职业仿佛就是通往应得权利世界的针眼……一般的，社会方面的公民权利过去是（而且今天仍然是）与职业相关的，尤其是由于为了社会方面的应得权利而规定

① ［德］达伦道夫.现代社会的冲突［M］.林荣远，译.北京：中国社会科学出版社，2000：180-181.

的保险原则，是与职业活动相联系的。"①

对此，基于公民权利维度视域下的就业难题，就极有可能演化成社会冲突与抗争的政治问题。事实上，公民围绕就业权的抗争在欧洲国家的确是个老大难的问题，达伦多夫因此也极为关切。他重申了其公民权利的基本观点："公民的身份地位不是一种交换契约的结果，因此也是不能够出售的；公民的身份权利是不能交易的。基于这个原因，公民的身份地位同职业分开意味着进步，不过，应得权利派在企图建立某一种劳动权利时，它很快就开始犯着它的固有的错误。然而，没有任何一位法官能够强制雇主去雇用失业者。""而且，为就业而就业，就是一剂没有经济效益的药方。为了自由的利益，更为重要的是确立不劳动的权利，因此，政府就不能强迫任何人，陷入一种他或者她想摆脱的依附关系之中，毋宁说，它是明确一方面是权利和应得权利，另一方面是政治和供应的概念的结果。"②

从中不难看到，关于就业权的论争，究竟该如何处置着实是个棘手的社会问题，是倾向于市场主导，还是社会的全面接管？是任由少数人的边缘化，还是回到社会公平的轨道上来？现代社会的底色是"能力本位"，个人生存发展的境遇如何调适？弱势群体何以善待？面对经济增长的乏力与就业困境的纠结，达伦多夫只能摆荡于社会与市场之间，对于欧洲国家与美国社会不同应对策略，也仍然深感无力。他还论及了失业问题的严重社会后果，认为贫困的恶化必将导致社会分化即下层阶级的形成，而长期贫困又将是美国与欧洲长期失业的必定结局。

二、社会排斥与社会失范

(一)社会排斥及其后果

由于失业和贫困的困扰，下层阶级无从发展，只能沦为社会的弱势群体并日益边缘化。同时，另一些少数派因为种族、民族等原因而遭受着各式各样的歧视，得不到公平的发展机会而无法实现社会流动、上升到高一级的社会阶层。究其原因，这些歧视主要来自既得利益的多数派群体的社会冷漠与自我封闭，人为划界、挤兑弱者，加剧了社会内部的分化与分裂。而随着社会排斥性问题的形成，民族纷争、种族权益及宗教争端等难题便紧随而来。对此，达伦多夫予以了较为深切的关注，也做了重要的思考。

1. 社会排斥的成因

关于社会排斥，达伦多夫首先引介了社会学家内森的观点："种种现象表

---

①② ［德］达伦道夫.现代社会的冲突［M］.林荣远，译.北京：中国社会科学出版社，2000：191-192.

明,被描写为下层阶级的社会范畴与社会的其余部分是由一些界限分隔开的,人们必须把这些界限称为应得权利界线。官方的、国家的正常措施,到达不了这些人身上。不过实际上,我们看到一种定义的过程:人们划出一条界线,把某些人放在界线的外面。"①当然,这并不是说,下层阶级不要任何提供补救、帮助它摆脱困境的尝试。②

达伦多夫列举了西方资本主义国家的一些突出现象,尤其关注美国社会的特点,"但是,它们的共同点是,不能简单地动用宏观过程。新的失业也好,新的贫困也好,都不能通过经济增长来消除。补充性的和最广义的政治行动是必要的——这是一种可靠的迹象,表明我们与之打交道的是一个应得权利问题,而不是一个供给问题"③。通常认为,美国的机会平等与自由竞争观念是深入骨子里的,因而就业机会的问题显得尤为重要。美国社会堪称个人主义与自由竞争的典型,在那里,个人的才能、努力和运气往往决定着个人的前途和命运,而国家和社会更多地居于"消极中立"的角色。美国不愧为"富人的天堂,穷人的地狱"。

2.社会排斥的问题表现

(1)"多数派"的封闭问题。

达伦多夫极为关注的"多数派"社会,曾经以其所谓的"中产阶级社会"而广受关注。因为"多数派"社会通常意味着政治统治与社会秩序的稳定,但这其实不过是一个阶段性的"昙花一现"。尽管他曾多次表明"多数派"的政治意义,但他也在此前的 1968 年革命反思时就提出"多数派的同意(的政治)并不可靠,它是脆弱的、易被伤害的"。达伦多夫这一论断的缘由何在? 答案就在于"多数派"的社会封闭,在于"多数派的社会"排斥行为。"多数派的机构和组织很少帮助下层阶级……多数派阶级保护着它的利益,犹如其他的统治阶级在它之前所干的那样。区别在于范围的大小。马克思认为,打着资产阶级烙印的社会是第一个被压迫阶级,即有前途的阶级,包括"大多数人的社会",因此,被压迫阶级能够把自己大规模地组织起来,并且把统治的少数派从他们的宝座上推下来。在某种方式上,发生的情况恰恰相反。绝大多数的人没有进行政治革命,却找到了一种完全可以忍受的生存。无论如何,大多数人发现了生存机会。"④

与马克思时代的"多数人的贫困"有所不同,达伦多夫面对的"多数派社会"业已相对丰裕而富足,所以没有发生以往性质的政治革命,其原因就在于"大多数人发现了生存机会"。一定意义上说,达伦多夫是对的,财富增长与福利推进改善了民生结构,政治认同消解了阶级对抗,但与此同时,"多数派"只是满足于

---

①②③④　[德]达伦道夫.现代社会的冲突[M].林荣远,译.北京:中国社会科学出版社,2000:196-197.

既得利益因而变得保守，试图维持现状，进而漠视了弱势群体的社会问题。对此，达伦多夫清楚明了，"但是，对于美好的日子是否将长期持续下去，他们绝没有把握。他们开始设栏划界，把有些人留在外面挨冷受冻"。"他们想看到藩篱被拆除；然而，他们并不采取任何措施来拆除它们。一个阶级生活在供给的世界里，因此认识不到其他人的应得权利的要求，这样一个缺乏幻想的阶级，是与只关心保障自己的地位结合在一起的。"①

对此，"多数派"的保守与封闭之下的社会境况又是如何的呢？总体形势或许还可维持，但是潜在的问题危机却恐将严重挑战现有秩序。"情况尚不至于这么糟糕，但是，长期失业和严重的贫困线下标明着一种凶兆。"②

显然，经济发展的福利改善带给了西方社会阶级关系不少的"红利"，由"贫困"到"富足"，由"少数人统治"到"多数派社会"。问题是，社会不平等现象依然存在。怎么办？关键取决于哪一方？达伦多夫冀望于"多数派"的行动，因为"能力越大，责任越大"。但其实这不过是其个人的愿望而已。

在此，达伦多夫的"公民权利扩展"理论的局限性就显现出来了。他以为，只要依仗公民身份权利的平等，就一定能够促进社会的公平公正，而事实却并非如此。现代市场经济机制下的竞争性、排斥性及社会贫富分化的截然性，又如何能够为"公民权利""人权"的话语所消解呢？即便有西方学者一再呼吁"要市场经济，不要市场社会"③，但事实上，市场经济机制的主导地位又何以能够撼动呢？对此，马克思的告诫就很重要了。马克思很早就洞察到这种基于市场自由竞争下的公民身份、自由和平等话语的根本实质，也正是因此，他批评了资本主义公民权的严重局限性，"在反映资产阶级利益的殿堂里，公民权维护了利己主义，而政治和国家取代了宗教和教堂，成了人类的准天堂"④。进言之，在当代西方政治哲学界争论纷纷的各种"正义"话语，在马克思看来，所谓的"市场正义""社会正义"均属于自由资本主义的内部视域，应当予以根本的拒斥。⑤

（2）种族、宗教歧视问题。

种族、宗教问题一直以来就是西方社会的老大难问题，达伦多夫一直予以了密切关注。"如果说，多数派阶级划定属性的界线，那么，它不仅向下划界，而且也向侧面划界。有些人丧失了他们的社会方面的权利，但是，另一些人则从一开始就被拒绝，不能享有这种权利。这个进程有着深刻的根源。希望一再被

---

① ② ［德］达伦道夫.现代社会的冲突［M］.林荣远，译.北京：中国社会科学出版社，2000：197-198.

③ 法国社会党领袖、政府前总理若斯潘曾在其《现代社会主义》（2000）一书中提出了以"调节资本主义"为纲的"现代社会主义"新理论，旨在推出左翼政党的社会纲领，探索社会发展的新模式。

④ ［美］科斯塔斯·杜兹纳.人权的终结［M］.郭春发，译.南京：江苏人民出版社，2002：171.

⑤ 张文喜.政治哲学视阈中的国家治理之"道"［J］.中国社会科学，2015（7）：26-42.

唤醒又被破灭的一个世纪结束之际，寻求同质性，即部落思维重新变得具有现实意义。现在有一种社会的保护主义的迹象，它像一丛野火，四处蔓延，不仅引起很多人的苦难，而且也带来一些暴力的形式，这些暴力形式无法用解决冲突的方法来克服。"

在此，达伦多夫继续从社会排斥的角度对美国的黑人问题、英国的"多种族社会"问题做出了解读，认为在经济利益面前，单一的"种族包容"政策并不可靠，"多种族社会"的魅力并未赢得多数人的欢心，他们对收入宁愿划定边界，而不愿意开放为怀。因而，"对于全体公民的发展来说，这是一种退步。它要求重新活跃公民权利的力量。这也包括某种程度上的正面的歧视，即试图通过正面的行动和有意识的规则，以保障参与，来遏制那些由于其历史长久已经变得牢固的社会结构的歧视……越来越多的人（似乎是这样的）不愿意在一个多种族的或者哪怕是多文化的社会里生活"①。

最后，对于"多数派"成员的社会冷漠，达伦多夫予以了严正的批评："'分开，但是平等'，这是 60 年代自由党人提出的、受到很多指责的要求；在 80 年代和 90 年代，它变得非常具有现实意义，同时，更经常强调的是分开，而不是平等。有一种对同质性的要求，它反对建立各种公民自由平等社会的优先性，然后让不同的文化在他们之内繁荣发展，企图以此建立文明化的共同体。"②

在此，"多数派"基于其阶层身份的"同质性"而反对社会结构包容融合的优先性，这一社会排斥与挤压就必然导致社会内部的分裂，以致人与人之间的道德冷漠与公共关怀的缺失，社会的"根系联结"断裂了，共同体精神不复存在了。由此也可见，激进而保守的中产阶级只顾及舒适的生活，满足于"同质性"带来的荣耀，相形之下，达伦多夫执着信任的现代社会的"开放性"则被多数派的"封闭性"所取代，而之前的"从身份等级到契约平等"，如今却陷入"从契约竞争到身份分化"。在此，达伦多夫公民权利理论的现实困境也再次显露。而同时，美国学者阿兰·布鲁姆曾在其《美国精神的封闭》一书中对于现代性自由有着极具力道的批评，我国学者洪涛在《生存论与空间论——"自由"义释》一书中也对现代西方自由政治予以了政治哲学层面的深度批判。

3.社会排斥的现实后果

前面谈到，经济利益意义上的"多数派社会"的排斥已经造成了严重的社会后果，导致了社会结构的断裂——多数人与少数人的各自分离即"温和的对立"。同时，"多数派"的种族歧视、宗教歧视也造成了不同民族之间、宗教之间的隔阂与冲突。随着社会排斥的不断加剧，社会内部的分裂便不可避免。

---

① ② ［德］达伦道夫.现代社会的冲突[M].林荣远,译.北京:中国社会科学出版社,2000:200-201.

民族与宗教问题历来是欧洲社会纷争不断的一大原因,历史上的宗教战争、民族和种族争端现象也屡屡发生。时至当代,虽然"文明"了许多,但歧视现象依旧存在,因而民族主义、宗教原教旨主义便阴魂不散。"权力分割现象,民族自决问题,引发了严重的暴力事件。我们突然面临着内部社会的大堆破碎玻璃,然而,自由的种种希望是建立在公民身份平等的基础之上的。"①"倘若重新发现民族特性,即各种具有深刻的、历史共性的群体的文化特性的话,本来可能会是文明进程中前进的一步。因为,它意味着:共同的公民权利与文化差异并不矛盾,而是相反,会为文化差异开拓新的回旋空间。"②

然而,现实情况却并非如此。"很多地方利用差异作为武器,来对付公民的身份地位。……原教旨主义意味着,属于某一个群体的归属性具有非同寻常的影响,获得一种几乎是宗教的重大意义。'请买英国货'、'法兰西属于法国人',等现象无不提示我们:在各种社会里的成员资格,不是被理解为一宗有关各种可能扩大的权利的事情,而是被理解为一些不可改变的、被赋予的特征,这些特征必须得到保护,使之不受外人的任何污染。"③"同时,一种新的文化悲观主义的原教旨主义在自由飘荡,它具有类似的影响。……这些口号不仅放弃了不必要的大规模,而且背离了一种正处在通往世界公民平等社会道路上的国际共同体的力量,最后甚至连由民族国家保障的公民权利也沦为改变了气氛的牺牲品。一种新的、对真实可靠性的渴望,滋养着一种对'现实的'联系而不仅仅是'形式的'联系的浪漫主义的寻求,即一种对通过热烈感受不断的讨论、而不是通过法和根据法设置的机构而得到合法性的寻求。"④

对于社会分裂的后果及危害,达伦多夫也做出了分析。

(1)公民文化遭受重创与现代社会的衰落。

面对乱象,达伦多夫重新回到了"现代精神和根系联结"的视野,对于民族主义和原教旨主义的严重后果展开了分析。他认为:"它们当中有许多在某方面是共通的,即同围绕着公民的身份地位和生存机会的现代社会冲突有着直接的关系。它们以一种被错误理解的自决权的名义,主张民族的、宗教的、文化的自治,对公民权利的促使文明化的理论进行攻击,甚至是以少数人的要求的名义进行攻击。……一种温和的自由主义的广泛传播,它把为一切人争取到的公民权利和应得权利的共同基础的伟大成就孤注一掷,以迎合少数人的分离主义。于是,少数人的权利受限被误解,然后一反常态,变为少数人的统治。"

最后,达伦多夫总结提示了社会排斥现象的严重后果,那就是社会品质的"堕落"即源自宽容、多元理念下历史起点最终却落脚于不宽容、不包容的事实。

---

①②③④ [德]达伦道夫.现代社会的冲突[M].林荣远,译.北京:中国社会科学出版社,2000:202-203.

"这是现代社会历史上的一个大倒退,我们正为此付出高昂的代价。这种代价首先在于一些冲突,谁也不知有何办法能解决这些冲突。在民主的阶级斗争所产生的组织、制度化和调节的经验中,没有任何一个经验能应用到即将获得的少数身上,他们或者要求脱离一个现存的整体,或者企图把他们的原教旨主义的信仰强加给所有其余的人。恐怖和内战的威胁,一般都伴随着这个进程。"①

对此,达伦多夫的分析虽然道出了事实,但却没有点中要害。在资本主义"政治自由"与"经济繁荣"的表象之下,正是"社会团结"的日益衰退。这不是历史的"倒退",恰恰是自由主义合乎逻辑的"自然而然"的结果。就如黑格尔"凡现实的东西就是合理的,凡合理的东西也一定会成为现实"所揭示的那样。

(2)理想社会发展受阻,前景黯淡。

达伦多夫梦寐以求的理想中的现代社会在这严重的社会分裂中破灭了,为此他极为失望,"最昂贵的代价在于损害生存机会方面和阻止全世界迈向理想社会。显然,只有当一切有关参与者都能理解,普遍的公民身份地位并不消除一切差别时,迈向理想社会的目标才能达到。拓展公民身份地位的进程并不使机会变得均等,而是创造机会。它使社会经济方面的各种不平等变为可以容忍,因为它把它们约束在一个共同的公民之家里"。对于丰富多元的现代社会的开放性,达伦多夫素来赞赏有加。当现实的社会排斥压抑着多样性的出场时,达伦多夫是极为痛惜的,"公民身份以类似的方式使文化的多样性变得可以忍受。标新立异、与众不同的权利,是各种社会成员的基本权利之一,但是,它也包括放弃一些会危害共同公民身份地位原则的贯彻方法"。"分离主义者与公民权利拥护者不同……分离主义者、原教旨主义者和浪漫主义者想要同质性,然而自由党人需要异质性,因为异质性是在一个多样性的世界里通往普遍公民权利的唯一道路。"②

可见,他也指责分离主义者的"不作为",只是这一指责极其乏力。怎么办?达伦多夫引用了卡尔·波普尔为开放社会所做的辩护作为回应,"我们可能返回到不了生活中去,但是,如果我们想要文明的话,那么,我们就必须迈向公民自由的现代社会"。在此,公民身份的自由与平等,似乎已经成了达伦多夫救治社会的"最后一根稻草"了。达伦多夫似乎还是充满信心的,其实也不尽然,在其2004年的《历史重新开始》一书中,对于日益扩张的自由民主,他已经表现出对于现代社会的某种担忧了。③

(二)社会失范的新难题

由于"多数人的社会"排斥导致了社会分裂,进一步固化了社会弱势群体的

①② ［德］达伦道夫.现代社会的冲突[M].林荣远,译.北京:中国社会科学出版社,2000:203-204.
③　张世鹏.社会失控:极端民主和彻底民主的噩梦[J].红旗文稿,2009(8):15-17.

底层地位,这一阶层分化的社会结构又引起了更为严重的社会失范问题。尽管社会失范不再是原初意义上的阶级冲突与斗争,而是消极无力的"反抗"。但作为当代西方社会危机的集中表现,其危害还是相当严重的,达伦多夫对此高度关注。

论及"失范",它通常是与"行为失当""规则失序"联系在一起的。在西方社会学史上,"失范"(anomie)是由法国社会学家涂尔干最早提出的,其字面上的意思是"缺少规范",但涂尔干所指的主要是一种对个人的欲望和行为的调节缺少规范、制度化程度差而丧失整合的混乱无序的社会状态。他认为失范是病态的,是外在的行为表现与内在的约束性的道德控制的离散。20 世纪 30 年代,美国社会学家 R.K. 默顿进一步发展了失范理论,他把失范看成"规范的缺席",即人们对现存的社会规范缺乏广泛的认同,从而使社会规范丧失了控制人们行为的权威和效力。他认为,社会失范的实质是社会文化价值目标与制度化管控手段之间的失衡与失调。

对于上述两位学者偏重于道德伦理约束与文化规范秩序层面的"社会失范"解读,达伦多夫有所认同,但又侧重于从法律秩序与社会规范的角度探讨社会失范现象。在此,首先略作交代的是,就"失范"与行为失当抑或规则失序这一层面的意义而言,对于一般性的规则被打破,达伦多夫还是基本接受的,他认为这是社会的常态而非"社会失范":"规则总是被违犯的,某种程度的违犯规则,甚至可能是健康的;众所周知,再也没有更可靠的办法,能比一切都照章办事更使一种经济停滞不前的了。"① 这一论调与其社会冲突理论分析"冲突与秩序的辩证循环"还是基本一致的。对于达伦多夫所论及的"社会失范"的具体表征,在此暂不详述,待后讨论。先着重关注其对于社会失范现象成因问题的剖析。

对于社会失范现象,作为政治活动家,达伦多夫更多地立足于政治经济的视角来透视其深层成因。他首先回到了其"社会契约"的理论层面上,"依旧必须审视一下,看看最新形式的社会冲突是否以社会契约本身有问题作为主题的。我这里所指的不是通过社会方面的公民权利来对社会契约作一些微妙的补充,尽管这些补充可能也十分重要。毋宁说,我指的是涉及法和秩序的社会契约的一些首要的和基本的条文"② 。在此,他认为主要是法律制度规则不尽公平合理,使得一部分人丧失了参与竞争发展的生存机会,社会正义秩序失衡,因而需要"重新书写社会契约",即重新调整利益格局、调适社会阶层关系、营造友善社会氛围。

---

①② [德]达伦道夫.现代社会的冲突[M].林荣远,译.北京:中国社会科学出版社,2000:211.

1.社会失范的成因

(1)社会结构的整体优化与严重阶级对抗关系的缓解。

达伦多夫首先分析了当代西方社会阶级冲突的基本状况，"在当前经合组织各国的社会里，并不存在的经典意义上的阶级冲突……还是存在着一些旧的冲突的残余……阶级也不再是冲突的占主导地位的基础，倘若开始形成新的分界线和对抗。他们暂时也并不导致新的有财产者和新的无财产者之间的有组织的纷争"①。

阶级冲突不复存在，原因何在？他主要归纳了三点原因：第一，庞大的社会中间阶层的存在，使得严重对立的阶级冲突不太可能发生。"原因在于一个压倒性的多数的规模实在庞大，因而具有沉甸甸的分量。"②中产阶级作为社会冲突的"隔离带"，因而也是社会的"稳定器"，这确有其合理之处。第二，自由开放的竞争体制下的社会流动，为更多人创造"公平竞争"的机会。"开放社会的基本建制，为社会冲突的个体化提供了又一种依据。也许在任何时代，在有组织的群体里，协同一致的行动仅仅是实现自己利益的次优方法。"③在他看来，只要有可能，人们总是试图自力更生，奋勇前进，随着个人的社会流动性增强，中下阶层的人向上跻身的机会越来越多，那么以往的阶级斗争将趋于消解。显然，达伦多夫认为现代市场经济体系下自由竞争机制予以个人更多的生存机会，以为只要有足够多的机会公平，社会公正的难题将得以缓解，进而使得原先有组织的阶级冲突与对抗既不必要也不尽可能。第三，达伦多夫还认为，利益群体的"组织化"斗争，将使得利益关系的处理变得更为理性。"只要人们在有组织的群体里采取行动，那么，这些群体与其说是阶级政党，不如说是特殊利益集团或者社会运动正如我们在前几章里所见到过的那样，这种分割可以用社会的演变来解释。"④

概言之，在公民身份地位日益普及的时代，"生活领域的不平等取代了普遍要求公民的、政治的或者社会的权利的位置"。因而，原初阶级意义的权利冲突就不再成为主导了。达伦多夫还列举了诸如妇女权益斗争、环境权益抗争、裁军问题等案例，试图表明这些社会抗争运动并没有逾越现代社会体系的基本框架，而是在稳定秩序下、法律法规的范围内做出的行动，这一"公民不服从"行为对于现实政治并无根本性的危害。在此，不妨将其这一论析简略为"生活政治"

---

①②③④　[德]达伦道夫.现代社会的冲突[M].林荣远,译.北京:中国社会科学出版社,2000:205-206.

将消解和取代"解放政治"①，尽管还不是十分恰切，但其中确有此意。

（2）下层阶级的弱势地位及其社会抗争之乏力。

但达伦多夫也没有过分乐观，他也看到了西方的社会问题没有完全解决，对于那些被社会所排斥的长期失业者和长期贫困者，他们在哪里要求他们应该充分分享公民的身份地位？下层阶级为什么不借助暴力？对此，达伦多夫颇为沉重。

首先，下层阶级在政治参与上不作为。

达伦多夫认为，下层阶级不仅经济社会地位底下，无"能力"去抗争，并且他们的政治与社会心态也消极沉默，无"动力"去抗争。"社会的最下层在经济和社会方面没有立足之地。他们的精神状态不会导致建立有组织的利益代表机构，而是导致无阻无挡的造反。在这个群体里，共产主义者和国家社会主义党人比社会民主主义和工会的现实政策更容易与之打交道。"②"它们（下层阶级的失范行为）除了让参与的当事者疼痛和让周围的旁观者惊恐外，不会有多少收获。不过，即使是暴力游行者也往往不是下层阶级的成员。"

因为"平庸"而无法形成"暴动"的气候，不会酿成大的社会冲突，这到底是福还是祸呢？达伦多夫并没有作答。他进而分析道，下层阶级"被异化了，并且信仰民粹主义，但是并不激进……下层阶级本身是分裂的，因此，它的大多数成员都在寻求自己的、完全是个人的摆脱痛苦的出路。而对于公众讨论的大题目，他们相当无所谓，置之不理。下层阶级倾向于冷淡麻木，对一切都漠不关心"③。在此，达伦多夫较多地强调了现代社会的"公共性"意涵及其重要性，认为应当尽量将社会问题置放于公共社会的政治层面来处理，倘若自我放逐于"公共领域"之外，那么必将伤及社会共同体。换言之，达伦多夫的真实意图不过在于，下层阶级应当有话说话、有理说理，不要疏离"公共政治"的大门之外，要有组织、有纪律地参与公共政治生活的利益博弈。这其实还是偏于"书生之见"了，不具有现实可行性。

其次，下层阶级社会处于"边缘化"的惨淡处境。

基于前面对多数派社会立场的分析，达伦多夫进一步论述道："至关重要的事实是，他们在社会的博弈里可以说是没有加入。这个博弈在进行，但却没有他们的参与。""他们是马克思意义上的'流氓无产阶级'"，"在一种非常严肃的

---

① 这是英国著名社会学家安东尼·吉登斯在其现代性社会论析中提出的一个重要观点，旨在阐明现代社会下政治生活的面相所发生的重要转变，认为"生活政治是现代性视野中个体自我实现和生活方式的政治"，而由启蒙运动所开启的自由平等的"解放政治"因其内在的风险而将趋于消退。见郭忠华. 现代性·解放政治·生活政治：吉登斯的思想地形图[J]. 中山大学学报，2005(6)：91-95，139.

②③ ［德］达伦道夫. 现代社会的冲突[M]. 林荣远，译. 北京：中国社会科学出版社，2000：207-208.

意义上,这个社会不需要它……多数派不愿意看到他们,官方不待见他们,对他们来说,社会离得特别的远”。[①] 在此,达伦多夫所论及的下层阶级的自我放逐、自暴自弃是有着深刻的社会原因的,这一论断极富启示意义,宣示了当代西方社会的根本痼疾之所在(“多数派”的自我封闭与“少数派”的“自我孤立”),而其根源却在于多数派的利益垄断与不思进取。

对于这样日益分裂的社会,不难感受到达伦多夫的焦虑。反观当下西方政治思想界日益兴起的“协商民主”“参与政治”“对话共识”等论题,其中似乎也揭示了当代西方社会重建、社会团结的紧迫性与重要性。但问题在于,这其中是否也有着某种意义上的“乌托邦情结”呢?

2. 社会失范的问题表征

达伦多夫谈到,“20 世纪经合组织各国社会的最重要的、单一的特征就是社会‘失范’。传统的社会冲突往往以街道巷战和暴力罢工、选举和集体工资谈判,集体和个人的流动等形式来化解社会的紧张和对抗,可是现如今,冲突似乎不是作为在一次革命战争中的战斗部署,或者甚至也不是作为民主的解决斗争,而是作为失范”[②]。

关于“社会失范”的话题,前已稍做说明,指出了达伦多夫更侧重于法律秩序与社会规范角度探讨社会失范现象。因而在他看来,当代西方的“社会失范”主要表现为:

一是法律规范的空白地带。对于法律秩序,达伦多夫一直高度关注并将其作为现代社会秩序的基石。一旦法律得不到遵循或者法律秩序出现“盲点”,那么危害就极其严重,“‘非通行区’,在里面发生的任何事件,都不隶属于法的共同体的规范性惩罚。有些学校和大学,占主导地位的准则在他们这里似乎已经失效,已经变成了‘没有法的空间了’”[③]。为此,他主张要加强法律措施的制定,尤其对于“公域”与“私域”的交汇地带,需要更多的介入管制,而不是放任不管。

与此同时,达伦多夫还论及了一些较为重要的失范现象,尤其对下层阶级的自甘堕落深感痛惜:“按照这种观点,失范是一种违反规范而不受惩罚的社会状态。这部分是一种下层阶级现象。诸如美国的非婚母亲。”“失范还描写着一种浸透到社会生活的所有领域的状态,如虐待儿童、婚内强奸及偷税漏税等。”日益严重的社会犯罪现象,日益混乱的价值观念,西方社会成为“大染缸”,对此达伦多夫是心中有数的。

二是逾越法律规范现象。除了法律的空白以及价值观念引起的乱象之外,达伦多夫还关注于一些不合时宜的规则的潜在危害。先前的“人们没有加入社

①②③ [德]达伦道夫.现代社会的冲突[M].林荣远,译.北京:中国社会科学出版社,2000:208-210.

会,因此也感到不受它的规则的约束。这是问题的一面,问题的另一面是,社会对自己的规则的信赖减少了;不再能够简单强制人们遵守规则"①。总体而言,达伦多夫的"社会失范",既不是纯粹的道德问题,也不是单一的法律问题,而是一种兼具道德失调与法律失序的社会病灶,既危害个人自身,也将危及社会公共利益。当然,他也对社会本身的信任下降、社会资本的缺失颇为不满,认为需要营造友善的伦理氛围才能安抚处于社会边缘的个人。

3.社会失范的严重危害

达伦多夫对西方社会失范现象的危害做出了归纳总结。达伦多夫首先界定其基本性质:是失范而不是阶级冲突。"从前的冲突的残余,在当前还多方面存在着。其中也包括人们所熟知的阶级冲突的各种形式。不过,并未产生可以与之同日而语的新的冲突。多数派阶级和下层阶级之间的关系,不可能,而且也不会产生可与资产阶级和工人阶级之间的冲突相比较的有组织的冲突。但是,倘若一个社会准备接受一个没有加入它的群体的持久的存在,这个社会本身就有问题。"②

显然,达伦多夫对"多数派"的表现是不太满意的,认为他们日益趋于保守了,但真正的"好社会"不应该如此,不止满足于"多数派"的"安乐窝",而应当将所有人都包容进来,否则既有失人道关怀,也不利于社会和谐。进而他批评了"多数派"的因循守旧、不思进取,"多数派正在丧失它的自信。他对自己的地位不再感到有把握。因此,它在不应该有界线的地方,画出界线,而如果要强制实施它的规则,它就犹豫迟疑,难下决心"③。

在此,面对日益分裂的社会阶级与严重的社会失范,达伦多夫做出了警告:"失范不可能持久,它是向篡夺权位者发出的一份请柬,让他们把一种错误的秩序框架强加于多数人。自由党人由于缺乏主张建立机构的坚定的意向,自己恰好招惹起一些十分妨碍自由党人捍卫'法和秩序'的东西。失范的风险就将是形形色色的暴政。"④

一旦"法和秩序"被破坏,就将引起"暴政",这是达伦多夫最不愿意看到的。毕竟在他的自由主义迷思中,自由的、宽容的、相互妥协的社会秩序才是最为珍贵的,可现实的境况却让达伦多夫难以应对。欲调和秩序而不得实现,恰恰折射出了当代西方社会的内在困境,自由与平等的纠缠,自由的限度、自由的悖论不断出现,矛盾与冲突的社会张力持续不断。在此,美国政治学家谢尔登·沃林的论析堪称击中要害:"自由与民主是有内在冲突的,自由强调的是个人权利的获得,但是却不会去调整结果的不平等,拥有财富的群体会获得更大的力量

---

①②③④ [德]达伦道夫.现代社会的冲突[M].林荣远,译.北京:中国社会科学出版社,2000:211-212.

来维护自己的利益；民主则强调的是政治参与的价值，也就是要用民主决策的方式去纠正这种不平等，更关键的是，不能让利益势力的高低起落影响公民的政治参与，否则，所谓的自由民主体制，实际上是以法律规则保护有权者、压抑弱势群体。"①

　　在此，达伦多夫简明扼要地概括了当代西方社会的基本结构、运行机制和组织形式，我们看到的正是一个"多数人"主宰下的"自由社会"，各种利益群体之间的永无止境的博弈。然而，这又是一幅怎样的画面呢？是生机勃勃，还是弱肉强食？达伦多夫颇为纠结，他既欣喜于如此富有活力的自由民主社会，欣喜于西方社会的经济繁荣，又对那些处于社会底层的群体抱以关怀。原因有二：一是达伦多夫一贯的激进自由主义立场，他是康德的传人，在他的心灵世界有着浓厚的"人是目的"的人道关怀；二是处于社会底层的人群一旦"独自徘徊"于大厦之外，那就难免会发生冲突，势必危害整座大厦，致使全社会为之付出代价。

　　在此，面对日益分裂的欧洲社会，达伦多夫积极探析社会结构失衡的深层原因，力图寻找有效的应对之道。具体来说，就是要"重新书写社会契约"，调整利益格局，而这又有赖于公民精神的重启。因此，应该建构充满激情活力和温情关怀的现代社会，营造有机的社会共同体，"让所有人都进入大厦，而非被拒之门外"②，共享社会繁荣进步。

第三节　现代社会治理的新路径：范式重建

　　20 世纪 80 年代以来，随着经济增长的放缓、失业与贫困问题的加剧，以及社会排斥的日益严重与社会失范的日益蔓延，欧洲社会弥漫着一种悲观失望的情绪，社会发展陷于深深的困顿之中。对此，身为政治活动家的达伦多夫热切地期待新一轮的政治社会改革，他呼吁重建新的社会共识，鼓励英国的自由党人积极面对社会挑战，勇于进取，以战略性的改革举措努力创造政治自由与经济繁荣的新格局。与此同时，对于现实社会的分裂涣散，他试图重启公民精神，号召年轻一代努力重建充满活力的现代社会。

一、自由党人的新议程

　　20 世纪 80 年代以来的欧洲国家，失业与贫困、社会排斥与社会失范等现象

---

　　①　[美]谢尔登·沃林.政治与构想：西方政治思想的延续和创新[M].辛亨复，译.上海：上海人民出版社，2009：234.

　　②　[德]达伦多夫.向前展望：全球化的机会与风险[J].张世鹏，译.国际政治研究，2005(2).

不断交织，情况并没有好转而是继续加重，使得 20 世纪 90 年代初期的欧洲社会面临着严峻的挑战。对于现实社会发展的艰难困境，达伦多夫立足于西方现代政治理论的原初视域，循着自由民主与开放多元的原则方向，深刻检视了时代困顿的根本成因，并试图探索创新突破的发展道路。

（一）时代境况的深度审视

首先，面对时代问题，达伦多夫重申了欧洲政治文化传统并坚持自由民主政治的开放性。他说："旧的西方的欧洲打上了一种可以称之为社会民主主义的基本宪法的烙印。一种善意的而且也是行善的政治一致性笼罩着各种共同体。不管在它们的宪法里，还是在它们的政治文化方面，各国都是民主的。它们捍卫着它们的公民的身份地位，包括社会方面的公民权利，并寻求内部所有群体的理智的协作，以及对外寻求志同道合的国家的理智的协作。凡是公民自由受到威胁的地方，人们总是在自由和法的方面找到意见一致的先驱者们。"①

其次，他再度反思了社会民主主义运动的问题困境。"日益僵化的官僚体制，甚至于形成了'社会官僚体制'，自由政治遭遇了困境，并且各式各样的社团主义、新社团主义的'疯狂掠夺'又在不断地侵蚀现实社会的基础。"——利益竞逐与利益格局的进一步固化侵蚀了社会团结的基础。在此，达伦多夫的这一研判还是较为准确的。而在这样一个社会结构遏制个人机遇、个体之间又冷漠无情的情境下，国家何以获得发展进步呢？当代西方政治哲学界兴起的共和主义、社群主义等政治思潮，致力于重建社会价值共识与伦理共同体的，充分印证了当下西方社会的内在困顿。毕竟，"原子化个体"时代下，个体的孤独与无序互动，道德联结的解体与人际疏离，都将重创社会层面的活力秩序，导致经济社会发展的疲乏无力、停滞不前。

第三，面对乱象丛生的欧洲社会，出路到底何方呢？达伦多夫重新回到其现代社会理论的基本分析框架，试图从经济增长的供给、公民权利的扩展等层面把握经济滞胀问题的根本症结。为此，他首先检视了 20 世纪 80 年代西方国家新自由主义经济改革的基本方案，从撒切尔夫人的政策、里根的经济学到"市场伯爵"兰布斯多夫的施政纲领，认为他们的努力都是"强调了经济层面"，是"供给派的极端形式"，而且这些"纲领的核心在于许诺不顾社团主义的所有僵化结构，要提高选择机会的数量和多样性"。结果，熊彼特的"企业家创新精神"得以发挥，经济增长的势头得以展现，仿佛迎来了新气象。②

但事实上，这一激进的经济"自由化"改革对社会造成的伤害是难以估量

① ［德］达伦道夫.现代社会的冲突［M］.林荣远，译.北京：中国社会科学出版社，2000：213.
② ［德］达伦道夫.现代社会的冲突［M］.林荣远，译.北京：中国社会科学出版社，2000：215.

的。这一点为达伦多夫敏锐地洞察到了。他认为，这一系列的纲领所引起的变化不过是"少数派"的福音，"谁来支撑这种演变？肯定不是多数派阶级，尽管它的某些成员认为这些新措施中的某些部分是有吸引力的"①。换言之，由于社会层面支撑动力的匮乏，新自由主义必定难以长久。因而随着里根时代的终结，"在过分强调供给之后，将会重新把应得权利问题推到中心位置上"。当然，对于这种转向是否可能成为现实，达伦多夫并无信心。同时，他还提及了德国"绿党"倡导的社会运动等政治现象，但认为这些努力均不过是"插曲"而已，无法改变欧洲社会的基本格局。就如他所总结的："这就是 90 年代初期的西欧及在欧洲的经济合作与发展组织成员国的景象：一种占统治地位的、社会民主主义的基本气氛，大多数的政治党派代表着这种基本气氛；有些插曲性的尝试，企图通过革新和企业家精神，或者通过基层民主和替代性的生活方式摆脱大的意见一致；从 80 年代占主导的以供给为取向平缓地转向更加强烈地意识到为所有的公民争取应得权利。多数派阶级丧失自信，并且越来越倾向于保护主义。"②

通过这一深入的审视，面对问题重重、形势严峻的社会现实，达伦多夫提出了重建社会的政治构想——重写"社会契约"、重构社会共识。他说："重新提出社会契约的问题，即重新提出一种自由的秩序的最低条件问题，亦非偶然。"③倘若"没有一个总体框架可以把绝大多数人的最大生存机会，处处推向前进，没有一个有组织的框架，即没有一个同时既承担保障公民权利的义务又承担保障供给的多样性的欧洲共同体"④，那么欧洲的重建将从何谈起呢？

忧思心切的达伦多夫积极谋划，呼吁自由党人积极努力、有所作为，期待着欧洲国家的再度复兴。当然，达伦多夫并不是要回到过去的那一套做法即"社会民主主义"中去（在 20 世纪 70 年代，他认为由凯恩斯开启的社会民主主义时代步上巅峰，社会民主主义的历史已经终结了，但是在世纪末他又做出了修正，认为整个 20 世纪都是社会民主主义的世纪）⑤，而是重申自由宪法的优先性——个人自由的价值基础，并主张要以更为激进的力量即自由党人以全新的思路来重建新一轮的现代社会——从而探索重建社会范式。在此，所谓的"重建新的社会范式"，依达伦多夫之见，实质就是要各个社会群体重新考量利益关系，回到"自由、平等、公正"的价值底线，不忘初心、携手前行，实现社会契约的重新书写，构建新一轮的社会正义想象，突破既定的、僵化的经济社会格局，确

① ［德］达伦道夫.现代社会的冲突［M］.林荣远,译.北京:中国社会科学出版社,2000:217.
② ［德］达伦道夫.现代社会的冲突［M］.林荣远,译.北京:中国社会科学出版社,2000:221.
③ ［德］达伦道夫.现代社会的冲突［M］.林荣远,译.北京:中国社会科学出版社,2000:223.
④ ［德］达伦道夫.现代社会的冲突［M］.林荣远,译.北京:中国社会科学出版社,2000:225.
⑤ 张世鹏.达伦多夫论民主社会主义世纪［J］.国外理论动态,1999(6):26-27.

立更为合理的社会新秩序。

在此，达伦多夫的用意及思路具有一定的价值和意义，并且他还致力于行动实践。为了重建社会秩序，他鼓励自由党人树立斗志、锐意进取，在宪法的基本框架里展开战略性的改革，开展新一轮的经济建设、政治建设和社会建设。"自由党人能够改革成为一个积极变革的政党。凯恩斯的'新自由主义'，今天对于某些人来说似乎毋宁说是社会民主主义的。国家更多地参与、社团主义、自觉控制和引导经济，并未放到 90 年代的一种自由党人政策的日程上。不如说，这在其核心是企图用一种最大限度的无计划现实来填充一种最小规模的宪制构成结构：即在一种简明而有效的国家宪法之内，建立一种富裕的和多姿多彩的社会。"①同时，达伦多夫不仅重视政治家们的努力，而且还更为强调了社会力量的成长，呼吁重新点燃年轻一代的激情，追求卓越，勇于奉献，营造良好的社会氛围，增进社会团结，建设一个更高质量的文明社会。

达伦多夫基于自由主义的政治立场，坚持以市场经济、民主政治和市民社会的三大支柱撑起的社会大厦的重新架构、重新组合，来调适社会利益矛盾关系，实现持续发展。但问题是，仅仅以"自由"为基点，资本主义社会的大厦能否再度撑起呢？

（二）"战略性改革"：自由党人的新议程

针对 20 世纪 70 年代社会民主主义官僚体制僵化乏力的后遗症，以及 80 年代过度自由化与利益集团"疯狂掠夺"相互勾结下的社团竞争、利益固化的乱象，尤其是 90 年代初期欧洲国家再度迂回到"社会民主主义"的困顿不前，达伦多夫在市场经济、民主政治与市民社会三大支柱之间，尤为强调了民主政治的优先性，认为这是推进改革的前提和关键，只有政治自由与平等身份才能跨越现实中的种种藩篱和障碍，进而为自由市场经济的繁荣和现实社会的发育成长提供基础平台。换言之，自由宪法奠定的政治平等价值是改革发展最为深层的动力源泉。当然经济增长与扩大供给依然十分紧要，并且他还重申一个充满活力的社会体系，团结友善的伦理氛围才是重建社会契约的社会基础，也是自由党人全部努力的最终归宿。"怀抱这种希望的原因在于所牵涉的问题处于宪法的高度上。我们至少期待社会契约的一种新的等级的提升。"因此，自由党人就需要发起一场"战略性改革"，以提振社会的发展进步。

首先，达伦多夫阐明了改革的战略性质和地位。面对日益严重的社会问题，达伦多夫寄希望于一个开明的进步政党的努力，那就是自由党人以战略性

---

① ［德］达伦道夫.现代社会的冲突［M］.林荣远，译.北京：中国社会科学出版社，2000：226.

改革展开新一轮的社会建设。那么，激进自由党人应该如何着手采取政治行动呢？达伦多夫谈到："激进自由党人不相信制度的改变和革命，现在必须要做的，是战略性的改革。"①在此，合理的政治行动应当是战略性的改革而不是制度性的革命。

何为战略性改革呢？达伦多夫沿袭了波普尔的政治思维，"就是通过负责任者采取行动来扩大生存机会的实际方式。它们是以批判乌托邦的社会工程师们的整个武器库为前提的。重要的恰恰不是根据某一个特定的计划或一刀切的模式来改造社会整体"。显然，达伦多夫坚决反对社会主义化的改革。但另一方面，他又不满意于波普尔的"零星社会工程"，认为渐进改革的方式虽然也隐含着一种演变速度，但在严峻的形势下，速度可能太慢。②波普尔的概念可能首先被所谓的实用主义者所采用。因而，改革必须保证一定的力度和深度。

其次，达伦多夫还强调战略性的行动的目标方向。不宜局限于"小心谨慎和对不可避免的意外有所准备"，应当充分把握改革的内涵实质，树立起坚实的价值理念，要求"不仅仅从形式理解方向意识，各种实现方法也不仅仅是技术性的"③。在具体理念上，他批判了凯恩斯主义的国家干预行为，认为"这在其核心是企图用一种最大限度的无计划来填充一种最小规模的政治构成结构，即在一种简明而有效的国家宪法之内，建立一种富裕的和多姿多彩的社会"④。

同时，他对战略性改革的基本议程也做出了安排。他认为，战略性改革既是一些政治制度问题（面对时代的社会官僚体制的威胁，如何才能解决马克斯·韦伯所提出的现代政治的难题？），也是公民的应得权利问题（如何才能解决 80 年代这十年供给的遗留问题？），还是社会的组织建设问题（社会如何才能既反对失范的倾向又反对原教旨主义的倾向而使自己站稳脚跟？）。在此，他所倡导的自由党人的改革议程主要包括三个方面：一是政治制度僵化问题，即政治改革；二是应得权利紧张问题，即经济持续增长；三是社会凝聚力的衰退问题，即公民精神的重启。

综观达伦多夫的战略性改革构想，其根本的精神实质在于：一是激活个人层面的创新活力，关键在于捍卫宪法赋予个体的自由权利与地位；二是构建社会层面的协作机制，关键在于凝聚社会的价值共识。二者相互呼应、互为促进。只有在个人与社会的协同之下，经济发展与社会公正才可能得以落实。

---

①②③　［德］达伦道夫.现代社会的冲突［M］.林荣远，译.北京：中国社会科学出版社，2000：227-228.

④　［德］达伦道夫.现代社会的冲突［M］.林荣远，译.北京：中国社会科学出版社，2000：226.

二、政治改革的原则方向

(一)政治改革的宗旨

改革通常是在现实问题的倒逼下进行的。为了克服官僚制的僵化低效问题，达伦多夫试图通过机构改革与制度建设，以便打造一支精干的领导队伍。"宪法政治自然无须讨论，但对于已经僵化了的官僚体制和社团主义的泥潭，是该下手的时候了。"①

在此，他所提出的机构和制度建设的根本意图是什么呢？其实质就在于消除体制机制的困障与弊端，建立高效有为的政府管理体系，增强社会治理整合的功能，创建富有活力的市场经济体系及健全理性的社会生活，促进经济社会的发展。"一方面在于识别和确认规则和规范的基本组成部分，基本组成部分应该不受一般政治风云变幻的摆布。……为一切人实现了的公民身份地位就属此。保证毫无暴力的更迭的政治制度的规则也属此。更为困难的是，市场经济和现代社会的基本规则也属于此。"②

在此，达伦多夫重整旗鼓的改革，首要前提是坚持"宪法政治"，确立起基本的政治秩序和社会秩序，以明文的"游戏规则"来框定基本的政治行为，从根本上遏制政治领导和政治阶级的过分行为。

(二)政治改革的原则

至于具体的改革行动，达伦多夫提出以下两条原则：第一，坚定地捍卫个人自由。"自由宪法的第一条原则，它是这样说的：在一个带有不确定性的世界里，最重要的是使错误的代价尽可能小。……具有决定性意义的是防止让答案教条主义化。垄断的统治，专制也好，极权也好，往往危险地把一种错误提高到国家利益之上……通过把演变的可能性植入国家、经济和社会制度里，错误的代价就会被压低在微乎其微的水准上。"③因此，与个人自由密切相关的是，社会制度的建构与演进必须确保不触及"自由的底线"。

第二，坚持开放多元的改革方针，即坚持自由民主的基本政治制度，多方尝试与探索，协同发挥市场、政府与社会的合力，避免过于主观的理性设计，尤其是领导层的过分自信，以防范改革举措失当，确保以最低的代价进行改革。"将政治的民主、市场经济和社会的团结统一起来，所有这三件事都与错误的代价息息相关。民主的意义是创造不必流血或者引起不必要的苦难而罢免政府的可能性。市场经济的意义是把供给与需求和不断变化的偏好这两者联系起来。

---

①②③　[德]达伦道夫.现代社会的冲突[M].林荣远，译.北京：中国社会科学出版社，2000：227-228.

社会团结的意义是让很多群体都能呼吸到空气和发挥作用,以至于任何集团都不能扮演暴君。"①

(三)政治改革的指向

达伦多夫认为,政治改革首先要坚持自由民主的基本方向,维护国家宪法的至高权威,并且"其中两项任务首当其冲:它们是一部简明的国家宪法的核心组成部分。第一,必须可能进行革新。这就要求要有机构的灵活机动性,而且首要的是正确的领导。

第二,民主的后援必须能够运作,也就是说,必须能够监督执政者和吸纳公民及其各种组织的冲力作用。这里需要明确的权力分立,包括立法行政权力的分立,包括政党的角色和职能的积极的政策调整。"②作为"简明的国家宪法的核心组成部分",首要环节在于"正确的领导"下的拥有"机构的灵活性"的积极革新,强调的是基本秩序的稳定,是自由宪法范围内的自我完善,而不是彻底的推倒重建,并且是统一领导下的各个领域的密切配合,而不只是某一部门的单兵作战;而"民主的后援"则旨在阐明民众参与和社会监督下的利益表达、利益实现即利益均衡,避免改革为少数人所架空,尤其要避免为强势利益集团所绑架,而其中的关键在于"立法行政权力的分离"以及"政党制度及其功能的发挥",最后实现"积极的政策调整"。应当说,达伦多夫的考虑有其必要性,基本上切中了现实政治中愈演愈烈的利益集团化的根本要害。

第三,政治家的进取与创新。如前所述,达伦多夫尽管对于自由民主政治制度较为信任,但因受制于官僚制的困扰,民主政治的实践运作难以充分发挥其功能。因此,"仅有上述机构的努力是不够的。我们必须发起一次道德的攻势,才能赋予简明的宪法以意义,甚至才能赋予它以合法性。道德攻势将不会来自政治进程的一般的代表们"。"它要求有独立思想的人的结盟,与其说要求结合为一个政党,不如说,要组织一个自由党人的俱乐部。在这里,自由党人的日程不能是社会民主主义的日程,而且,也不能是多数派阶级的日程。"③

在此,达伦多夫期望一种全新的、更加灵活而高效的政治实践,一个既有充分自由、生动活泼又有协商共识、团结协作的政治,既有基本政治体制提供的平台和保证,又有作为政治主体的人的积极主动的创造,即法治自由、政治家的领导、社会大众的参与三种因素的互为补充。应当说,较之于一些片面鼓吹自由、民主政治体制的学者来说,达伦多夫全面综合的考虑更为可靠也更具现实意义。

①②③ [德]达伦道夫.现代社会的冲突[M].林荣远,译.北京:中国社会科学出版社,2000:228-230.

三、经济改革的核心取向

达伦多夫认为，在西欧国家，20世纪90年代应得权利处于中心位置。之所以如此，原因在于80年代供给政策占有异常优先的地位，至少在经济合作与发展组织的世界里是如此，而与此相联系的就是对应得权利的忽视。在经历了经济增长的"红利"之后，如何更为合理地分配财富，实现更多人的利益就成为必然之举了。为此，达伦多夫着重分析了90年代西欧社会公民权利的分布格局并提出了重要的建议。

（一）经济改革的前提和保障

达伦多夫认为，实现经济持续增长的前提是个体的自由，而保障个体这一发展经济的"自由"的机制则在于基本公民权利和政治权利。因而，基本的政治自由是经济社会发展的必要前提，是探讨所有问题的基本起点。"1989年的革命首先给予贯彻公民的基本权利以一种新的迫切性。一个欧洲自由国家的共同体，必须是一种公民权利的共同体，在其中，至少《欧洲人权公约》的原则要成为直接适用的法。同时，必须对基本权利做精细的和狭义的理解，首先是作为个人不受侵犯的权利和自由活动和行动的权利来理解。"①

当然，对于基本公民权利和政治权利，达伦多夫还是较为谨慎的，在主张公平等权利的"普遍性"时，还突出强调了要重视不同文化背景下的"差异性"，要尊重多元、宽容吸纳，而非极端政治的社会排斥。"这样做时，还要避免返回到部落的生存及其对内和对外的不宽容之中去。把这项任务作为捍卫少数人的权利来描写是不够的。毋宁说，重要的是保持，在许多场合则是要创立一个那些不同人种、文化、宗教属性的人在其中享有平等的权利和参与机会的共同体。"②

在此，达伦多夫坚持了自由主义的基本理念，倡导多元包容，认为这是经济社会获得持久活力的重要保证。"也许，寻求同质性，即寻求在其他同类人当中生活，与那种寻求确定性和保护一样，也是属于人的天生的恶习。因此，对于自由政党人来说，更为重要的是要坚持公民权利只有在异质性的条件下接受考验，并能经受住考验。"③

（二）经济改革的关键在于社会权利问题

达伦多夫认为，在经合组织各成员国里，新的社会权利问题，首先表现在社会方面，即过度的市场竞争引起了社会的分裂并导致了弱势群体的困乏无力，

---

①② ［德］达伦道夫. 现代社会的冲突[M]. 林荣远，译. 北京：中国社会科学出版社，2000：230.
③ ［德］达伦道夫. 现代社会的冲突[M]. 林荣远，译. 北京：中国社会科学出版社，2000：231.

并加剧了极度贫困问题，进而导致了更为深重的社会危机。

首先，他从社会分裂与社会失范现象谈起，并指出其根本成因在于自由市场机制下的社会排斥，为此就要全面确保机会公平、底线公平，构建合理的社会融入机制。他还祭出了"自由宪法"的大旗，呼吁消除社会限制，给予每个人生存机会。"它们与多数派阶级把一些人排斥出他们的社会的整体，或者至少把他们排挤到社会的边缘的倾向息息相关。倘若人们想要一个简明的宪法秩序，那么，这里就会提出一些困难的问题。关键不在于拉平所有人的实际地位，即并不在于建立一种旨在平遏社会差异的收入转移支付制度。关键是保障人人都有机会参与政治共同体、（劳动）市场和公共社会生活，这类机会仿佛构成人人都赖以立足的共同的基础，尽管某些人由于他们在社会竞逐中的成就或者运气，可能高出这个基础。"

在此，达伦多夫重申了公民权利尤其是基本经济权利的重要性。尽管市场经济自由至上的原则机制，难免将一部分人拒之门外，但基于自由宪法权利的意义而言，还是必须尽量增加更多人的生存机会，尤其是最为基本的劳动权利、政治参与权利。同时也要充分发挥社会协作的功能，在人道主义与社会团结方面更多地改善社会品质，包容吸纳、增进融合。

为此，达伦多夫还以长期失业者的"劳动的权利"为例进行了探讨。他尤其强调了劳动权利的复杂性与重要性。对于劳动权利的复杂性，他说："我们所需要的是实际的政治、有运作效力的公共社会和公民权利的一种有效的混合体。而实际的政治的任务又总是富有争议的，它在不同的文化中可能也有不同的表现。"[1]基于劳动权利的重要性，达伦多夫主张以更为灵活的措施来应对，既不伤害机会平等的基本原则，又针对特殊人群做出"机会平等"之外的必要的补救，以便维系社会秩序。"这些任务的目标就是为存在着沦落为下层阶级危险的人开辟通往劳动市场的道路，同时又不把他们变为'有工作的穷人'，有工作的穷人虽然有一个劳动岗位，但却不能因此改善他们的生活水准……需要较为灵活机动的劳动条件、多种多样的劳动合同形式，这类措施对劳动社会的成员们有着切肤之痛，但是，它们对于维系社会的来说是必不可少的。"[2]

维护劳动权利，实现正常就业，正是西方自由主义一贯倡导的"机会平等"的基本要求，有着极其重要的影响；但是正常就业还远远不够，因此当现实的贫困问题迫在眉睫时，就需要多种力量的共同努力。对于现实状况，达伦多夫的总体思路是"多管齐下"。他说："至少对于'贫民窟的下层阶级'来说，已经证明仅仅存在劳动或者培训场所的可支配性是不够的。在这里，应得权利的藩篱导

①②　［德］达伦道夫. 现代社会的冲突［M］. 林荣远，译. 北京：中国社会科学出版社，2000：232.

致了一种更加顽固的封锁。想要打破这种封锁，国家的措施原则上讲可能是不够的。无论如何，美国在这方面，积极的个人和团体的作用业已证明是有效的。同时，基金会、教会团体、各种情况下的志愿者承担一些任务，运转良好的社会，哪怕没有集中计划，也不会把任何人拒之门外。"①

从中可以归结出这样一个基本的思路：一是前面已经论及的，必要的劳动场所或培训，为弱势群体提供最为基本的帮助，这是必需的也是根本性的环节；二是国家必须承担其必要的责任；三是社会自身理当积极有为，实现自我组织、自我治理，营造有机的公共生活。在此，达伦多夫着重分析了其中国家和社会的角色与使命。达伦多夫强调了"社会国家"的责任，倡导国家福利政策在更多程度上的推广普及。在他看来，弱势群体是社会救济的接受者，理应得到社会的关怀。但社会救济本身又是极为复杂的，其实施办法与途径也是多种多样的。

事实上，作为自由主义者的达伦多夫并不十分认同"社会救济"这一提法或者说政策，因为"社会救济按其构想和方法往往不是在一个文明化了的社会应有的东西，即不是一种赋予自由的公民的应得权利"。在此，他还是较为期望每一位自由理性的个人都能凭借自己的努力，通过公开透明的社会竞争谋得生存发展的一席之地，其实质就是主张起点公平和机会公平。因而，比之社会主义理论较为强烈的公共性与实质平等色彩，他更注重自由个体的"自主自立性"，只是这一过于偏重竞争的观念在已经严重分化的社会里，究竟还能走多远呢？因此，是继续强化自由主义的无止境的竞争、博弈还是回转到社会合作与公共关怀的立场上来呢？往左还是往右？这是个需要深刻反思的问题。这一点已经为西方一些学者所洞察到并做出了调整。②

当然，达伦多夫也并没有过多地停留于个人的迷思之中，而是贴近现实社会分化下的失范与秩序重建，认为社会救助还是极为必要和重要的。"所有公民的有保障的基本收入，在其额度上同劳动收入可能会有竞争，这并不十分重要，它是无条件的，也就是作为公民身份地位的一部分提供的，而这才是更重要的……不应该受政治风气的强制，而应该是个人不费很多官僚体制的麻烦就能获得的。"③

进而他又指出这种必要的举措并非法定的要求，而只是一种必要的策略，"这还不是预先规定的法律草案。但是，它却指出一种福利国家的概念，

① ［德］达伦道夫.现代社会的冲突［M］.林荣远，译.北京：中国社会科学出版社，2000：232.
② 童世骏.社会主义今天意味着什么？——1989年以后西方左翼人士的社会主义观［M］//华东师范大学当代中国马克思主义研究中心.社会主义发展的历史进程研究.上海：上海人民出版社，2001.
③ ［德］达伦道夫.现代社会的冲突［M］.林荣远，译.北京：中国社会科学出版社，2000：233.

这种福利国家已经变成了社会国家，因为后者是建立在人人享有共同的公民权利的原则之上的"。显然，作为策略的社会救济只是增强少数弱者的方法机制，是建设"社会国家"的必要路径，不能够也不应当违背自由主义的基本精神。值得注意的是，达伦多夫在此将更偏重于政策调整层面的"福利国家"更进一步地导向"社会国家"，在此，他的"社会国家"究竟又指向何种国家呢？待后论析。

通过对于社会救济政策的深入论析，达伦多夫盛赞威廉·贝弗利奇（William Beveridge）的福利政策："他清楚地看到普遍性原则对于维系和团结社会的力量……社会国家是指一个文明化的社会的一切公民应有必要的最低机会，不得再少了，但也不能更多些。它并不取代作为旨在以帮助促进自助的市民社会，也不否定人们有权自由地走一些既不受国家监督也不受要求平等待遇者嫉妒的、自己的道路。有保障的基本收入至少为这种初步设想提供了一个有说服力的例子。"①

在此，达伦多夫所倡导的"社会国家"的"社会救济"的角色实际上就是"有所为有所不为"：所谓"有所为"就是要承担责任，要提供"必要的最低机会"，即基本的生存机会，其中包括基本的生活条件和较为平等的就业机会；所谓"有所不为"，就是国家的定位要合理而不要越界，不要过多地介入个人自由的"保护带"，一旦伤害了自由个人的竞争环境，那又必将引起新的矛盾。可见，达伦多夫的"社会国家"只是对于"市场社会"内在不足的一个补充，是对"市场自由"与"社会公平"的对抗性的一种被动的调停，而不是"公共国家"的"公共关怀"。显然，这还是基于其自由主义政治的基本道路的。

同时，面对社会救济的难题，除了强调国家承担必要的责任即低度的责任之外，达伦多夫更注重社会力量的作用，期望以社会自身的能动性来改变现状。"实现社会权利关键在于社会自身的努力"，即关键在于理性公民的社会团结。达伦多夫之所以做出这一选择，原因大体有二：一是国家的责任过大势必影响自由竞争的持久活力，这一点已经为战后西方的社会民主主义所印证；二是公民精神有着巨大的潜能，可担当责任，并且还能充分顾及甚至不根本危及"个体的自由"这一达伦多夫的"政治底线"。

总之，在达伦多夫这里，公民"应得权利"的改善大致受到三重因素的影响：一是市场体系，参与市场竞争的公平机会；二是政府作为，国家公共政策的服务保障；三是社会合力，社会成员的团结协作与社会内部的自我救济。

由此也不难看到，自由主义政治的内在张力与困境，尽管不乏自由主义学

---

① ［德］达伦道夫.现代社会的冲突［M］.林荣远，译.北京：中国社会科学出版社，2000：233.

者试图做出一些调适，在效率与公平之间达成平衡，但在现实中往往很难得以充分推进实现。当然，资本主义的这一自我调节的努力，一定程度上还是有些成效的。

四、社会改革的未来展望

(一)重建社会团结的必要性

作为现代社会的精神气质的体现，即作为一个更具开放性与包容性的新型社会，公民自由与社会团结在达伦多夫这里有着极其重要的分量。依着康德的"公民理性"的重要提示，达伦多夫不仅仅注重社会的多元性、差异性与自治性，他更期待规范意义上的"(理性)公民"的社会，即一个文明人的、充满温情的、永久和平的社会，呼吁"仰望星空与脚踏实地"的"健全公民"的出场。并且他还主张以公民理性的充分张扬来展现现代社会自身建设的"主动进取性"，这既是社会结构演变下的国家与社会相互分工的结果，也是自主性社会的应有能量。因此，达伦多夫呼吁公共精神的回归与重建。"还需要积极的个人和团体，诸如基金会、教会团体、各种情况下的志愿者承担一些任务，而倘若由公众机关承担它们，就不能获得类似的效果……运转良好的现代民主社会，哪怕没有集中计划，也不会把任何人置之门外。"①在他看来，关键在理解现代民主社会，社会自身有着无尽的生命力，有着无限的开放性与发展空间。

既然如此，那么重建社会团结的着力点在哪里呢？达伦多夫首先关注各类作为历史文化传承与创新的社会组织，认为在那里才是"自由精神"的源头活水。"现代民主社会是自由人的生存世界。对各种机构和制度的尊重以及说明它们的最佳数量和质量，终究仅仅是人在群体里和社团里、在企业里和各种组织里的独立活动的前提条件。在它们当中，有些具有特殊的级别，因为它们是促进根系联结的。"②在此，达伦多夫尤为注重现代社会的自主性、自治性和能动性。

(二)重建社会团结的前提保障

前已谈及，20世纪80年代以来的西方社会由于过度的自由竞争而引发了社团主义的利益集团的垄断与控制，以及日益严重的官僚制下的教条僵化，导致原本自由的宪法被挟制，自由市场被操控，甚至连自由的社会也被形形色色的力量所渗透，为此要重建社会结构，就必须首先清理各种制度性的障碍，需要展开进一步的机构改革和制度改革。为此，达伦多夫提出要为公民的自由发展

---

① [德]达伦道夫.现代社会的冲突[M].林荣远,译.北京:中国社会科学出版社,2000:232.
② [德]达伦道夫.现代社会的冲突[M].林荣远,译.北京:中国社会科学出版社,2000:236.

提供一个总体框架,捍卫"契约政治"维系下的基本自由,而这又包括以下两个方面。

"一是在于识别和确认规则和规范的基本组成部分,基本组成部分应该不受一般政治风云变幻的摆布。为一切人实现了的公民身份地位就属于此。保证毫无暴力的更迭的政治制度的规则也属于此。更为困难的是,市场经济和现代社会的基本规则也属于此。……因为,机构和制度建设的目的是为结社的产生创造空间。简明的宪法享有公民对它的尊重,它使现代社会的生动活泼的多样性成为可能。"①简言之,达伦多夫强调的并寄予厚望的还是一个基于宪法的政治框架,来维持资本主义的正常运行,为个体公民的自由发展的重新出场并"积极有为"提供保障。

"二是为现代社会提供一个基本的政治框架。它需要有政治的前提,以自由的社会为前提。……即使是今天提供给年轻人的选择可能性,也是以自由的社会为前提的。"②

显然,这里体现了达伦多夫基于自由主义政治道路的未来社会的想象,也显示其对于自由主义公民理性的执着信仰与殷殷期望。

(三)重建社会团结的主体力量

1. 重启公民激情

面对社会重建的艰巨任务,达伦多夫也洞悉到了其中的困顿之处,自由党人的勇气和责任固然堪当重任,但是社会的力量却更为重要,没有来自社会的支持和参与,要重建社会是不可想象的。因此,他寄望于"积极分子"的顺势而为、激流勇进。"谁若热爱自由,他就会想打破任何依附顺从的外壳。政治如果调节这种简单的要求——如果不是说使之异化——即通过把这种要求译为它自己的制度语言的方式,那么此时,政治就会让人们失去激情,特别是年轻人的激情。政治理论尤其根本没有赢得这种激情。人们必须对此甘心忍受吗?"③

在此,达伦多夫更深刻地认识到:现实政治尤其需要年轻人的激情,年轻人有着新思想、新气象,自然也应当有新作为。但问题是,时代困境下的年轻人又尚存多少激情,可堪重任?

2.年轻人的精神危机

正如前面论及的"后工业社会"所揭示的,身处丰裕时代的年轻人意志消沉,缺乏进取精神,也缺少社会责任感。而社会的建设又面临着新的挑战,尤其

①③　[德]达伦道夫.现代社会的冲突[M].林荣远,译.北京:中国社会科学出版社,2000:236-237.
②　[德]达伦道夫.现代社会的冲突[M].林荣远,译.北京:中国社会科学出版社,2000:245.

是现实社会的团结进取亟待一种没有包袱（不是那些只满足于"多数派"一员的中产阶级）、轻装上阵、活力四射的新动力。为此，达伦多夫寄望于年轻人的精神重振、有所作为。但现实的残酷却让达伦多夫充满失望。在他看来，年轻人的"堕落"主要有两方面的原因：

一是时代精神的风貌使然，即所谓的"世风日下"，导致了年轻人急功近利、及时行乐而不思进取。他考察了时代变迁对于年轻人的深刻影响，痛切感受到时代精神的日益平面化、消极化，意识到时代精神的困顿所造成的严重后果。"新的精神快感不能持久，或者也许可以说，许诺新的精神快感的东西的道路，简直持续太久了。年轻人变得不耐烦了。'推迟满足'的时代，即节约和等待的时代，一去不复返了。"①年轻人生活的全部意义都表现为对金钱的癖好。"生命就像一辆没有制动器的车子，因此，一旦接近危险，就必须加快车速……这种癖好的渗透力和对精神的副作用非常大。"在此，实质上就是所谓的"赌赛资本主义"，也即金融股票、投入冒险家的时代，金钱至上，及时享乐，疯狂积累财富，又疯狂消费的资本主义，已经糜烂不堪的资本主义。在金钱与利益面前，人文追求与道德理想已经不复存在，这就是时代的精神境况。

二是社会体制的僵化与残酷的市场博杀导致年轻人自我封闭，扼杀了年轻人的激情和梦想。"另一种癖好……就是脱离社会、自暴自弃的癖好。""反文化现象，并非必然有毒品因素诱发，更多的是对多数派阶级的官僚体制化的世界的抗议。"②"多数派"的社会封闭、"社会管理体制的僵化"，正是多年来经济增长留下的严重的隐患，产生了社会排斥、消费主义与道德危机等，而且这一趋势又还继续毒化着社会氛围，唯利是图的功利主义、娱乐至死的社会心态随之而来。年轻人的梦想不再，一切都陷于虚无之中。

最后，面对这一情势，达伦多夫充分意识到要在年轻人身上唤起对公共事务的激情已经困难重重了。古典自由主义作家如亚当·斯密、洛克、密尔等倡导的个体理性下自主与自立的积极进取与社会利益和公共精神的并重等重要主张，其中所体现的核心价值即所谓的"整全性自由主义"，至今已经大为退化了，变成了麦克莱伦所谓的"占有性个人主义"了。

3. 年轻人的出路：融入社会，有所作为

面对年轻人的消极颓废，达伦多夫极力呼吁，号召年轻人要积极主动，有所作为、建设社会。

第一，自我警醒，要过有意义的生活。如何在年轻人身上唤起对公共事务的激情呢？达伦多夫依旧从康德启示下的公民的自由理性着手，号召"年轻人

---

① ［德］达伦道夫. 现代社会的冲突［M］. 林荣远，译. 北京：中国社会科学出版社，2000：239.
② ［德］达伦道夫. 现代社会的冲突［M］. 林荣远，译. 北京：中国社会科学出版社，2000：240.

必须做些有意义的事情。意义有两个方面的含义,一是必须令人开心,二是它必须是重要的"①。

第二,打破常规,勇于创造,积极有为。至于年轻人应该如何寻找积极的道路,达伦多夫首先倡导青年一代要做的两种改进社会的努力:一是关心社会,积极投身社会实践。"80 年代的社会运动往往同时追随两个目标。首先是直接的目标,人们为此目的才发动社会运动的,比如为了阻止布置导弹,或者要求妇女们的平等权利;其次是创造一种团结互助的气氛比如,德国的绿党发起的行动等。"②二是主张年轻人要超越时代,积极有为,勇于创新。"至关重要的是创造一种生活,它既不叫作官僚体制,也不叫作癖瘾。年轻人必须做些有意义的事情,必须令人开心,而且,它必须是重要的……对于一切形式的假神圣的诱惑又一剂药方,那就是有所作为。"③

最后,达伦多夫期待年轻人组织起来,行动起来。他急切地呼吁青年一代重整精神、有所作为。"自由地联合其他人去做一些事情。它将导致出现一个由志愿的社团和组织组成的五光十色的世界,随后也导致成立一些自治的机构。也就是说,它将导致建立公民协作的社会。"④

在此,达伦多夫对于公民精神的力量是寄予了厚望的。这一点的确较为贴近当代西方自由主义发展的新态势,那就是自 20 世纪 70 年代末以来在日益市场化与功利化的社会里,来自经济领域(市场)与政治领域(国家)的改革动力已经极为有限了,只能通过唤起社会的力量即重新启动公民精神的建设,铸就更为厚实的精神基础,从而获得社会改革与重建的持久动力。事实上,当代西方的著名学者如哈贝马斯、约翰·科亨、约翰·基恩等人也极为重视公民团结的力量,而彼得·乌尔利希则基于社会文明的高度,阐明了现代市场经济与现代社会建设的内在关联:"一个'文明的'市场经济的现代社会纲领从一开始就不是泛泛而谈的。摆脱在有关社会国家的辩论中的捍卫态度,重获对'历史创造'观念的定义权是至关重要的。正如我们所看到的,'自由主义''自由'和'现代民主社会'这些一度是构成进步中产阶级政党的国家支撑力量的术语,已经被大大边缘化了,并为一些特殊利益所摒弃了。今天,政治空间已经向各种运动和政党开放,这些运动和政党不再简单地反对'自由主义'政策,以便捍卫某种正义的或至少'体面的'社会,而是用他们自己对诸如'自由''进步'和'经济理性'这些核心论题的重新诠释来超越它们。当然这是高难度的挑战,真正的社会政治的再定位是必要的。用一种现代和开明的方法来思考正在不断扩大的

---

① ② ③　[德]达伦道夫.现代社会的冲突[M].林荣远,译.北京:中国社会科学出版社,2000:241-242.

④　[德]达伦道夫.现代社会的冲突[M].林荣远,译.北京:中国社会科学出版社,2000:245.

公民群体,他们期待对自由民主社会的这种共和主义进行再调整,以及在'文明的'市场经济意义上,在社会中合理地嵌入市场力量。"

总之,达伦多夫对于公民激情的呼唤是真切的,这既是自由主义政治的合理逻辑,也是"别无选择",毕竟遭遇"制度困境"时,能够改变现实政治的也就只有"人"的主动进取了。正如他所热切呼吁的:"这篇随想赖以为基础的和我们借助于马克斯·韦伯来解释的政治画面,并非一种积极分子的社会画面和经常不断镜像政治讨论的画面,而是一种觉醒的公民的画面,倘若有必要,公民准备捍卫自由的机构和制度,他们对于违反自由机构和制度的原则是很敏感的,而且他们也过着他们自己的——'公民的'——生活。"①

当然,积极分子的奋发图强还需要自由民主制度的保障,"对保护这些机构和制度,使之能够运转和得到发展,必须有一些人对之抱有极高的兴趣。因为自由的政治永远不是一种奢侈品"②。这样,在"自由人"的努力及"自由制度"的护卫下,达伦多夫展开了他的重建社会的梦想。

在此,面对社会的危机及其重建,达伦多夫重新返回到政治自由主义,即从社会民主主义再次返回自由主义即新自由主义的基本立场。为了便于分析,我们不妨参考一下罗尔斯的立场,因为从罗尔斯"正义论"的命运中也可以窥见到达伦多夫的政治改革的意图。罗尔斯的退守政治自由主义目的在于寻求一个更为可靠的"重叠共识",而达伦多夫"关键在自由"的倾向所反映的自由主义情结则是源于康德的原初立场及对极权政治的忧惧。而按照通常的说法,罗尔斯也是康德的传人,就此而言,达伦多夫与罗尔斯还是有着共同的思想前提的。

审视达伦多夫的激情感召,不难看到,西方自由主义发展至当下,其内在的能量似乎正日益消退,重唤激情何其困难。达伦多夫试图"激流勇进",毕竟他对公民精神与社会团结还寄予了一些希望。只是这其中的困窘,他还尚未知晓。

---

① ② ［德］达伦道夫. 现代社会的冲突［M］. 林荣远,译. 北京:中国社会科学出版社,2000:245.

第五章　评价与启示

第一节　达伦多夫政治思想的理论实质与现实关怀

作为一名理论视域开阔、研究领域宽广、眼光独到且思想深刻的当代著名学者,达伦多夫的社会冲突思想有着重要的理论价值和现实意义。综观其政治社会思想,其理论研究的一个基本起点就是与马克思的资本主义社会批判理论,尤其是与马克思的阶级斗争学说展开全面的对话。通过揭示不同于马克思视野下的资本主义社会的另一种面相即所谓的"后资本主义"或者"工业社会",达伦多夫确立了其独特的论断:尽管面临着诸多的问题危机及现实挑战,当代西方资本主义社会内部的阶级矛盾与冲突趋势,将不大会如马克思所预言的那样走向全面崩溃,而是具有较强的社会包容能力与矛盾调适空间。基于此,他还坚持认为自由资本主义发展道路的正当性。

为了论证西方资本主义社会发展的这一可能性,达伦多夫着眼于近代西方社会大转型的历史,他以考察阶级冲突的变迁为切入点,通过对近代以来西方社会"公民身份运动"历史演进的深入考察,着力研究了这一历史时期中的社会阶级关系状况、政治治理结构以及社会组织形式的重要演变,进而提出了现代社会是一个"自由人"和"平等人"的"组织化"的社会理论。这一理论在其政治思想中居于核心地位。只有从其独特的社会理论出发,才可能准确领悟其关于现代西方市场经济发展、民主政治建设、社会治理建构等重大社会现象的论析,进而把握当代西方资本主义社会阶级冲突趋于缓和的内在逻辑,也才可能正确评判其自由资本主义社会道路的根本取向。

在达伦多夫的理论体系中,现代社会建制既承认个体差异、包容多元冲突,同时又以"组织性"和"组织化"的方式而存在。而在这样一个多元的"分化—组织"的社会建制中,民主政治的基本架构得以生成并且以其制度化的"吸纳民意和协调利益"的功能来调适社会冲突，并且在"组织化"的社会建制以及因为社会的组织化而变得"有组织又有纪律"的政治建构的"坐标系"里，社会冲突被"格式化"了，被抑制了，而且变得"有理性"了。因此，社会基本结构的品质较以往社会形态①得到了重要的提升，成为一个能够容纳个体自由的"多"与实现低度整合的"一"的有机统一的社会，即一个充满活力的新型社会。

在充分阐明资本主义的长远发展即现代民主的品质属性的基础上，达伦多夫还着力研讨了 20 世纪的重大政治现象，尤其是西方社会的阶级冲突与社会治理问题，这些研究既进一步论证了其已有的核心观点，也进一步跟踪把握了现实社会结构的演变、政治治理体系的嬗变及其影响之下的社会矛盾冲突的新态势。

考量达伦多夫的政治思想，如果要从中抽离出某种线索的话，那么其中有着两条既互相平行又相互交叉的线索，并且两条线索在两个不同的考察视野下又有着不同的布局。从其思想的全貌来看，其理论研究的主要意图在于考察近代西方社会的历史性巨变并从中捕捉西方资本主义内部构造的奥秘及生命力之所在，进而展望人类社会的发展前景。基于此，其理论研究的基本线索就表现为以下几点。

达伦多夫放眼近代西方社会大转型的历史进程，其中融贯了经济生产方式、政治制度架构和社会组织建制等重大而根本的基础性的"社会背景"同时也是"核心论题"，正是在这一背景下，社会冲突的趋势并没有如马克思预言的那样发展，资本主义社会的发展才获得了较大的空间，因而这条线索可以成为其思想发展的"主线"。其考察社会历史变迁的"社会冲突"视角，以"阶级冲突"的变迁来审视社会的转型，尤其是通过对社会冲突的主题和方式的演变来突显现代社会的精神品质，进而论证自由主义发展道路的合理性，相对于前一线索的"基础性和大视野"的"一阶命题"而言，这是辅助性的分析，是"二阶命题"，因而也是"副线"。

如果将评价视点转移到达伦多夫理论分析的进路来看，则有着与前面相对应的另一种线路，这就是以"阶级冲突及其演变历程"作为观察社会结构变迁的切入点和理论分析的主要进路。正是通过对于社会冲突的主题和方式的变化及其引起的社会结构与组织形式、政治架构与基本制度的重要变迁的深入分析，才形成了其关于"现代社会"的理解，即达伦多夫的现代社会想象是从对社会冲突现象的观察中获得的，从个体多元分化下的利益冲突主题，政治、经济与

---

① 这里的"以往社会形态"一定程度上是指"农业社会的单一封闭性社会"，而达伦多夫的"现代社会"大体上可对应于"工业社会"。如果以马克思的界定方式来说的话，"工业社会"更多地指向"生产方式"，而"现代社会"则表现为"生产和生活"的"统一体"，是全部社会实践的"大场域"。

文化多维互动的冲突场域,以及包容冲突、调适冲突并规制冲突中才展示了现代社会建制的合理意义,甚至可以认定:在达伦多夫看来,阶级冲突(尤其是处于"优化中"的冲突)才是社会进步的"原动力"。这里的"社会进步"尤其是指"社会"的品质的提升即自由、多元的和平共存下的社会活力以及相对平等下的均衡秩序,而不是宽泛意义上的社会进步(包括"经济"的增长、"政治"的民主、"文化"的和谐)。尽管这些经济、政治和文化的进步都与"社会"的进步密切关联、互为表里,但是达伦多夫更强调的"社会自身"的进步是"社会的空间"的敞开即亚当·斯密意义上的自由自发的社会结构里的巨大包容性和"社会的气质"的改善即康德意义上的人类自觉理性孕育下的和谐共生。而政治、经济、文化、社会协调发展的理念,对于现代社会治理具有普遍的指导意义,也可为后发国家的现代化建设提供一定的启示。

达伦多夫关于"现代社会"阶级冲突理论的基本命题是以"后工业社会"为基础的,现代社会阶级冲突的主要根源在于公民应得权利与社会供给、政治改革与经济发展的对抗,这种对抗外显为公民为维护自身权利而引发的社会阶级冲突,这是贯穿于达伦多夫社会冲突理论的"主线",并且推演出自由主义政治道路的"开放性"的展望。达伦多夫的"工业社会"的社会冲突理论与马克思的阶级冲突理论存在明显的差异,在评析达伦多夫社会冲突理论尤其需要关注到这一点,这是全面把握其政治思想的着眼点,也是评价西方资本主义发展道路的基本着力点。

基于这一思路,笔者从三个依次递进的层面展开评析:一是社会冲突基本理论,作为达伦多夫社会分析的主要视角和方法,我们需要基于社会理论的视域对其做出合理的定位;二是资本主义社会阶级冲突与社会改良的历史分析,达伦多夫通过着力探析现代社会的根本特质回应了马克思的"警告",我们需要从中深刻体认其基于阶级冲突变迁视角对于西方现代性文明的基本架构与运作逻辑的"解读"(即如何做到抑制冲突),进而试着把握西方现代性文明的成长道路的特点及基本架构的"属性";三是基于社会发展与历史进步(从17—18世纪社会转型起点至当代)实践历程的层面,对于西方自由主义文明做出评判,这是达伦多夫在其社会治理理论中所着重思考的,也是其思想发展成熟的最后结晶,并以此来把握当代西方资本主义发展的新动态、新趋势。

一、冲突史就是进步史——理论分析的进路与方法评析

在早期社会冲突基本理论中,达伦多夫为我们提供了一个理解社会的新视角,即承袭经典社会学冲突理论基础之上基于时代变迁下的新冲突理论。对于这样一个相对稳定秩序下的"冲突理论",社会学家周晓虹、应星等将其列为"西

方社会建设理论"的学说，尤为值得一提的是周晓虹的评价："同结构功能主义相比，社会冲突论虽然在马克思、齐美尔和韦伯那里已经获得了全部理论蕴意，但它在社会学中的地位主要是在 20 世纪 60 年代后获得的。社会冲突论对社会学理论的意义在于，它看到了冲突包括阶级冲突在内是人类社会发展的动力；而这一理论对社会建设的意义则在于，它揭示了冲突在社会生活中也是将人们联系在一起、促进社会整合的纽带。"①

在此，我们需要指出的是，战后相当长一段时期的资本主义社会，曾经经历过一个发展相对较快的时期，在这一背景下来探讨社会的矛盾冲突，达伦多夫的理论努力动因何在？目的何在？

最为直接的动因是帕森斯结构功能主义宏大理论体系的影响，达伦多夫试图对其做出批判与超越。而更为重要的深层原因在于他对现实社会问题的关注，对于社会矛盾冲突与社会和谐秩序的关切。这一点从其青年时代研读马克思的著作、探究马克思的思想并且曾经就职于德国法兰克福大学（担任法兰克福学派鼻祖霍克海默的学术助手）即可见得，其一生丰富的社会活动与从政经历，也赋予其理论思考中较为深厚的社会关怀。

就其冲突理论的进路与主旨来看，达伦多夫深受马克思阶级冲突理论的影响，其基本框架与主要范畴均带着马克思有关思想的烙印。更为重要的是，其社会冲突理论的分析路径与马克思的社会理论如出一辙，即从社会结构、阶级状况背景来分析社会冲突现象，而不仅仅是从冲突现象出发论冲突的"社会学"的研究思路，这一研究路径大不同于同时代的社会学家，如科塞。达伦多夫的理论视野是开阔的，现实关怀是明晰的，密切跟踪现实社会变迁，把握时代，驾驭时代，引领时代。尽管基于时代的原因，以及各自的研究状况的不同，达伦多夫的冲突思想与马克思的社会冲突理论存在深刻分歧，但其中也的确有所相通，那就是：现代资本主义社会的现实是不让人满意的，需要改变这一状况。

比较达伦多夫的阶级冲突理论与马克思的社会冲突理论，它们的分歧主要在哪里呢？在马克思逝世之后，有各式各样的新马克思主义、后马克思主义等理论流派出现，他们大多循着马克思思想或者说马克思学说的某一角度对当代西方资本主义社会的现状和变迁做出某种合理的批判。但总体上说，所谓的"西方马克思主义"大都已经离开了马克思的原初语境了，都已经泡在"西方资本主义的酒缸"里难以自拔，其中有人呈现出微醺状态，对当代资本主义社会加以评头论足，有人已经酩酊大醉，也在自说自话，但是马克思的面孔越来越模糊了，以至于"今天如何做一个左派"都已经成为问题了。

---

① 周晓虹.现代社会的批判与重建——社会学的诞生与西方社会建设理论的缘起[J].南京社会科学,2009(1):81-88;应星.国外社会建设理论述评[J].高校理论战线,2005(1):29-34.

当代资本主义社会呈现出复杂多样性,达伦多夫在这样一个时代来关注社会冲突,作为一名自由主义立场的"左翼"学者,其相对激进的改造社会、造福民生的愿景还是较为明晰的。这是我们就其理论建构的基本意图得到的初步结论。

循着其早期冲突思想的主要观点,尤其从其关于社会冲突根源的分析来看,毫无疑问,他接续了马克斯·韦伯的社会分析工具,尤其是"政治合法性"与"社会阶层分析"这两大理论工具。他借用了这些理论工具,范铸其"现代社会"的冲突理论与现代社会冲突的场景。

"政治合法性"的追问是一个"现代人"的发问,查尔斯·泰勒(Charles Taylor)曾经指出:只有当个人成为独立的个人的时候,他才有资格也才有可能问出"我为什么要服从统治?"这样的问题。① 其思想源头当可追溯到托马斯·霍布斯(Thomas Hobbes)、约翰·洛克(John Locke)等思想家,那一时期的"合法性"还是基于建立起一个"政治社会"的必要,旨在拥有一个基本的政治秩序来维护社会的基本运行,除此之外,"社会的"事情政府少管。但是,进入黑格尔的"市民社会"阶段后,黑格尔将英国古典政治经济学理论与德国的政治状况结合,最后形成了"国家与市民社会的二分"的理念,至此,"社会"才不再是一个相对弱势因而疏离于政治国家的角色,其独立性、自主性终于伸张出来了,并且已经成为"大社会"里与政治国家相对应的领域,黑格尔的"伦理批判之维"源自于"市民社会"的成熟即"需要体系",在此,市场交易中的自由个人的"个体性"才与国家意志的"整合性"构成紧张。

"市民社会"的一个理论脉络是,自霍布斯、洛克一脉至当代,它与国家或者说政治秩序是联为一体的,其实并没有真正的分离过,政治秩序与社会秩序互为一体,互为支撑,即使其中也有互为对抗的一面。为什么? 我们可以寻找到两个理由:一是社会契约论内部的因素,国家是"公民的国家",公民是"国家的公民","市民社会"恰是联结公民与国家的中介场域,它们之间根本不可能分开,社会秩序极为精巧地融入了政治秩序之中,即自由竞争的社会体系。而马克思的"资本主义秩序即资产阶级的统治"的论断,强调在经济维度的"市民社会"里,只有强者的利益;在政治维度的"公民国家"里,两者之间的汇合要多于对立,即便是福利国家的兴起,也遭遇着各种自由主义者的批评。因此现代社会的"纷争"与冲突,本质上是国家出于维持现代社会秩序的需要而迫不得已的一种让步。

源自英国古典政治经济学视域下的"黑格尔—马克思"的"市民社会",则是

---

① 刘擎. 自我理解的现代转变与政治正当性问题的缘起[J]. 华东师范大学学报,2010,42(2):8-13.

一个反思与批判的空间,在这里有着极为强韧的政治经济及道德伦理之维。黑格尔尤其是马克思对"市民社会"的历史性否定即源自于现实市民社会的基于"相互需要"体系而导致的"劳动的异化"。黑格尔选择了以国家为载体的"绝对精神"的实体来克服市民社会的局限,而马克思则提出要对市民社会做出历史性的转换,即抽离其"财产私人所有制"的社会基础,从而消除"劳动异化"抵达"人的自由和全面发展"。

在此,不妨将这一向度的"市民社会"与洛克等人的"市民社会"向度做一对照,就空间而言,前者是独立的、自足的,而后者则是系统之中的,不可离开国家的"照看"或"守夜"的;就时间而言,前者是开放的,有着无限的可能,而后者是定型了的,很难突破限制。当然,两者也未必绝对对立。①

有鉴于此,再来分析韦伯的"政治合法性"或者说达伦多夫的"权威分配"的意图和意义。显然,韦伯的现代社会的"政治合法性"的法理型统治,其合法性主要源自市民社会的支持,即代议制和普选制的落实,那就是代议制民主为国家或者说政府的统治提供了所谓的"合法性"。而对于其严重的局限性,德国的卡尔·施密特(Carl Schmitt)的批判则最具代表意义。近些年来,西方国家政治领域中的协商民主、审议民主、参与民主等各类改进主张层出不穷,恰恰说明了代议制、普选制存在严重缺失,如果不予以必要的改革调整,那么西方民主政治就更是危机重重了。韦伯的合法性偏于社会学的解释视角,更多地基于"事实"本身而少有反思(这一点与马克思有着较大的差别)。他所处的时代,正是社会的多元结构渐趋形成(这从韦伯社会分层的三大标准即财富、权力与声望即可得见),资本主义的文明成就已经崭露头角,于是他从社会解释与理解的理论进路展开对资本主义的社会分析,政治统治的"合法性"便是其关键概念。但是,韦伯的"政治合法性"只是个筐,各种政体下种种因素往里装,卡里斯玛、世袭制与法理选举,都为证明同一个东西,即统治的正当性,以至于有学者认为,作为终极政治模式的"合法性"遮蔽了作为政治过程的"合法化"。②

显然,韦伯的"合法性"论证是立足于为资本主义社会的现状"解释"与辩护;而马克思对资本主义的"合法性批判"则是反思,是超越社会学视域与方法的、回到人的存在的反思,其中有着历史与哲学的重要交汇,即唯物史观与人的自由和全面发展的双重维度的统一。马克思的"合法性批判"正是基于"市民社会"的辩证发展的历史视域而实现的,国家不是一个既定不变的政治实体,即统治并非天然合理,随着市民社会的历史性"自我否定",国家的统治便趋于消失,

① 张一兵.市民社会:资本主义发展的自我认识——来自于马克思主义的一种谱系学分析[J].南京大学学报,2009,46(1):5-14.
② 杨光斌."合法性"遮蔽了什么?[N].学习时报,2007-10-24.

于是原有的阶级统治的工具——权力或者说权威便不复存在。

达伦多夫的"权威分配不平等"的"强制性联盟",由于深陷于韦伯的"合法性"泥潭而难以自拔,结果只能是"冲突—秩序—新冲突—新秩序"的无限循环。而正在此处,权威分配与其阶层分析,即内蕴着西方社会学的理论意义与局限。

在此,启蒙史观下的马克斯·韦伯的政治合法性理论及其社会阶层分析,与马克思的唯物史观与政治哲学形成了鲜明的对照。首先,"阶级分析"理论在马克思唯物史观和政治哲学语境下有着特定的含义,它不只是经验层面的利益集团划分或者说"排队",而是基于其"实践哲学"的敞开性,特别赋予了"无产阶级"尤为浓厚的理想色彩和历史使命。马克思倡导,"无产阶级只有解放全人类才能最终解放自身",在此我们应当关照到精神层面的东西,即不断地克服和进取、不断地扬弃和超越,唯此别无选择,在此也就更贴近于马克思的高远境界和超强气魄。但是,自马克思之后,"阶级"一词的用法也开始复杂起来,从同一个"class"分离出来的"阶级"与"阶层",着实意蕴万千。① 再来看韦伯的"合法性"与"阶层分析",阶层分析意味着自由的合理的社会流动,意味着个人自凭天性、努力和运气去筹划未来,至于"合法性"的政治,那只是属于"自由主义中立性"的政治,是难以超越现实的境况。为此,韦伯最后难免陷入悲观之中,虽然他还不断地呼吁"信念伦理",即政治家"以政治为志业",寻求更为积极主动的进取精神,意图克服现代社会"理性化"的"铁笼"。

综合达伦多夫的冲突理论与政治思想的基本主张,可以认定:达伦多夫的社会矛盾冲突与政治改革理论,大体上还是基于社会学理论抑或说社会建设理论中的批判取向,而不是马克思政治哲学与历史哲学意义上的批判。而这一过于偏重经验层面的实证研究较之于哲学层面的规范性建构就显得不那么"彻底",但达伦多夫推进社会改革、优化社会秩序的良善愿望还是较为迫切的,尽管其基本的道路方向存在严重的困境。洪涛在讨论现代西方社会科学的"实证主义"社会分析时认为,实证主义不是一种保守的立场,更多地体现了一种激进的社会救治、改革的愿望——必须解决各类社会问题,这实际上就必然导向了不甚理想的社会公平正义状况的相应改善。② 就此而言,达伦多夫的政治思想还是有着一定的社会公正指向的,其内在的社会和谐关怀也是值得肯定的。

二、当代西方资本主义自我调节的意义与局限

对于近代以来西方社会文明的演进历程,达伦多夫的解读与思虑是多维

---

① 吴清军.从学理层面重新审视阶级的概念与理论[J].社会,2008(4):59-86.
② 洪涛.本原与事变:政治哲学十篇[M].上海:上海人民出版社,2009:109-129.

度、多向度的,既关注于现实社会阶级矛盾与冲突的变迁,又洞察到现实社会结构的重要转型,同时也给予了现代民主政治建构发展较多的期待,试图在社会改良的轨道上为当代西方资本主义的发展寻求一条适切的道路。综合审视达伦多夫的分析与思考,不难看到其政治社会理论研究进路的鲜明个性与重要价值,也可透过其相关论析进一步领略当代西方资本主义自我调节的意义及局限。

(一)社会改良,何以可能? ——突破马克思"革命之必然"理论禁区的一种尝试

论及当代西方资本主义社会的改革发展,这是一个言人人殊的话题。就左翼学者而言,这一改革调适不过是资本主义发展演变的一个阶段性情状,其根本困境是无法克服的。而对于西方自由主义内部的学者来说,则意味着告别所谓马克思的"危言耸听",资本主义已然度过了危机重重的阶段,自由活力与开放秩序将赢得充足的发展机遇与空间,社会改良已经成为现实可能。达伦多夫就是其中一位,对此我们需要予以认真的审视。

达伦多夫的当代资本主义"社会改良论",是其社会冲突理论、现代社会理论及民主政治理论的运用与综合。首先,达伦多夫沿袭其早期社会分析的"冲突"视点,从审视反思近代西方社会变革的逻辑起点即工业革命和法国大革命、英美政治革命等,进入其"理解之域"。工业革命引发的社会结构的剧变,法国大革命造成的政治结构的裂变,英美国家政治革命中创立的民主政治体制,以及一次次的阶级冲突、社会抗争与政治制度的建构演进,构成了达伦多夫思索历史发展的基本切入口。同时,他还循着近代思想史的浪潮涌动,在思想的脉络中寻踪,从康德、黑格尔到马克思、托克维尔、波普尔等思想端口,探寻现代社会发展的路向图,并侧重于从社会冲突的视角审读近代西方社会的历史变迁,同时又在社会冲突引发下的经济社会结构与政治制度体系变革中领悟社会发展前进的逻辑动向,将历史与现实、政治与经济、文化与社会等各种因素置于相当繁复的思量之中,力图展现当代西方社会发展的未来远景。

冲突与自由,是达伦多夫基于康德的历史思想而提出的一个重要理论范畴。对于康德的"自然意图下的人性恶的必然冲突"与"公民理性下人性善的追求自由"两个相互映衬的方面,达伦多夫既多有吸收又做出了重要的改造。通过将其早期"社会学研究"中的将"(社会组织分析意义上的)冲突"进一步推进到社会政治领域的"阶级冲突"之后,达伦多夫将"冲突"范畴上升到历史哲学的层面,并成为其社会分析(阶级冲突、革命变革与改良优化)与政治思考(个体自由、社会活力与公正秩序)的逻辑重心。由于康德历史哲学的逻辑基点,首先主要是基于"人性恶"与"自然意图"的演化,然后才形成了其"道德信仰"下的现代

现代社会理想构建,而这一理论路向的内部又极具张力,道德理性与实践理性相互分离而内含悖谬,因而难以恰切展现现代社会的实践逻辑。基于此,达伦多夫又嫁接了马克思的阶级冲突理论及西方政治经济学的论析进路,着重从"实践理性"的向度展开探讨。在综合吸收了康德的启蒙哲学、马克思的政治理论及现代西方政治经济分析的基础上,达伦多夫建构了以"生存机会"为中心的现代社会冲突与社会改良理论,即其所谓的政治改革与经济发展的互动演变、经济增长与社会正义的推进实现、公民身份与社会阶层的分化融合等一系列理论课题。正是围绕这三大基本课题的综合思考,达伦多夫实现了对当代西方资本主义发展的分析与展望,也形成了其所谓的"社会改良"的道路构建。

那么,支撑其"社会改良"政治主张的理论依据抑或说其对于当代西方自由资本主义解读的逻辑理路又是什么呢? 这其中最为关键的就是其对现代社会的重要理解:市场经济、民主政治和市民社会,达伦多夫将其视为现代社会的"三大支柱"。进言之,现代社会的发展运行牢牢立基于这一架构之上,而现实社会矛盾问题的形成与化解,也必须基于这一基础而展开,包括所谓的市场开放与多元包容、民主政治的平衡与调适、社会内部的平等相处与自由秩序,等等。在此,达伦多夫寄予了无限的厚望,期待在政治与经济、增长与正义、转型与重建等各个环节的互动配合中,形成一个有机联动、协作有力的现代社会。

对此,结合当代西方资本主义国家的现实演进,可以做出基本的判定。一定意义上说,当今的西方资本主义国家,的确在自由市场经济发展方面展现出了较多的活力,也实现了一定的效率,促进了经济繁荣与发展。与此同时,现代民主法治的建构推进,化解了一些社会矛盾,就社会治理的层面而言也较具成效,进而现代西方社会成熟定型,在基本制度体系的建构规范与体制机制的培育完善等方面,确有较大程度的进展,也成为后发国家学习借鉴的经验启示。但是,究其实质而言,西方资本主义还存在着诸多的问题危机和深层挑战,而这却不是像达伦多夫这样的自由主义学者所能克服的。

(二)社会改良,何以可为? ——当代西方资本主义自我调节的内在局限

透过达伦多夫的现代社会之思,尤其是其关于现代社会冲突的系列理论分析,不难看到,西方自由资本主义的确在某种程度上具有较强的自我调适能力,但这毕竟只是一个阶段性的现象,其内在的文化矛盾、制度缺陷却是难以摆脱的。

对于达伦多夫所执着关注的现代社会"公民身份"的平等运动,应该说,较为有力地揭示了现实资本主义发展的一种面相,也具有一定的解释力。而基于民主政治制度下的社会冲突与抗争,也的确得到了某种程度的规束,不再如以往那般激烈。同时,基于冲突抗争之上的经济利益分配得到了某种均衡,改善

了社会阶级地位状况，社会流动的扩大也消弭了社会阶层关系的紧张，营造了一个相对稳定的社会局面。

但是，这仅仅只是问题的一部分。从西方资本主义的现实发展来看，问题依然重重、来路依旧迷茫，这不是我们作为旁观者的臆想，也是自由主义者达伦多夫所深切感受到的困境。为此，他还坚持所谓的自由主义的"开放社会"道路，主张以"持续的改革"来捍卫现实资本主义的发展。问题是，达伦多夫的这一想象又何以可能呢？

对于战后西方资本主义社会的发展演进，达伦多夫很是欣喜，认为这一系列的重要变动都有着深刻的社会内涵，马克思的预言已然落空。但面对经济快速增长之后现实社会发展的困境与纠结之时，他又不得不抱以深切的忧思，并试图做出调整和行动，挽狂澜于欲倒，意图走出一条改革创新的发展道路。在此应该说，达伦多夫尚还能够正视现实社会的不足，直面自由资本主义的一些问题与困境。但是，其根本性的难题却在于，他始终只是立足于自由主义文化的内部展开探讨，将克服社会发展困顿的"药方"寄托于精神重建之上。而事实上，在自由竞争的资本主义私有制经济下，公民精神的建构又谈何容易呢？因此，当回望 20 世纪西方资本主义社会的发展演变，在经历了一次次社会矛盾抗争与改革调适整合之后，即便是战后西方所谓的"黄金三十年"一系列政治经济与社会福利改革举措的推出、所谓的中产阶级社会建构形成的时候，达伦多夫却依然深刻感受到现实社会发展的困顿与乏力，这正是西方资本主义制度根本矛盾与危机的集中体现。

在此，不妨再做些引申和阐发，以便深化问题的讨论。正如前面所谈及的，达伦多夫认为，现代社会的三大支柱相互分离又互动建构，共同支撑起了现代社会的大厦。客观地说，达伦多夫的这一论断的确在某种意义上较为有力地描述了西方现代性文明的重要特征，也一定程度上反映了当今社会建设发展的基本结构。但究其实质，这只是一种相对表层的理论解读，是局限于社会发展的"当代性"或者说"当下性"的一种理解，而在历史发展的根本性维度上却缺失了足够的关照，因而对于人类社会的未来发展却始终是晦暗不明的这一点，往往也是大多数自由主义学者的通病。在他们看来，现代社会不求未来的完美理想，只求基础的安定秩序，一切都无法做出理性的设计，一切都充满着不确定性。基于此，他们所谓的市场自由、价值多元、民主平等，均不过是现实社会的一种面相抑或说体认而已，自由主义者所致力实现的，不过就是一个"多元差异与低度整合"的社会，一个相对分化而又不失秩序的社会。

这其中，"多元差异"既是现实社会阶级结构、社会组织与利益群体的客观显现，也是自由主义价值主张的多元性、多样化的现实张扬，表面看来似乎较为包容,但究其实质,价值相对主义所引发的问题危机却无可避免。同样,这里的"低度整合",也只是基于法治意义的社会公正整合,其内在的民主与平等根基是极其不牢固的,因而其所致力的深层社会还远为不足,经济社会的持续发展也必将遭遇瓶颈。在此,对于当代西方资本主义社会的这一论析并非虚言,而是有着确切的依据。正如达伦多夫所忧心的现实发展中的严重经济滞胀、大面积的失业与社会贫困、社会排斥与社会失范现象,以及其所急切呼吁的重启政治经济改革、谋划社会重建的愿景,均有力地说明了现代西方自由社会的深层实质:一个多元分化但并不包容的"市场社会",始终存在多数人对少数人的排斥;一个民主平等却又缺失参与表达的"政治社会";一个物质丰裕却又堕入精神萎靡的"现代社会"。尽管这是达伦多夫所不愿看到的,但集中反映了当代西方资本主义社会的根本困境。而且这一困境的危害还在于:社会结构的分裂与文化意义的衰落,二者交织并存、互为一体,将加深社会共识建构与团结协作的困难,并导致市场经济与民主政治现实推进的深度扭曲与矛盾危机。确切地说,这其中的困境与问题,既是自由资本主义制度的不足,也是西方文化的深层困顿。但是,达伦多夫的估量却对此存在着严重的不足,而是过于沉醉在自由主义的自信之中。

总之,面对这一人人各自为政、表面相安无事、社会自生自发、共识精神淡漠的现代西方社会,我们又该如何期待资本主义社会的明天呢? 20 世纪的西方资本主义曾经借助经济全球化的机遇赢得了很大程度的发展,但一旦面对当下现实发展的情势,诸如全球性的生态问题、环境危机、政治对抗、经济分化、竞争无度及矛盾冲突的不断,我们又如何可能够当地对待西方现代社会抑或说西方现代文明? 换言之,今天的中国道路、中国制度、中国文化与中国精神、中华文明,并非只是一种意识形态的话语构建,而更应当是一种实实在在的社会实践,一种积极进取、展现文明力量、贡献世界和平与发展的不懈努力。

第二节　社会转型与治理建构:当代中国的政治议程

审视达伦多夫的政治思想,有助于深入了解当代西方资本主义的发展进程,更为准确地把握西方社会现代性文明的演进逻辑及内在困境,对于当代中国社会的转型发展与国家治理亦有着重要的启示与借鉴意义。为此,借助于达伦多夫现代社会转型与政治治理相关思想的观照与启示,探讨当下我国经济社会发展中的一些深层次的社会矛盾问题,积极推进国家治理现代化,努力构建起社会主义和谐社会。

一、当代中国社会转型与矛盾冲突的基本趋势

综观当代中国的社会转型与发展，不难发现，其基本逻辑与实践路径和西方发达国家有着某种程度的相似性。现代化的改革转型与治理建构，是一个共通性的话题。在此，我们需要努力发掘社会转型的"中国逻辑"与治理成长的"中国道路"。一个基本的事实是，经过30多年的市场化改革推进，中国社会已经进入了一个利益多元诉求、致力公平正义的发展新时代。而在这一新时期下，社会层面的利益矛盾与问题摩擦日益频繁，法律意义上的公平正义与制度治理层面的公正和谐问题构成了社会发展的巨大压力，也是倒逼改革与发展的重要动力。因而，有效应对社会转型期的冲突挑战，构建优良合理的秩序空间是十分紧要的时代课题。

为此，我们必须厘清当前我国经济社会转型与矛盾冲突问题的内在逻辑，探析各类社会矛盾的形成原因及演变机制，紧密结合当下改革发展的具体情势，从经济、政治、文化、社会等各个层面探讨构建社会治理的方法途径。当前，我国经济社会矛盾与冲突的主要表现及其成因大概有以下几个方面。

(一)经济社会建设尚不发达，民生矛盾问题较为突出

当代中国正处在改革发展的关键时期，一方面，30多年的改革开放已经取得了举世公认的巨大成就，堪称人类历史上的一个奇迹，有着重要的历史性意义。但另一方面，现阶段民生公正诉求的社会矛盾问题日益凸显，危害也颇大，甚至可能影响到社会的稳定发展。而简要说来，当前我国社会正义与民生和谐问题的形成原因主要有以下几个。

1.社会整体利益结构的大面积、大幅度调整

在中国现阶段，随着经济社会发展进程的纵深推进，已经从改革初期的增益型改革转变为利益结构调整型改革，这就意味着社会整体利益结构的大面积、大幅度调整，此群体的利益增进，常常会带来彼群体的利益损失。而对于广大社会成员来说，利益是一件至关重要的事情。因此，围绕社会整体利益结构的大面积、大幅度调整，客观上必然会出现大量的社会矛盾。

2.社会成员的利益诉求意识不断增强

在社会成员的利益诉求意识不断增强的同时，其诉求渠道和方式也呈现出一种多样化状况。在市场经济条件下，社会成员的合理利益被确认，其平等和民主意识普遍增强，在利益诉求方面的要求也从以往的消极被动到较为主动的争取。而且由于平等和民主意识的增强，社会成员越来越懂得选择多种不同的方式进行维权和表达自己的利益诉求，诸如法律法规的方式，或是政治对话与协商的路径等。

3.经济社会发展的不平衡

在社会的急剧转型期,城乡之间、区域之间及行业之间出现了十分明显的发展不平衡现象。这种不平衡现象,使得各种问题错综复杂地交织在一起,加剧了社会内部的分化趋势,也必然会导致大量的社会矛盾产生。

一般来说,在社会深度转型变革的特定阶段,社会矛盾问题的凸现往往有其必然性,因此不必过度紧张,要逐步适应这一社会转型期的常态化现象。当然,更要积极主动地化解社会矛盾,统筹协调各方面的利益关系,积极构建社会主义和谐社会。而就目前情况来说,民生公正的诉求与社会的和谐问题已经成为当代中国转型发展最大难题。而且这一难题的形成也有其内在合理性,毕竟随着经济社会发展的推进,人们对良善社会与美好生活的追求越来越高,对于经济收入分配与生活待遇条件、各种社会资源与公共服务的供给、法律公平公正与公民权益保障等方面的诉求与期待也日益高涨。诸如,近年来人们广为关注的公共教育问题、社会保障问题、公共卫生问题、住房问题、就业问题及通货膨胀问题,等等。还有,民众基本权利的维护问题,如劳动收入问题、劳动条件问题、退休待遇问题、农民工待遇与子女入学问题、征地拆迁的补偿问题及环境保护问题,等等。

而综观这些问题的形成,主要还是经济社会发展水平尚还落后的原因,作为发展中国家,我国的人口基数、区域布局、城乡差序及现阶段的工业化特征等,在统筹民生社会公正与和谐发展方面还存在不少的困难。但是,我们还是要积极主动,多方筹措,营造条件,围绕民生公正这一根本问题,加强制度公正建设,构设社会基本公平公正的秩序平台,努力提升机会公平、底线公平,在起始端建构起社会公正的保障线,而这又主要是民主政治建设与法律公平正义的问题。

(二)民主法治建设相对滞后与公民权利保障不足,管控和调节社会矛盾冲突的能力有待提升

当前我国正经历着从传统农耕时代到现代工业社会的深刻转型,公民权利的话语权及社会公众权利意识、平等意识、自主意识不断成长,社会公正诉求与利益表达的愿望日益提升。这就需要一个相对开放和包容的民主政治平台,以便实现利益相关方的协商对话,同时也需要一个健全的法治环境,在法治衡平中有效调节和化解利益矛盾问题。如前所述,达伦多夫认为,现代社会的冲突一个最为明显的特征是,社会冲突的制度化管控与制度体系下的冲突调适。这一点对于当代中国来说,还是颇具启示的。综观近年来发生的一些群体性事件,通常是因小矛盾、小摩擦而引致了较大规模的暴力行动,乃至危害了社会公

共安全，其原因就在于基本的制度规范体系的严重缺失，尤其是正常表达的民主法治渠道，结果矛盾得不到及时的化解而积压形成了较多的负面情绪，非理性的抗争行为也就因此而难以避免。应该说，随着近年来法治国家建设与民主协商对话的推进，"依法抗争"与"以理说事"的理性利益博弈开始形成，逐渐改变了以往单向度的"维稳"思维，较为恶劣的群体性事件正逐步减少，社会形势总体上趋于平和。

当然，社会转型期的矛盾问题依然不少，主要还是社会管理水平较低、社会价值共识较为缺失、社会氛围不尽和谐等原因所导致的，因而加快社会建设的步伐，培育道德伦理文明就是一个十分重要而紧迫的深层次课题。

(三)社会建设与社会组织发育滞后，社会自我管理与调适的能力比较薄弱

如前所述，现代社会转型的一个重要特征是(政治)国家与(市民)社会的相对分离，国家和政府的角色与职能日益规范，而社会主体自身的建构发展将担负起社会管理与矛盾治理的重要责任。因此，顺应现代市场经济与民主政治制度体系下的社会分化，积极培育社会自组织，锻造社会公民尤其是基层社会的自我管理、自我协调、自我发展的内在动力已是极为必要。党的十八大提出了社会主义和谐社会"五位一体"的建设总布局，特别注重和强调了社会建设的重要地位，而其中又提出要实现由党政部门介入过多过深的社会管理体制向现代社会治理体系的转变，注重同时发挥政府、市场与社会的功能力量，多方合作、多元治理。这当然是一个极为重要的举措，意味着中国特色的现代社会的发展成长与提升进步。

而从目前情况来看，我国的社会发展与西方国家有着较为明显的不同，主要是社会组织体系的发育程度尚不如西方发达国家社会分化整合的程度那么高，组织动员的基本载体尚还缺乏。另一方面，西方发达国家的社会组织尽管较为多元和多样，但鉴于价值文化相对主义的重要原因，其内在的凝聚力与黏合度都还较低，难以形成足够强大的社会合力，对于经济社会的发展较难达成有效的共识，甚至有着相互对冲与消耗的可能。而反观之下，我国的社会组织体系发展尽管尚处初始阶段，但我们有着较为清晰和明确的文化价值认同，社会精神风尚的总体态势是积极健康和向善向美的，有着较为强大的正能量，在聚合社会资源动力方面较具优势。因此，当前的社会建设与社会治理，就应当扬长避短，在党委统领与政府负责、市场调节与社会协同之间搭建起有机的联系，共同推进社会民生的和谐建设。当然，这其中加强社会主义核心价值观的文化建设又是极其重要的一环。

与此同时，鉴于历史文化传统与现实情势的需要，当前我们尚未充分构建起一个相对明晰的"社会"领域，尽管近年来有关非政府部门与组织、民间社会

组织等话题的讨论日渐活跃,但总体而言,社会主体的发育发展与自主自治还较为落后,难以承担社会良序运行的角色。对此,学界从不同的理论视角做出了解读和展望,其中一些学者的研究颇具启示,他们大多注意到现代工业社会与市场分工体系下社会多元分化的必然趋势,因而较为强调相对于国家政府行政管理体系的"社会"体系的建构自主,类似于达伦多夫所谈到的政治国家与现代社会的分化、分离,但同时又还更为注重中国特色的国家与社会的良性互动与合作。① 还有学者认为,面对现代市场经济竞争的加剧,要重视"社会"的自我维系和建设,防范市场机制对社会的过度侵蚀,也就是说,要注重社会内部的团结协作,构建和谐友善的社会文明。② 当然,还有不少学者专注于当代中国公民精神的培育与社会的建构发展,也提出了许多有益的见解。

二、坚定道路、明确方位、统筹协调,建构民生和谐的基础秩序

随着改革转型的深入,我国步入了所谓"三期"(社会转型期、黄金发展期、改革关键期),经济社会发展的形势可谓千载难逢,面对的矛盾挑战也十分严峻。因此,就需要从宏观战略层面主动谋划,积极运用好发展机会,有效应对社会矛盾冲突,努力构建社会良序运行的基础秩序。

(一)始终坚持马克思主义的指导地位,坚持中国特色社会主义发展道路

考察社会转型与冲突现象,可以从两个方向着手,一是通过各种力量的努力化解矛盾问题,降低社会冲突,促进社会稳定,这也是当前较为普遍的思路,具有一定的实际成效。二是坚持科学发展观,建设中国特色的新型现代文明,尽最大可能增强社会内部的凝聚力、团结力、协作力,减少社会矛盾冲突,缩减社会转型的代价。③ 换言之,前者偏重于在"终端"应对矛盾,防范社会冲突的激化;后者则侧重于在"源头"减少矛盾,避免冲突的发生。应当说,这是社会主义国家制度属性的内在优势,因而需要充分发挥运用好党的高效领导与人民的参与配合、国家的积极有为与社会的活力秩序的互动配合。

这其中还内含一个较为重要的理论问题,也就是当下不少学者习惯于将今天中国的市场化改革与西方资本主义等同起来,而忽略了社会主义制度的基本属性,进而认为当下西方的现代性道路必定也是中国的现代化道路。其实前文透过达伦多夫对西方社会转型与治理的论析,已经揭露了自由主义发展道路即资本主义制度的严重局限性,不难感受到西方国家所积累的矛盾问题之层出不

---

① 李友梅,肖瑛.当代中国社会建设的公共性困境及其超越[J].中国社会科学,2012(4):125-139.

② 沈原.社会的生产[J].社会,2007(2):170-191.

③ 郑杭生.改革开放三十年:社会发展理论和社会转型理论[J].中国社会科学,2009(2):10-19.

穷与疲于应对。

因此，在坚持基本制度的前提下，尽最大努力开发社会主义基本制度的社会功能，既顺应人类社会历史发展的大趋势，又尽量规避各种各样的风险，少走弯路；既要努力遵循规律谋求发展，促进繁荣，又要发挥优势减少矛盾，促进和谐。而制度的坚持与制度的功能开发又是息息相关的，二者互为依托，功能开发不了或者功能有限往往意味着制度的失败；不能发挥人的主动性去充分发挥较为合理的制度的功能，那么再好的制度也形同虚设。对此，有学者提出要注重社会主义与市场经济的"双向结合"，防范单向度的市场经济的过度竞争所引发的不良后果，政府要积极主动地做好收入分配的统筹协调。① 有学者认为当代中国社会主义基本政治制度要顺应现代社会"民主化"这一根本趋势而不断开发新的制度和功能，实现政党、国家与社会的有机互动，推进政治治理与社会整合。② 还有学者提出要与时俱进地创新马克思主义意识形态的话语系统，主动吸纳人类文明发展的优秀文化精粹，丰富我们的文化意识形态的内涵，增强社会主义核心价值观的涵养与吸纳功能，消解社会不和谐因素。③ 这些努力均可谓高屋建瓴，既坚持了马克思主义的基本原则和立场，又顺应了人类社会发展的大趋势，还充分观照到当代中国的客观实际，对于当前我国和谐社会的构建有着重要的指导意义。

(二)继续推进经济社会健康发展，协调处理好经济效率与社会公平的关系

如前所述，当前我国社会矛盾与冲突的重要成因主要还在于经济发展水平不高且不平衡，因此还要坚持"以发展的办法解决发展中的问题"的基本思路。尤其是当前的民生问题，亟待我们推进实现持续健康的科学发展。既要充分尊重市场规律，注重经济效率的实现，又要高度重视社会公平，慎重对待当前的利益矛盾日益激化的问题。

由于多年来倡导效率优先、增长优先的发展战略，我国在社会公平正义方面已经显现了一定程度的失衡，收入分配差距过大的趋势仍还明显，这就势必影响到社会团结与秩序。因此，要实现社会和谐首先就要关注利益关系的和谐。而要改变目前利益关系失衡的局面，就需要统筹好经济发展与民生福利的内在关系。积极改进收入分配体制，推进实现共建共享。尤其需要统筹协调好区域经济社会发展、推进城乡一体化发展，加强社会公共服务体系建设，加大社

---

① 顾钰民.社会主义市场经济与和谐社会建设[J].经济纵横，2008(1).

② 林尚立.社会主义的事实与价值[C]//邓正来.中国社会科学辑刊.上海：复旦大学出版社，2008.

③ 陈锡喜.马克思主义的理论创新与意识形态的话语重构[C]//当代中国马克思主义——理论创新与话语构建.上海：上海人民出版社，2007.

会事业的投入,注重社会弱势群体的人道关怀,维护社会的基本公平。

(三)正确处理好改革、发展与稳定的关系,积极主动处理社会矛盾冲突问题

历经 30 多年来的改革发展,我国经济社会结构的分化与政治治理的整合已经形成了较为丰富的经验,而正确处理好“改革、发展与稳定”三者的关系则是其中最为重要的法宝,这也是我国的一大优势。当然,随着改革的深入推进、社会各领域的全面转型、价值观念的深度变迁,深层次的复杂矛盾问题更为集中。因此,原有的一些处理矛盾问题的方法思路与策略手段就不一定完全有效,这就要求我们必须顺应形势,以更为宽广的思路和更为高远的气魄来构建持续发展与和谐稳定。党的十八大以来,中共中央先后提出了一系列治国理政的重要决策,围绕国家治理现代化的核心议程,做出了极富远见的战略部署。在此先不做详述,待后集中讨论。

三、积极推进国家治理现代化,努力构建和合共享的民生中国梦

党的十八届三中全会以来,党中央先后提出了国家治理体系和治理能力的现代化构建、法治国家建设、“四个全面”战略总体布局等一系列政策决议。这些重大政治战略对于当代中国社会的改革转型与全面发展有着根本性的指导意义,需要全面而深入的探讨与考量,尤其需要完整认识当代中国国家治理的深层背景、提炼国家治理的本质内核、把握现代社会治理建构的路径关键。

改革开放以来,为了有效应对快速的经济增长和急剧的社会结构变迁所带来的一系列社会问题,党和政府以加强现代国家制度建设为着力点,稳步构建兼具开放性与包容性的现代治理结构,在不断提升国家治理能力的过程中优化治理体系,有效回应了社会和公民的治理需求。

(一)社会转型开启中国梦想:国家治理现代化的深层背景

当前,我国的经济社会发展正处于现代化建设的阶段,既成就斐然又问题集中,既是现代化建设全面推进的关键时期,又是社会矛盾多发与国家治理风险期。与此同时,改革攻坚,持续发展,努力实现中华民族伟大复兴的现代化中国梦战略的形成,已成为当代中国社会的“最强音”。面对机遇与挑战,如何进一步协调改革转型发展与社会治理建构的关系,正是当前我国社会主义建设中一大重要考验。

1. 社会转型催生国家治理体系的现代创设

社会主义市场经济的深入发展带来经济社会结构的深度变革、文化价值观念的变迁、权力利益关系的变动,现代化的稳步推进已经将中国社会带入到一个全新而极为复杂的新时期。这一时期既是经济发展的黄金期,也是社会矛盾

的凸显期，还是改革突破的攻坚期，改革、发展与稳定，既共为一体、相互作用，又互为依托、相互生成，经济、政治与社会文化既错位运行又相对匹配、总体稳定。这其中尤须重视的是改革转型中引发的利益结构与分配关系失衡、社会矛盾与冲突问题频现、价值文化与道德伦理失序等重大挑战，以及由此引发的更为复杂的社会失范、社会风险的日益上升，各式各样的民生问题不断滋生。面对民生正义与社会和谐的严峻挑战，如何有效化解矛盾张力、维系社会稳定秩序，已经成为党和国家现代化建设中迫切需要解决的重大课题。

"问题倒逼改革"是中国特色社会主义发展道路的一个重要特征。综观 30多年的改革历程，我们正是在一次次的问题与困境的考验中，沉着应对、勇于创新与有效推进，较好地实现了经济社会的发展进步。而在当下，随着社会转型中深层次矛盾与问题的日益凸显，强有力的攻坚改革与深层结构的治理整合已经迫在眉睫、势在必行，改革正在过大关。然而，若以历史和辩证的眼光来看待，如此深刻的经济社会大转型与大发展或许正预示着国家治理体系的大变革与大重组，将不再局限于某一改革领域的单兵作战，而是国家治理结构与体系的全面布局和整体提升。挑战与机遇同在，基于这一重要形势，党的十八届三中全会适时地提出了构建现代国家治理体系实现国家治理能力现代化的战略议程，展现了高超的政治眼界和治理水平。

诚然，当前社会矛盾问题的治理整合构成了国家治理现代化建构最为切近的现实动因和逻辑基点，但也需要从"中国梦"这一国家长远发展战略的理想高度和视域来审视国家治理现代化建构的必要性和紧迫性。

2."中国梦"期待国家治理能力的全面提升

2012 年党的十八大召开之后，党中央提出了建构实现中华民族伟大复兴"中国梦"的重要战略。作为政治战略与发展目标，"中国梦"既是民族复兴梦，也是国家富强梦，但说到底，就是每一个中国人的幸福生活梦。倘以政治哲学与社会哲学的视域来审视，"中国梦"的战略构建，其根本实质就在于顺应现代市场经济与市民社会的发育形成的基本事实，基于现代性语境下个体自由与全面发展的现实诉求下的公平正义的及时回应。正如著名政治学家林尚立先生的论析："中国梦，既是中国发展的目标追求，也是中国发展的内在机制。作为目标追求，中国梦追求实现国家富强、民族复兴与人民幸福；作为内在机制，中国梦力图将国家的发展与每个人的发展紧密结合起来，通过激发每个人的积极性和创造性来推动国家的发展。"中国梦给国家发展以新目标，需要以更强的改革力来激活中国发展的动力，以更强的统筹力来把握中国发展的进程，以更强的治理力来保证中国发展的持续。

因此，"中国梦"理想视域的开启，预示着未来的国家治理与社会发展应当是更加多元的社会包容、更为有效的矛盾调适,以及更具活力的秩序整合,这无疑对国家的治理能力和治理水平提出了更高的要求,也注入了更为新鲜丰富的内涵,从国家与社会的关系重构、政府与市场的职能调整到个体自由与社会公平的重建,经济与政治、政治与社会、社会与文化,均指向国家治理现代化的根本转型与建构。如此,积极主动的改革完善与制度体系,努力做好"顶层设计",充分释放"改革的红利",通过国家治理能力的"整体提升",最终以更好的治理实现更好的发展。

可以说,现代国家治理构建的提出充分展示了党中央的胆识、气魄、意志和决心。而且这也在一定程度上体现了当代中国改革发展逐渐由"摸着石头过河"的局部性调适进入"基本上路"的总体性治理与建构,统揽全局、重点突破,努力争取各个领域的整体联动与有机配合,实现经济社会的全面现代化发展与小康社会的全面建成。

(二)法治正义保障民生和谐:国家治理现代化的本质内核

何为"国家治理现代化"?"国家治理现代化"的一般逻辑是什么?国家治理现代建构在当代中国有何深远意蕴?

马克思主义认为,国家是人类理性的产物。基于人类对自我的认知、对生命意志的领悟、对自由发展的追求,人们建构了国家。国家的作用在于保障人民的生命,让人们在社会生活中最大限度地获得自由发展。国家是人类文明演进中持续建构的对象和成果,其生成演变通常与具体历史时期下人们的生产生活密切关联。所以,恩格斯说:"国家是文明社会的概括。"因而,国家治理也就是人们在某一特定发展阶段与国情实际的现实形势所需,在生产交往中对个体生命意义的认知与社会和谐秩序的追求中,做出的思想探索与现实建构。

一般认为,现代社会是以工商文明为主导的社会体系,与传统农耕社会相比,其根本分殊的关键在于社会化的大生产方式、市场经济的交往模式、国家与市民社会的领域分离,尤其是基于公民身份平等的"自由人"的登场及其引发的核心价值体系裂变,掀起了政治经济与社会文化的深刻变革。现代社会理论阐明,个体的自由发展与社会的稳定秩序是国家建设与社会治理的价值基点和逻辑端口,而现实实践中的矛盾问题乃至社会冲突往往催生了更为合理的政治秩序建构。一方面,由"自由人"这一逻辑基点生发出的自由竞争资本主义经济迅速扩张;另一方面,社会变迁及其治理手段也得以不断更新,这其中"公民权利"的重要范畴又触着了政治与社会结构的嬗变,并维系着市场经济体系繁荣发展。而与此同时,市场竞争机制的运作一面体现了自由与公正,另一面却激发了更为复杂而深远的利益分化与社会不公,如此,同样凭借着"公民权利"平等的系列社会抗争与政治运动,最终成就了现代西方的民主法治体系与社会治理机制。可以说，国家治理是在经济社会发展中不断建构推进的，而政治社会的建制又是在国家治理中得以培育成长的。在此，在"公民权利"这一轴心的驱动下，经济转型发展、社会矛盾治理与政治体系建构形成了一个交织互动、螺旋上升的"社会本体"或者说"社会空间场域"。在这一变迁中的"社会本体"里，公民权利平等是价值基石，法治制度体系是中坚支柱，国家政策机制则是政治治理的具体运行。

可以说，所谓的国家治理现代化，根本动因在于国家与市民社会的分离，内涵实质就是以自由、平等、公正、秩序为价值内核，同时实践于国家治理与社会自主治理互动合作的实践形态。其中，基于公民权利诉求的"法治"又是联结价值理念与实践拓展的中介环节，现代国家、现代社会及现代公民是基本的主体力量，法治规则与秩序则是关键枢纽，也是联结国家、社会与公民的中轴机制，由"法治"支撑起国家治理体系的制度化、规范化、程序化的有机运行，规导着政府、市场与个人的行为准则。"法治正义"的实现是一个历史过程，是在经济增长与政治民主的持续推进中，随着社会民生和谐的改善与提升，最终得以体现和实践。由此可见，在现代国家治理体系下，个体自由平等诉求的"公民权利"与社会秩序建构整合的"法治正义"是相互联动、相互生成、交叠演进的，而民生利益的均衡则是贯穿其中的基本主题和主线。

反观当下中国，社会转型的矛盾张力与民生和谐的强烈诉求，均预示着充分维护公民权利、全面彰显法治正义的紧迫性和必要性，因而顺应时势，以更加科学理性的态度，贯彻坚持以人为本，尊重每个个体的实际利益，积极建构公平公正的、规范有序的现代民主法律制度、政策运行机制及利益平衡手段，这应当是当前我国国家治理现代化构建的内在意蕴与本质内核。简言之，当代中国的国家治理现代化建构，从国家层面说，就是要全面巩固和完善中国特色社会主义政治制度体系，为国家事业的持续发展提供保障；从个人层面说，就是要充分创造维护个人自由发展的公平环境，为经济建设的持久繁荣注入活力；从社会层面来说，就是要努力构建和完善富有包容力、协调性的治理结构，降低社会转型的代价与风险，建构公正有序、和合共生的有机共同体。

(三)制度建构聚合资源动力：国家治理现代化的路径关键

世界现代化发展进程的历史经验表明，现代国家治理构建是一项极为复杂的工程，需要很长时期的培育建构才得以成熟定型，其中既有制度机制的健全完备，也有价值伦理的涵养塑造，其中制度机制的作用自然是主导性的，而道义文化的资源力量也十分重要。联结制度与人文，整合国家、政党与社会每个成员的内在动力，共同建构现代国家治理体系与能力，其逻辑路径主要有以下三条。

第一,坚持全面从严治党,改善和提升党的领导水平和能力,发挥党总揽全局、协调各方、引领社会的重要作用。

综观当代中国的国家治理,政党力量的重要性是显而易见的。党的领导与执政主要体现在国家发展的宏观决策与社会利益的全面整合,作为人民政党,新中国成立60多年来尤其是改革开放以来,中国共产党在执政过程中能够做到坚持社会发展为本与人民利益至上,其执政伦理与责任践行深受认同。而在当下,同样需要高度重视政党的核心地位和作用,党的领导从政治上、思想上和组织上确立了,从而能够统揽全局、协调各方,促进社会与国家的和谐共生,加速推进国家治理的现代化。

同时,也还要推进全面从严治党,改进党的工作作风与执政方式,提升党的的执政能力和水平。相当长的一段时期以来,政府主导下的经济社会发展,公权力对社会领域的介入太过深入,确乎存在权力监督约束不力、党员干部贪污腐化等严重违法违纪现象。因而,厉行法治,树立宪法和法律的权威,主动适应现代政治文明的新趋势,自觉将党的政策意志纳入国家法律法规的轨道,学会法治环境下的执政用权,践行程序正义、维护社会公义,以防权力的失当与失范。同时还要主动将党的建设与治理与法律机制相结合,尤其在当前改革转型的攻坚阶段,要重温党章精神,狠抓党风党纪、严格管党治党,自觉接受法律约束和社会监督,一切以人民利益为重。唯有如此,方可凝聚全民共识、共建和谐家园。

第二,加强民主法治的制度文明建设,现代国家制度体系的全面建构与完善是基础和关键。

实现国家治理现代化的关键是积极稳妥地推进现代国家制度体系建设。优良的现代体系是现代国家治理体系的基本构成要素,有序推进现代国家制度建设则是国家治理体系与治理能力现代化的基本路径。这一逻辑对于当代中国而言,首先需要正视现代国家与社会的领域分离,改变多年来政府权力全面主导社会发展的权力格局,合理定位国家权力与社会权利的关系,厘清政府与市场的边界,规塑各自的职能角色。同时,科学理性地做好重大制度体系的顶层设计,完善重要的法律法规规范体系,建构健全公共权力的运作机制与社会监督机制。这其中,民主与法治是国家制度体系构建运行的重要基石,民主意味着以利益表达与对话协商,法治保障程序公平,提升实质正义,二者是社会利益的均衡与公平正义实现的主要驱动,因而在整套政府权力运行与社会治理体系中发挥着拱顶作用。

当然,在制度体系建构的同时,还要注重培育市场、社会主体和公民的自主治理能力,构建国家—市场—社会三者之间的多元共治模式,当前尤其需要加强社会层面的自治能力。现代公民的政治参与、社会参与往往能够弥补政府力量的不足，协同国家与政府共同推进公共事务的管理与治理，优化社会管理的方法机制，积极营建起有机的政治共同体与生活共同体，应当成为国家治理能力现代化的重要组成部分。

第三，重视道德治理，弘扬中华道义文明优良传统，积极发挥文化建设的软实力。

制度建构与运行，还需要人文精神的动力支撑。中华民族历来重视道德教化的社会功用，也积淀了深厚的精神文化传统。在此，当代中国需要积极借鉴历史经验，挖掘传统文化的精神资源，加强先进文化建设，涵养培育社会主义核心价值观，积极建构社会价值共识，弘扬人道关怀，联结社会情感纽带，增进社会融合，及时提升社会团结、构建社会和谐。换言之，当下中国社会的公平正义建构、制度体系的规塑与法治正义的衡平自然是极为紧迫而重要的，也必定是卓有成效的。但我们不能完全倚重于制度法治的力量，倘若在人的道义精神建设、社会的文明风尚培育方面严重滞后，执政党的伦理品格与社会的精神气象势必受到阻碍，如此，民主法治制度又将根基何处呢？而重启民族文化精神，提升时代文明风尚，重视人文的力量，讲仁爱、重民本、守诚信、崇正义、尚和合、求大同，重塑社会的"温良恭俭让"，以文化人，人文化成，德泽润心，公道自在人心，秩序与和谐便也涵容其中。

总之，对于当代中国而言，现代国家治理建构应当紧紧围绕当前我国经济社会中公平正义与民生和谐问题，以更好的政治治理促进更好的经济发展并实现更好的社会民生，最终促进中国梦战略远景目标的早日实现。

参考文献

［1］Dahrendorf R. Economic opportunity, civil society and political liberty ［M］. New York：UN Research Institute For Social Development,1995.

［2］Dahrendorf R. Class and class conflict in industrial society［M］. San Francisco：Stanford University Press,1959.

［3］Dahrendorf R. Life chances：approaches to social and political theory［M］. Chicago：University of Chicago Press,1980.

［4］Dahrendorf R. Social theory assay［M］. San Francisco：Stanford University Press,1968.

［5］Dahrendorf R. The modern social conflict：the politics of liberty［M］. 2nd. New Brunswick：Transaction Publishers, 2008.

［6］Ruizer J. Modern sociological theory［M］.影印本.北京：北京大学出版社,2004.

［7］Talom J L. The origins of totalitarian democracy［M］. London：Secker & Warbury,1952.

［8］Heywood A. key concept in politics［J］. Palgrave,2000.

［9］Cohen J L,Artato A. Civil society and political theory［M］. Cambridge：MIT Press,1992.

［10］Bawoy M. The politics of production［M］. London：Verso, 1985.

［11］Idner A W. The future of intellectuals and the rise of the new class［M］. New York：The Seabury Press,1979.

［12］Jacoby R. The last intellectuals：American culture in the age of academe ［M］. New York：Basic ooks,1987.

［13］Marx K. Capital：a critic of political economy［M］. London：Penguin Books Ltd,1990.

[14] Marshall T H. Citizenship and Social Class and Other Essays[M]. New York：Cambridge University Press,1950.

[15]McCann C R. Individualism and social order：the social element in literal thought[M]. London：Routledge,2004.

[16]Neocleous M. From civil society to the social[J]. British Journal of Sociology，1995,46(3).

[17]Polanyi K. The great transformation[M]. Boston：Boston Press,1957.

[18]Thompson E P. The making of English working class[M]. New York：Vintage Books,1966.

[19] Tilly C. Social movements, 1768—2004 [M]. London：Paradigm Publishers,2004.

[20]Tönnies F. Community and civil society[M]. New York：Cambridge University Press,2001.

[21]Alexander J C. Theoretical logic in sociology[M]. London：Routledge & Kegan Paul,1982.

[22] Beck U. Risk society：towards a new modernity [M]. London：Sage,1992.

[23]Beck U. World Risk Society[M]. Cambridge：Polity Press,1999.

[24] Burawoy M. Critical sociology：a dialogue between two sciences[J]. Contemporary Sociology，1998,27(1).

[25]Elliott A. Blackwell reader in contemporary social Theory[M]. Oxford：Blackwell Publishers Ltd,1999.

[26] Giddens A. Capitalism and modern social theory [M]. Cambridge：Cambridge University Press,1971.

[27]Giddens A. Social theory and modern sociology[M]. San Francisco：Stanford University Press,1987.

[28]Giddens A. The consequences of modernity[M]. San Francisco：Stanford University Press,1999.

[29]Giddens A，Turner J H. Social theory today[M]. Cambridge：Polity Press,1987.

[30]Gouldner A W. The coming crisis of western sociology[M]. New York：Basic Books Inc,1970.

[31] Habermas J. The theory of communicative action [M]. London：Polity,1984.

［32］Luhmann N. Risk：A sociological theory［M］. New York：Walter de Gruyter Inc,1993.

［33］Murphy R. Sociology as if nature did not matter：a ecological critique ［J］. The British Journal of Sociology，1995,46(4).

［34］Neocleous M. From civil society to the social［J］. The British Journal of Sociology ,1995,46(3).

［35］Parsons T. The social system［M］. London：Routledge,1991.

［36］Rizer G. Frontiers of social theory：the new syntheses［M］. New York：Columbia University Press,1990.

［37］Rizer G. Sociological theory［M］. New York：McGraw-Hill,2000.

［38］Rizer G. Explorations in social Theory［M］. London：Sage,2000.

［39］Sciulli D，Gerstein D. Social theory and talcott parsons in the 1980s［J］. Annual Review of Sociology ,1985,11.

［40］Seidman S，Alexander J C. The new social theory reader［M］. London：Routledge,2001.

［41］Sibeon R. Rethinking social theory［M］. London：Sage,2004.

［42］马克思恩格斯选集［M］.北京:人民出版社,1995.

［43］［德］阿克塞尔·霍耐特.为承认而斗争［M］.胡继华,译.上海:上海世纪出版集团,2005.

［44］［德］贝克,威尔姆斯.自由与资本主义［M］.路国林,译.杭州:浙江人民出版社,2001.

［45］［德］斐迪南·腾尼斯.共同体与社会［M］.林荣远,译.北京:商务印书馆,1999.

［46］［德］哈贝马斯.合法化危机［M］.刘北成,曹卫东,译.上海:上海人民出版社,2009.

［47］［德］哈贝马斯.交往行为理论［M］.曹卫东,译.上海:上海人民出版社,2004.

［48］［德］哈贝马斯.在事实与规范之间［M］.童世骏,译.上海:上海三联书店,2003.

［49］［德］哈贝马斯.公共领域的结构转型［M］.曹卫东,王晓珏,等译.上海:学林出版社,1999.

［50］［德］黑格尔.法哲学原理［M］.范扬,张企泰,译.北京:商务印书馆,2010.

［51］［德］亨利希·库诺.马克思的历史、社会和国家学说［M］.袁志英,译.上海:上海译文出版社,2006.

[52][德]卡西尔.启蒙哲学[M].顾伟铭,等译.济南:山东人民出版社,2007.

[53][德]康德.历史理性批判文集[M].何兆武,译.北京:商务印书馆,1990.

[54][法]雷蒙·阿隆.社会学主要思潮[M].葛智强,胡秉诚,王沪宁,译.上海:上海译文出版社,2005.

[55][法]孔德.论实证精神[M].黄建华,译.北京:商务印书馆,1996.

[56][法]皮埃尔·布迪厄,等.实践与反思——反思社会学导引[M].李猛,李康,译.北京:中央编译出版社,1998.

[57][法]涂尔干.社会分工论[M].渠东,译.上海:上海三联书店,2000.

[58][法]托克维尔.论美国的民主[M].董果良,译.北京:商务印书馆,1988.

[59][美]菲利普·汉森.历史、政治与公民权:阿伦特传[M].刘佳林,译.南京:江苏人民出版社,2004.

[60][美]威尔·金里卡.当代政治哲学[M].刘莘,译.上海:上海三联书店,2004.

[61][美]帕森斯.社会行动的结构[M].张明德,夏翼南,彭刚,译.南京:译林出版社,2003.

[62][美]艾伦·布卢姆.美国精神的封闭[M].战旭英,译.南京:译林出版社,2007.

[63][美]安东尼·奥罗姆.政治社会学导论[M].张华青,等译.上海:上海世纪出版集团,2006.

[64][美]丹尼尔·贝尔.社群主义及其批评者[M].李琨,译.上海:上海三联书店,2002.

[65][美]贝斯特,科尔纳.后现代转向[M].陈钢,等译.南京:南京大学出版社,2002.

[66][美]查尔斯·蒂利.欧洲的抗争与民主(1650—2000)[M].陈周旺,李辉,熊易寒,译.上海:上海人民出版社,2008.

[67][美]大卫·库尔珀.纯粹现代性批判——黑格尔、海德格尔及其以后[M].臧佩洪,译.北京:商务印书馆,2004.

[68][美]哈特,奈格里.帝国——全球化的政治秩序[M].杨建国,范一亭,译.南京:江苏人民出版社,2003.

[69][美]华勒斯坦.开放社会科学[M].刘锋,译.上海:上海三联书店,1997.

[70][美]加布里埃尔·A.阿尔蒙德.比较政治学——体系、过程和政策[M].公婷,陈峰,译.上海:东方出版社,2007.

[71][美]杰弗里·亚历山大.世纪末社会理论[M].张旅平,译.上海:上海人民出版社,2003.

[72][英]科斯塔斯·杜兹纳.人权的终结[M].郭春发,译.南京:江苏人民出版
　　社,2002.

[73][美]莱斯利·里普森.政治学的重大问题——政治学导论(第10版)[M].
　　刘晓,译.北京:华夏出版社,2001.

[74][美]罗纳德·H.奇尔科特.比较政治学理论[M].潘世强,译.北京:社会科
　　学文献出版社,1998.

[75][美]迈克尔·罗斯金等.政治科学(第6版)[M].林震,王锋,范贤睿,译.
　　北京:华夏出版社,2001.

[76][美]米尔斯.社会学的想象力[M].陈强,张永强,译.上海:上海三联书
　　店,2005.

[77][美]乔·萨托利.民主新论[M].冯克利,阎克文,译.上海:上海人民出版
　　社,2005.

[78][美]乔治·索罗斯.开放社会——改革全球资本主义[M].王宇,译.北京:
　　商务印书馆,2001.

[79][美]塞缪尔·P.亨廷顿.变化社会中的政治秩序[M].王冠华,译.上海:上
　　海三联书店,1989.

[80][美]西摩·马丁·李普塞特.政治人——政治的社会基础[M].张绍宗,
　　译.上海:上海人民出版社,1997.

[81][英]约翰·麦克里兰.西方政治思想史[M].彭淮栋,译.海口:海南出版
　　社,2003.

[82][以]埃森斯塔德.现代化:抗拒与变迁[M].张旅平,译.北京:中国人民大
　　学出版社,1998.

[83][英]布赖恩·特纳.Blackwell社会理论指南[M].李康,译.上海:上海人民
　　出版社,2003.

[84][英]艾伦·麦克法兰.英国个人主义的起源[M].管可稼,译.北京:商务印
　　书馆,2008.

[85][英]安东尼·吉登斯.超越左与右——激进政治的未来[M].李惠斌,杨雪
　　冬,译.北京:社会科学文献出版社,2009.

[86][英]安东尼·吉登斯.批判的社会学导论[M].郭忠华,译.上海:上海世纪
　　出版集团,2007.

[87][英]鲍曼.立法者与阐释者[M].洪涛,译.上海:上海人民出版社,2000.

[88][英]柏克.法国革命论[M].何兆武,译.北京:商务印书馆,1998.

[89][英]柏克.自由与传统——柏克政治论文选[M].蒋庆,王瑞昌,王天成,
　　译.北京:商务印书馆,2001.

[90][英]布莱恩·特纳.公民身份与社会理论[M].蒋红军,译.长春:吉林出版集团,2007.

[91][英]戴维·麦克莱伦.马克思传[M].王珍,译.北京:中国人民大学出版社,2008.

[92][美]戴维·伊斯顿.政治生活的系统分析[M].王浦劬,译.北京:华夏出版社,1999.

[93][英]德里克·希特.何谓公民身份[M].郭忠华,译.长春:吉林出版集团,2007.

[94][英]弗格森.文明社会史论[M].林本椿,王绍祥,译.杭州:浙江大学出版社,2010.

[95][英]哈耶克.通往奴役之路[M].王明毅,译.北京:中国社会科学出版社,1997.

[96][英]哈耶克.自由秩序原理[M].邓正来,译.上海:上海三联书店,1997.

[97][英]赫尔德,等.全球大变革:全球化时代的政治、经济与文化[M].杨雪冬,译.北京:社会科学文献出版社,2001.

[98][英]霍布斯.利维坦[M].黎思复,黎延弼,译.北京:商务印书馆,1997.

[99][英]卡尔·波普尔.开放社会及其敌人(上、下卷)[M].郑一明,译.北京:中国社会科学出版社,1999.

[100][英]迈克尔·H.莱斯诺夫.二十世纪的政治哲学家[M].冯克利,译.北京:商务印书馆,2002.

[101][德]密尔.论自由[M].许宝骙,译.北京:商务印书馆,2008.

[102][英]尼奥克里尔斯.管理市民社会[M].陈小文,译.北京:商务印书馆,2008.

[103][英]约翰·邓恩.民主的历程[M].林猛,等译.长春:吉林人民出版社,1999.

[104][英]约翰·格雷.自由主义的两张面孔[M].顾爱彬,李瑞华,译.南京:江苏人民出版社,2005.

[105][英]巴特·范·斯廷博根.公民身份的条件[M].郭台辉,译.长春:吉林出版集团,2008.

[106]陈乐民,史傅德.对话欧洲[M].上海:三联书店,2009.

[107]陈喜贵.维护政治理性——雷蒙·阿隆的政治哲学[M].北京:中央编译出版社,2004.

[108]邓正来,[美]杰弗里.亚历山大.国家与市民社会[M].上海:上海人民出版社,2006.

[109]李友梅.友好社会的寻求——美、日、法三国构建社会协调机制研究[M].上海:上海人民出版社,2007.

[110]刘小枫.现代性社会理论绪论——现代性与现代中国[M].上海:上海三联书店,1998.

[111]马德普.中西政治文化论丛[M].天津:天津人民出版社,2002.

[112]潘于旭.从"物化"到"异化"——西方马克思主义哲学逻辑转向的历史分析[M].杭州:浙江大学出版社,2009.

[113]钱宁.社会正义、公民权利和集体主义——论社会福利的政治与道德基础[M].北京:社会科学文献出版社,2007.

[114]钱永祥.纵欲与虚无之上——现代情境里的政治伦理[M].上海:上海三联书店,2002.

[115]王沪宁.政治的逻辑[M].上海:上海人民出版社,1998.

[116]徐大同.西方政治思想史[M].天津:天津教育出版社,2002.

[117]徐大同.现代西方政治思想[M].北京:人民出版社,2003.

[118]许宝强.资本主义不是什么[M].上海:上海人民出版社,2007.

[119]严强,张凤阳,温晋锋.宏观政治学[M].南京:南京大学出版社,1998.

[120]杨善华.当代西方社会学理论[M].北京:北京大学出版社,1999.

[121]应奇,刘训练.公民身份与社会阶级[M].南京:江苏人民出版社,2007.

[122]俞可平.增量民主与善治[M].北京:社会科学文献出版社,2003.

[123]郁建兴.马克思国家理论与现时代[M].上海:东方出版中心,2007.

[124]张静.国家与社会[M].杭州:浙江人民出版社,1998.

[125]张康之.总体性与乌托邦——人本主义马克思主义的总体范畴[M].长春:吉林出版集团,2007.

[126]赵剑英,陈晏清.马克思主义政治哲学阐释与创新[M].北京:社会科学文献出版社,2007.

[127]周穗明.西方左翼论当代西方社会结构的演变[M].南京:江苏人民出版社,2008.

[128]陈志新,胡传明.论社会主义市民社会在当代中国的必然性及其培育与建构[J].南昌大学学报(人文社科版),2004,35(5):31-37.

[129]邓正来.邓正来学术作品集[C].北京:北京大学出版社,2008.

[130]李佃来.古典市民社会理念的历史流变及其影响[J].武汉大学学报(人文科学版),2007,60(5):617-623.

[131]特瑞尔·卡弗.资本主义:一种哲学的探寻[J].南京大学学报(哲学·人文科学·社会科学),2007(1):24-32.

[132]童世骏.第三个向度:与政治、经济关系微妙的市民社会[J].欧洲,1995 (3):36-49.

[133]俞可平.社会主义市民社会:一个新的研究课题[J].天津社会科学,1993 (4):75-81.

[134]郁建兴.社会主义市民社会的当代可能性[J].文史哲,2003(1).

[135]张康之,张乾友.对"市民社会"和"公民国家"的历史考察[J].中国社会科 学,2008(3):15-27.

[136]周俊,郁建兴.Civil Society 的近现代演变及其理论转型[J].哲学研究, 2009(1):80-88.

后 记

岁月匆匆，一晃近十个年头。2007 年 3 月，本人有幸进入同济大学攻读博士学位，师从著名政治学者周敏凯教授。2008 年 5 月，敲定博士论文选题，研究当代西方政治思想家拉尔夫·达伦多夫的现代社会冲突思想。经过几番努力，撰写完成了学位论文并于 2011 年 6 月通过答辩。同年 8 月，以博士论文为基础的课题申报，获得了教育部 2011 年度人文社会基金青年项目的支持。之后，便开始了又一轮的阅读与思考，最终形成了手头的这份稿件。

达伦多夫是一位富于社会关怀的政治理论家，体系广博、思想精深，其对现代社会的理解颇富洞见，对现代社会矛盾冲突的深度分析也详尽平实，对现代国家建设与社会建构也提出了许多重要的观点。同时，达伦多夫关于当代西方资本主义社会发展与治理的一些重要论析，又对当代中国的改革转型与治理建构颇具启示。当然，他毕竟是一位自由主义学者，在政治立场与理论取向上均与马克思存在着重大的分歧。因而，在解读剖析其思想理论的过程中，本人较为注重从马克思唯物史观的角度做出辩证的分析。对于达伦多夫的政治思想，我们也需要辩证、审慎地理解和吸收。

课题研究不易，创作的过程充满艰辛，当然也不乏喜悦。在此，诚挚感谢我的导师周敏凯教授，感谢浙江大学出版社的胡畔老师，感谢绍兴文理学院出版基金的资助，同时还要感谢家人的默默支持！生活的每一天都是新的一天，我的学思历程也将开启新的一页。是为记。

赵华兴
2016 年 7 月于古越绍兴